"十二五"国家重点图书出版规划项目

中国企业行为治理研究丛书

公司治理卷

嵌入视角下独立董事尽责机理研究

曲 亮 林仙云 章 静著

图书在版编目(CIP)数据

嵌入视角下独立董事尽责机理研究 / 曲亮，林仙云，章静著. —杭州：浙江工商大学出版社，2014.12(2016.5 重印)
(中国企业行为治理研究丛书)
ISBN 978-7-5178-0745-2

Ⅰ. ①嵌… Ⅱ. ①曲… ②林… ③章… Ⅲ. ①上市公司—董事—研究—中国 Ⅳ. ①F279.246

中国版本图书馆 CIP 数据核字(2014)第 275679 号

嵌入视角下独立董事尽责机理研究

曲　亮　林仙云　章　静著

责任编辑　谭娟娟　尤锡麟
封面设计　王好驰
责任印制　包建辉
出版发行　浙江工商大学出版社
(杭州市教工路 198 号　邮政编码 310012)
(E-mail:zjgsupress@163.com)
(网址:http://www.zjgsupress.com)
电话:0571-88904980,88831806(传真)
排　　版　杭州朝曦图文设计有限公司
印　　刷　虎彩印艺股份有限公司
开　　本　710mm×1000mm　1/16
印　　张　15.75
字　　数　242 千
版 印 次　2014 年 12 月第 1 版　2016 年 5 月第 2 次印刷
书　　号　ISBN 978-7-5178-0745-2
定　　价　37.00 元

本著作是以下项目资助成果：

◎ 教育部人文社会科学研究项目"'工作角色嵌入社会网络'视角下独立董事治理效率提升机制研究：理论框架与实证检验"（编号 13YJA630071）

◎ 浙江省哲社重点研究基地项目"工作角色视角下独立董事尽责机制研究：基于浙江企业的实证检验"（编号 13JDZS01YB）

◎ 浙江省高校人文社科重点研究基地（浙江工商大学工商管理）"项目独立董事尽责机制研究：基于浙商的实证检验"（编号 13GSGL05Z）

◎ 国家自然科学基金项目"基于策略互动实验方法的大股东控制权私利形成机理研究：影响因素与伦理决策"（编号 71272143）

谨以此书送给上海证券交易所第33期独立董事培训班的老师和同学。

总　序

企业是社会发展的产物，随着社会分工的开展而成长壮大。作为现代经济中的基本单位，企业行为既是微观经济的产物，又是宏观调控的结果。从某种意义而言，企业行为模式可被看成整个经济体制模式的标志。中国企业经历了改革开放后30年的高速发展，已然形成自身的行为体系和价值系统，但是在国际环境的复杂多变及国内改革步入全面深化、攻坚阶段的特殊历史背景下，如何形成系统的行为治理框架将直接决定中国企业可持续发展能力的塑造以及核心竞争力的形成。

从社会学的研究来看，人类社会就是一部社会变迁的进步史，社会变迁是一个缓慢的过程，而转型就是社会变迁当中的"惊险一跳"，意味着从原有的发展轨道进入新的发展轨道。30多年来，我们国家对外开放、对内改革，实质上就是一个社会转型的过程。这一时期，从经济主体的构成到整个经济社会的制度环境都发生了巨大的变迁，而国际环境也经历着过山车般的大起大落。"十一五"末期国际金融海啸来袭，经济急速下滑，市场激烈震荡，危机对中国经济、中国企业的影响至今犹存。因此，国家将"十二五"的基调定为社会转型。这无疑给管理学的研究提供了异常丰富的素材，同时也给管理学研究者平添了十足的压力。

作为承载管理学教学和科研任务的高校，如何在变革的时代中有效地发挥自身的价值，以知识和人才为途径传递学者对时代呼唤的响应，是一个非常值得思考的论题。这个论题关系到如何把握新经济环境下企业行为的规律，联系产业特征、地域特点，立足当下，着眼未来，为企业运营、政府决策提供有力的支持。

在国际化竞争和较量的进程中，中国经济逐渐显现一种新观念、新技术和新体制相结合的经济转型模式。这种经济转型模式不仅是中国现代经济增长的主要动力,而且将改变人们的生产方式和生活方式,企业则是这一过程的参与者、推动者和促成者。因此,企业首当其冲,成为我们管理学研究者最为关注的焦点。在经济社会重大转型这一背景之下,一方面由于企业内部某种机理的紊乱,以及转轨时期企业目标的交叉连环性和多元性,另一方面由于外部环境的不合理作用,所以企业行为纷繁复杂,既有能对经济社会产生强劲推动作用的长远眼光,也存在破坏经济社会可持续发展的短视行为。随着经济和社会的进步,企业不仅要对营利负责,而且要对环境负责,并承担相应的社会责任。总体而言,中国企业发展中面临许多新问题、新矛盾,部分企业还出现生产经营困难,这些都是转型升级过程中必然出现的现象。

"转型"大师拉里·博西迪和拉姆·查兰曾言:"到了彻底改变企业思维的时候了,要么转型,要么破产。"企业是否主动预见未来,实行战略转型,分析、预见和控制转型风险,对于转型能否成功至关重要。如果一个企业想在它的领域中有效地发挥作用,行为治理可以涉及该企业将面临的更多问题;而如果企业想要达到长期目标,行为治理可以为其提供总体方向上的建议。在管理学研究领域,行为治理虽然是一个全新的概念,却提供了一个在新经济环境下基于宏中微观全视角来研究企业行为的良好开端。

现代公司制度特指市场经济中的企业法人制度,其特点是企业的资产所有权与资产控制权、经营决策权、经济活动的组织管理权相分离。于公司治理而言,其治理结构、方式等的选择和演化不仅受到自身条件的约束,同时还受到政治、经济、法律和文化等外部制度环境的影响。根据North(1990)的研究,相互依赖的制度会构成制度结构或制度矩阵,这些制度结构具有网络外部性,并产生大量的递增报酬。这使得任何想改善公司治理的努力都会受到其他制度的约束,使得公司治理产生路径依赖。在这种情况下,要想打破路径依赖,优化治理结构,从制度设计角度出发进行行为治理便是一个很好的思路。

此外,十八届四中全会提出"实现立法和改革决策相衔接,做到重大改革于法有据、立法主动适应改革和经济社会发展需要"的精神,而《中华人民共和国促进科技成果转化法修正案(草案)》的通过,则使促进科技创新的制度红利得到依法释放。我国"十二五"科学和技术发展规划中明确指出，要把科研攻关与市场开放紧密结合，推动技术与资本等要素的结合，引导资本市场和社会投资更加重视投向科技成果转化和产业化。新时期科技创新始于技术，成于资本，以产业发展为导向的科技创新需要科技资源、企业资源与金融资源的有机结合，因此如何通过有效的企业行为治理，将各方资源进行有效整合，则成为促进科学技术向第一生产力转化所面临的新命题。

由上述分析可以发现，无论是从制度、科技、创新角度，还是从公司治理、企业转型角度出发，企业的目标都是可持续的生存和发展，而战略则成为企业实现这一目标的有效途径。战略强调企业与环境的互动，如何通过把握新时期新环境来制定和执行有效的战略决策以获取竞争优势，则成为企业在新经济环境下应担起的艰巨任务。另外，企业制定发展战略的同时应当寻找能为企业和社会创造共享价值的机会，包括价值链上的创新和竞争环境的投资，即做到企业社会责任支持企业目标。履行战略型企业社会责任不只是做一个良好的企业公民，也不只是减轻价值链活动所造成的不利社会影响，而且要推出一些能产生显著而独特的社会效益和企业效益的重大举措。

浙江工商大学工商管理学院（简称“管理学院”）是浙江工商大学历史最长、规模较大的一个学院。其前身是 1978 年成立的企业管理系，2001 年改设工商管理学院。学院拥有工商管理博士后流动站和工商管理一级学科博士点，其学科基础主要是企业管理，企业管理学 1996 年成为原国内贸易部重点学科，1999 年后一直是浙江省重点学科，2006 年被评为浙江省高校人文社科重点研究基地，2012 年升级为工商管理一级学科人文社科重点研究基地，该研究基地始终围绕“组织、战略、创新”三个最具企业发展特征的领域加以研究，形成了较为丰硕的成果。本套丛书正是其中的代表。

经过多年的理论研究和实践尝试，我们认为中国企业经历了改革开放后 30 年的高速发展，已然形成自身的行为体系和价值系统，但是在国际环境的复杂多变及国内改革步入全面深化攻坚阶段的特殊历史背景下，如何形成系统的行为治理框架将直接决定中国企业可持续发展能力塑造以及核心竞争力的形成。

本套丛书以中国企业行为治理机制为核心，分“公司治理卷”“转型升级卷”“组织伦理卷”“战略联盟卷”“社会责任卷”“领导行为卷”“运营管理卷”7卷。从各个视角详细阐述中国企业行为治理的理论前沿以及现实问题，首次对中国企业行为治理的发展做了全面、客观的梳理。从书在内容涵盖了中国企业行为的主要领域，其中涉及战略、组织、人力、创新、国际化、转型升级等宏观、中观、微观层次，系统完备；所有的分卷都是所属学科的最前沿研究主题，反映了国内外最新的发展动态，立足学术前沿；所有分卷的作者均具有博士学位，是名副其实的博士文集，其中包括该领域国内外知名的专家和学者；所有分卷的内容都是国家自然科学基金、国家社科基金以及教育部基金的资助项目，体现了较强的权威性，符合国家科研发展方向。

本套丛书既是我们对中国企业行为治理领域相关成果的总结，也是对该领域未来发展方向探索的一次尝试，如果本套丛书能为国内外相关领域理论研究与实践探索的专家和学者提供一些基础性、建设性的意见和建议，就是我们最大的收获。

“谦逊而执着，谦恭而无畏”，既是第五级管理者的特质，也是我们从事学术研究的座右铭，愿中国企业行为治理研究能够真正实现“顶天立地、福泽万民”！

郝云宏

浙江工商大学工商管理学院院长　教授　博导

2014年11月15日于钱塘江畔

前言

独立董事制度作为各国不同公司治理制度的共同取向，已经成为加强董事会专业化决策水平的重要手段。通过独立董事制度，董事会成员可以加强内部监管，防止“内部人控制”和“一股独大”，从而保护公司中小股东权益，并调和股东之间的矛盾。独立董事可以以最有利于公司的独立立场来维护公司的平稳发展，保证公司及股东权益最大化。但是在实践中，这种作用在很大程度上依赖于主动作为的独立董事及有助于独立董事尽责的企业流程和文化。而事实上，由于简单、程序化的工作流程及严重的信息不对称，独立董事有意无意地远离了“诚实信用，勤勉尽责”的工作信条。如何才能切实激发独立董事的工作热情，如何才能让独立董事尽责履职，发挥应有的价值，就成为非常值得关注的理论焦点和实务难题。

经典的公司治理理论对独立董事作用机理的研究，基本都建立在独立董事有明晰的角色定位和可以独立行使角色的假设前提下。事实上，独立董事所承担的角色越来越具有兼容性和复杂性，各种角色的融合性特征使得研究者很难再从单一视角去定义独立董事，加之独立董事决策往往受自身主观因素及董事会内外部社会关系的影响，使得传统的独立董事研究陷入“僵局”。

本书立足组织行为研究和社会网络研究在公司治理领域的发展，将独立董事界定在“工作”的范畴中，用角色理论来诠释独立董事履职过程中个体能力与态度转变的内在机理。通过“客观因素”与“主观行为”两个维度，建立独立董事个体特征、社会网络属性与企业绩效的关系，解析了独立董事工作意愿变化的微观过程，进而构建出独立董事发挥自身价值引导企业成长的一般机理模型，从而形成理论假设。再进而借助上市公司公开数据计量分析、独立董事行为调查问卷分析及多个案例分析等实证研究方法，对理论框架进行检验，进一步构建出中国管理情境下独立董事尽责的行为指引体系，为企业公司治理结构的优化、证券市场监管体系的完善及独立董事自身价值的提升提供理论支撑和策略选择。

作为本书的主要结论，基于工作角色视角对独立董事尽责行为进行微观机理的研究表明，独立董事实现“诚实信用，勤勉尽责”的工作目标是一个客观与主观因素综合作用的复杂过程。一方面，作为外部异质性的人力资本，独立董事自身的教育水平、专业素养、工作经历及关联的社会网络资源，都将对企业社会资本积累及运营风险规避产生影响，这是客观存在的必然效应；另一方面，独立董事履职之初往往有自身的角色定位，这种定位往往兼顾监督职能、专家职能与协调职能，但是在工作过程中，独立董事往往受到工作角色过载、工作角色冲突及工作角色混淆等因素的干扰，进而导致独立董事不作为，甚至违规。

理论分析框架需要实证研究的检验与支撑，作为本书的另一个重要组成部分，本书分三个层次对理论机理进行了验证。首先，通过上市公司公开数据研究发现，独立董事的若干个人特征确实会对企业绩效产生显著影响，例如独立董事的年龄与短期企业绩效的负相关，独立董事的平均学历与短期企业绩效的正相关，独立董事拥有的政治关系与短期企业绩效的负相关，但独立董事的个体特征与长期企业绩效不具有显著的相关关系。其次，本书对浙江省的连锁董事网络进行了实证研究发现，连锁董事网络的“质”中心度与企业绩效正相关，“量”中心度与企业绩效负相关，行业趋同性和地域趋同性都和企业绩效负相关。这些发现说明，浙江上市公司在建立连锁董事网络过程中存在重“量”不重“质”和嵌入过度的问题。同时，本书还发现连锁董事规模跟企业绩效正相关。最后，本书通过行为量表的问卷调查方式，研究了独立董事自身角色定位是否会受到工作角色干扰因素的影响，进而影响企业绩效。研究表明，独立董事明确的工作角色，无论是强调其协调角色、监督角色还是专业角色，都能降低独立董事的角色混淆和角色冲突感知，有利于独立董事工作绩效的提高；而角色过载与协调性、监督性、专业性、角色混淆、角色冲突、工作绩效等其他所有变量都不相关；更进一步，独立董事的监督性和专业性主要是通过角色混淆来影响工作绩效的。

作为最终指向，本书通过大量中国情境下的现实案例，立足独立董事个体行为、企业公司治理机制设计及证券市场监督与管理三个层面，归纳了具有操作性的独立董事尽责行为策略指引。本书的创新在于超越了经典公司治理理论对独立董事的职能论断，立足于工作角色的研究视角，以“工作角色”取代“职能角色”，较好地解决了“监督者”或“顾问者”的独立董事角色认识分歧，为全面审视独立董事效用激励提供了理论依据；并通过多元化、多层次的实证方法，洞察独立董事个人工作意愿转变的微观机理，揭示其所处社会网络结构特征对工作绩效的影响，为独立董事相关制度的运作和完善提供了实证依据；作为基本结论，本书立足企业情境和独立董事的角色特点，列举了独立董事发挥效力的具体模式和尽责行为指引，具有现实操作价值。

PREFACE

The Independent Director System, as a common orientation of different companies in different countries, has become an important means to enhance professional decision-making level of the board, to strengthen internal control, to prevent such problems as insider control and the abnormality equity structure in which one share is in dominated proportion. Independent directors who protect the interests of minority shareholders of the company and reconcile the contradictions among the shareholders maintain the steady development of the company and maximize shareholders' benefits in company's case. This effect mentioned above is largely dependent on independent directors' working inclination, and the company's working processes and working culture. However, in fact, due to simple procedural work flow and serious information asymmetry, independent directors intentionally or unintentionally disobey the creed that an outstanding employee shall act honestly and carry out their duties diligently and faithfully. How to stimulate independent directors' enthusiasm, to make the independent directors be responsible and give full play to their value have been the most covered theoretical and practical research problem.

Independent directors' behavior mechanism is based on a hypothesis that the independent director has a clear orientation and is able to play the role independently according to the classical theory of corporate governance. Actually, the role of independent directors is increasingly compatible and complicated. It's difficult to define independent director in one single perspective. And independent directors' decisions are often affected by their own subjective factors and various social relations inside or outside the board. Traditional research has stalled.

Based on organizational behavior and social network studies, the author comfines the role of independent directors to the scope of work and uses role theory to to analyze the internal mechanism of changes in their ablities and attitudes while they are performing their roles. Through both the "objective factors" and "subjective behavior" perspectives, the author establishes the relationship among independent directors' individual characteristics, social network attributes and firm performance, explains the change process of their willingness to work, and then construct the general mechanism how conscientious independent directors lead firm to be successful. By means of empirical study, staff behavior questionnaire and cross-case analysis, the author establishes a theoreticalframe work, and then construct behavior guidelines that make independent directors to be responsible under Chinese management circumstances. Such guideline serves as a theoretical basis and a strategy choice, optimizing the corporate governance structure, developing stock market regulatory system and adding independent directors' value.

As a main conclusion of this book, research on independent directors' duty performing from the perspective of work role, indicates, it is a complex process affected synthetically by objective and subjective factors that independent directors realize their basic goal that acting honestly and carrying out their duties diligently. For one thing, as an external heterogeneous human capital, independent directors' qualities such as education level, professional quality, work experience and related social network resources will affect the enterprise social capital accumulation and risk aversion, which is an inevitable existence. For another, though they have their own role such as supervisor, experts and negotiator at the beginning, independent directors gradually deviate from their original intention, even get out of line during the working time due to such factors as role overload, job role conflict, job role confusion and so on.

The framework of theoretical analysis needs to be tested and supported by empirical experiment. As another important part, this study has tested the theoretical mechanism in three different levels. Firstly, using the public data of listed companies, the study finds that several personal characteristics of independent director do have a significant impact on corporate performance. Such factors as age and political affiliations are negatively related to short-term firm performance. Average level of education is positively related to short-term firm performance. But all individual characteristics are irrelevant with long-term firm performance. Secondly, it carries out empirical research on the interlocking directorates network in Zhejiang, and finds that there is a positive correlation between "quality" centrality of interlocking directorates network and corporate performance, while a negative correlation between "quantity" centrality, industrial convergence, regional convergence and performance. The result reflects a problem: Listed companies in Zhejiang weigh "quantity" over "quality" of interlocking directorates network and embed in the net excessively. In the meantime, it is found that the number of interlooking directorates is positively related to firm performance. Thirdly, the author tries to find the relation between independent directors' role position affected by some role interference factors and firm performance. From independent director behavior scale, result shows that clear role orientation can reduce their confusion and conflict among different roles including negotiator, supervisor and professor, that is beneficial to firm performance. But there is no correlation between roles overload and the rest variables. Furthermore, independent directors' supervision and professionalism affect performance mainly by working roles confusion.

Finally, by analyzing a large numberofactual Chinese enterprises cases, the author summarizes a series of operational guidelines to make independent director responsible from three aspects, theindividual behavior of the independent directors, Corporate Governance mechanism design and securities market supervision. The innovation lies in that the author tries to replace traditional function role with working role, which surpasses the classical theory. It solves the disagreement that the independent director is a supervisor or an adviser and provides a theoretical basis examining independent director's utility incentive effects. In addition, the author explores the change mechanism of independent directors willingness to work, reveals the influence of their social network attributes on job performance, which provides the empirical basis for the operation and improvement of the related system of independent directors. In short, at the end of the book, the author makes a list of specific models and operational guidelines that let independent directors responsible based on enterprises' situation and independent directors' role features.

目　录

Contents

图目录

Figure Contents

表目录

Table Contents

第1章　引　言

1.1　研究问题的提出:华海药业引发的思考

华海药业股份有限公司(以下简称"华海药业")创立于1989年,是一家集医药制剂和原料药为一体的现代制药企业,2003年在上交所上市。目前,公司在美国及中国的上海、江苏、浙江等国家和地区拥有多家分(子)公司,注册资本5.4亿元,总资产24.7亿元,共有员工3 800多人。华海药业的创始人为陈保华先生和周明华先生,创立初期,两人分别拥有华海药业50%的股权。2003年公司上市后,两人也一直保持相同的持股比例,均为华海药业的控股股东及实际控制人。

2007年3月20日,在公司召开的第二届董事会第十一次会议上,陈保华先生及周明华先生因在公司治理及未来发展战略方向等问题上出现了分歧,一度导致会议的中断,在当时公司第二届独立董事吴添祖先生、王松年先生及邵小仓先生的共同提议下,休会10分钟。休会期间,独立董事分别跟陈保华先生及周明华先生做了沟通,会议重新开始,其间独立董事就会议针对的问题提出了折中的办法,在独立董事的调和劝解下,此次年度董事会顺利结束,并选举产生了公司第三届董事会成员候选人。2007年4月13日,公司召开2006年度股东大会,选举产生了公司第三届董事会成员,其中汪祥耀先生(浙江财经学院会计学院院长、教授)、曾苏先生(浙江大学药学院教授)、单伟光先生(浙江工业大学药学院院长)任公司第三届董事会独立董事。周明华先生因获得的票数未过半数,未进入公司第三届董事会。2007年4月13日,公司第三届董事会第一次会议选举产生了公司新一届的管理团队,陈保华先生任公司董事长兼总经理，杜军先生任公司副董事长。自此，公司第三届董事会及管理层均发生了巨大的变化，公司第二大股东周明华先生未进入公司董事会及公司管理层。为保证公司能顺利平稳地过渡，公司组建了以独立董事汪祥耀先生、曾苏先生及单伟光先生为领导的总经理工作交接小组，在总经理工作交接小组的共同努力下，公司总经理交接工作顺利完成，公司管理层平稳过渡。在此次公司管理层发生巨大变动的非常时期，独立董事不仅起到了调和两大股东之间矛盾的作用，还对公司管理层的平稳过渡起到了承前启后的沟通桥梁作用。

2007 年至 2013 年，独立董事在公司每一次的董事会及股东大会上均兢兢业业、勤勉尽责，为公司的快速发展做出了巨大的贡献。2012 年 7 月 20 日，公司发布了《关于股东自行召开公司 2012 年第二次临时股东大会的通知》，该次股东大会为股东周明华先生以公司持股 5%以上的股东名义召集的股东大会，会议议题直指公司第一大股东陈保华先生。会上，公司独立董事汪祥耀先生、曾苏先生和单伟光先生在公平、公正、客观的立场上分别阐述了自己对此次股东大会议案的观点，并积极跟周明华先生及双方的律师进行沟通。在会上，独立董事对公司法人治理结构提出了更高的要求，同时兼顾了公司及股东之间的利益，促使本次股东大会顺利结束。

华海药业的案例丰富和拓展了经典公司治理理论对独立董事"监督者"和"咨询者"的角色定位，尽管这两种定位在现有的学术范畴里还没有形成共识。事实上，独立董事除了起到防止"内部人控制"和"一股独大"，保护公司中小股东权益等的作用外，还起到了调和股东间矛盾，以最有利于公司的独立立场来维护公司平稳发展，从而保证公司及股东权益最大化的作用，而这种作用在很大程度上要依赖于主动作为的独立董事及有助于独立董事尽责的企业流程和文化。如果在 2007 年 3 月 20 日公司召开的第二届董事会第十一次会议上，独立董事没有挺身而出，而是仅仅作为"花瓶董事""签字董事"来旁观企业大股东之间的纷争，那么企业的发展必然不是今天的态势。

综上所述，如何才能切实激发独立董事的工作热情，如何才能让独立董事尽责履职发挥应有的价值，就成为非常值得关注的理论焦点和实务难题。

1.2 研究问题的背景与意义

(1)独立董事沦为“签字董事”“花瓶董事”“人情董事”是当前公司治理实践过程中亟待解决的突出问题

独立董事制度作为不同公司治理制度的共同取向,已然成为加强董事会专业化决策水平,加强内部监管,规避大股东内部控制所导致的对中小股东利益的侵占的重要手段,进而保障企业经营绩效的规范运作。但是独立董事制度的现实效力却遭受质疑,简单、程序化的工作流程及严重的信息不对称,使得独立董事有意无意地远离了“诚实信用,勤勉尽责”的工作信条,如何切实发挥独立董事的价值,成为影响企业公司治理水平及资本市场环境的关键。

(2)现有研究聚焦的“角色纷争”和“独立性困境”使独立董事制度运作机理解析陷入了“僵局”

经典公司治理理论将独立董事作用机理归结于明晰的角色定位和独立行使角色的微观过程。一方面,独立董事角色体现出越来越强的“兼容性”和“复杂性”,无论是财务监督者还是行业专家,角色的融合性特征使得很难再从单一视角定义独立董事。另一方面,独立董事要发挥作用必然要“有效嵌入”履职企业的网络中,“网络嵌入”与保持自身的“独立性”行为之间的冲突,就成为学界亟待解决的难题,加之独立董事个体决策往往受自身主观态度及董事会内外部社会关系的影响难以同质化,具有极强的行为复杂性,这些都让独立董事研究陷入“僵局”。

(3)立足工作角色视角重新审视独立董事尽职过程的微观机理,将为公司治理领域的微观理论研究和实践探索提供可行的思路

独立董事制度除了具备公司治理结构意义上的利益制衡与风险规避的制度机制设计价值外,还具有最为本源的管理特征——“工作角色”,即独立董事就是外部的专有性人力资本在企业最高决策组织中扮演的特殊角色。因此,要发挥该角色的应有价值就必然会受到角色扮演者本身主客观因素、角色行使环境与过程的影响,进而产生角色最终的效用。

组织行为研究和社会网络研究在公司治理领域的发展为解析独立董事尽责机制的研究提供了新的思路:组织行为中的角色理论能够为独立董事个体能力与态度转变,提供微观行为识别方法和定量研究的理论支撑;而社会网络理论将为独立董事工作角色的动态演进研究提供新的思路,交叉创新将有效推进独立董事方面的研究向前发展。

基于上述问题和背景,本书立足独立董事尽责行为的微观过程,构建"动因—过程—行为指引"的机理模型,从主观行为和客观特征两个层面解析独立董事工作角色的影响因素,通过分析工作角色发挥效力过程中的混淆、过载和冲突现象,解释独立董事难以有效尽责的微观机理,并立足问卷调查和上市公司大样本的计量分析,实证检验独立董事角色对企业绩效的切实影响,进而通过多案例研究的方法,归纳独立董事在情境依赖条件下,发挥效力的权变模型,为提升独立董事现实功效提供可操作的行为指引。

本书具有较强的科学意义和现实功效,具体而言包括以下方面:

首先,立足工作角色的研究视角,有利于解决"监督者"抑或"顾问者"的独立董事认识角色分歧,为全面审视独立董事效用的机理提供理论依据。现有研究的焦点在于争论独立董事究竟应该充当监督者还是顾问者的角色,但事实上,问题的关键在于独立董事在个人意愿和群体压力下能否有效担任该角色,本书正是立足现实视角解析其角色形成的过程。

其次,通过实证方法洞察独立董事个人意愿及所处社会网络结构的演进,将为独立董事相关制度的建立和完善提供现实依据。基于长期大样本的问卷调查及上市公司样本的计量分析,将能够科学地对独立董事的行为意愿和社会网络情况进行动态监控,这些都为后期相关制度的建立提供宝贵的现实依据。

最后,本书将为企业进一步发挥独立董事效力提供具有操作价值的行为指引。通过多案例分析,本书立足企业情境和独立董事的角色特点,构建独立董事发挥效力的具体模式,在突发和日常不同情境下,指出独立董事发挥效力的策略及其条件,为企业和独立董事个人提供决策参考。

1.3 研究内容

1.3.1 研究思路与目标

本书力求解析“独立董事如何尽责”的微观机理，通过将独立董事行为界定在工作角色形成与转换的具体分析框架下，以“诱因—过程—绩效—权变”的逻辑思路，构建独立董事发挥自身价值引导企业成长的一般机理，并借助上市公司公开数据计量分析、独立董事行为调查问卷分析及多案例分析等实证研究工具，对理论框架进行检验，进而构建中国管理情境下独立董事尽责的行为指引，为企业公司治理结构优化、证券市场监管体系完善及独立董事自身价值提升提供理论支撑和策略选择。具体研究思路如图 1-1 所示。

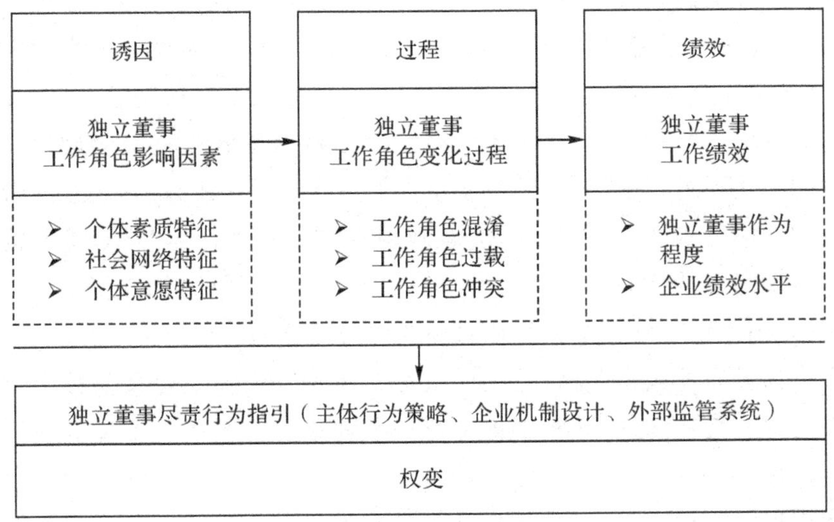

图 1-1 研究的整体思路

1.3.2 研究的主要内容

基于上述整体研究思路，在持续跟踪理论与实践发展的基础上，本书通过“客观因素”与“主观行为”的两维视角，以理论框架构建与实证检验同步推进，最终形成具有操作价值的行为指引，具体而言分为六个子研究内容。

(1)文献回溯:独立董事理论实践进展跟踪研究

独立董事研究是理论和实践共同关注的焦点,理论发展与实践推进的速度非常快,因此,要不断关注和更新自身的研究积累,掌握实务操作中涌现的新动态。本书将立足于文献积累与上市公司跟踪掌握前沿的动态,主要分为理论进展研究跟踪、企业实务跟踪与各国政府法律演进跟踪三个维度。

(2)独立董事尽责履职行为的微观机理研究

独立董事实现"诚实信用,勤勉尽责"的工作目标是一个主观与客观因素综合作用的复杂过程。一方面,作为异质性的人力资本,独立董事自身的教育水平、专业素养、工作经历及关联的社会网络资源,都将对企业社会资本积累及运营风险规避产生积极的影响,这是客观存在的必然效应。就另一方面而言,独立董事尽责履职之初往往有自身的角色定位,这种定位往往兼顾监督职能、专家职能与协调职能,但是工作过程中存在时间、精力有限造成的角色过载,自身代表的利益目标(如维护中小股东利益)和董事会其他成员(特别是大股东)存在分歧而造成的角色冲突,以及董事会在工作流程、绩效标准及工作内容上没有给独立董事明确规则而造成的工作混淆,最终将导致独立董事的不作为或违规行为,给企业带来消极的影响。因此,本书将通过"客观因素"与"主观行为"两个维度构建独立董事尽责的微观机理。

(3)独立董事角色个体特征对企业绩效影响的实证研究

作为异质性人力资本,独立董事在学历、专业、政治背景及社会兼职等方面都有其特殊性,这些个体特征一方面成为评判独立董事专业性的重要指标,另一方面则成为独立董事社会资本的载体。本部分研究立足前期积累的数据库资源,采用企业的资产收益率(ROA)、净资产收益率(ROE)及托宾 Q 值(TQ)来衡量企业绩效,而独立董事的个体特征主要从其年龄(age)、性别(sex)、学历(edu)、职称水平(prf)、政治背景(pli)及社会兼职数目(sap)这六个方面进行衡量。本书以沪深上市公司作为研究对象,选取了 2009 年以来的数据样本,数据主要来源于国泰安 CSMAR 数据库、CCER 数据库及部分上市公司年报,并运用 STATA 11.0 软件对数据进行了描述性统计分析、面板数据的分析,检验独立董事客观特征对企业绩效的实证影响，为独立董事甄选及能力提升提供实证基础。

(4)独立董事角色社会网络属性对企业绩效影响的实证研究

连锁董事是当前独立董事发展的一个重要特征。作为最大的转型经济体，当前，中国连锁董事存在关系网络早已是普遍现象(任兵等，2001)，截至 2008 年，中国至少有 80.8%的上市公司拥有连锁董事(田高良等，2011)。本书前期研究对浙江省 2009 年前上市的 144 家公司的测算发现，浙江省上市公司连锁董事覆盖率达到了 97.31%，同时，单个董事会的连锁董事比例达到了 51.9%。从复杂网络的角度审视公司治理问题，能够为解释和分析这个问题提供新的视角。现今，国内外针对此问题提出的理论主要有互惠理论(Dooley，1969)、共谋理论(Mizruchi，1996)、资源依赖理论(Burt，1980；Mizruchi，1996)、监督控制理论(Maman，1999)和阶层领导理论(Burt，1980；Mizruchi，1996)等。独立董事社会网络属性能否对企业绩效产生积极的影响，什么样的社会网络特征将会有助于独立董事发挥应有的作用，为本书关注的焦点。立足沪深上市公司的独立董事公开数据，从连锁董事治理内在机理的分析出发，通过非线性最小二乘(NLS)分析方法，以及连锁网络关系的数量、质量、趋同性三方面考察连锁董事网络对企业绩效的影响，将有助于逐步揭开独立董事有效作为的社会基础。

(5)独立董事工作角色行为演进的实证研究

独立董事尽责行为除了受自身能力的客观因素影响外，还受主观意愿的影响，也就是独立董事最终在履职过程中是否能够“独立”和“作为”。本书认为该结果是一个动态的演进过程：在履职之初，独立董事会给自己一个较为笼统的角色定位，这个角色定位既包括发挥自身专业特长的专家顾问职责，也包括维护中小股东权益的监督职能，此外，还有作为外部董事对企业内部董事冲突进行协调的“和事佬”角色；但是，随着独立董事履职过程的进行，由于代表利益的差异、自身时间和精力的有限性，以及对于内部流程和机制的信息不对称等因素，就可能形成工作角色冲突、过载及混淆等角色干扰因素，这些因素将会导致独立董事积极性受挫及能力发挥受限，其结果将会导致独立董事成为“花瓶董事”“签字董事”“举手董事”等不尽职董事。本部分将基于独立董事工作角色行为，针对独立董事工作角色定位不清、独立董事不愿作为的现状，采用 Zellars et al.

(1999)开发的工作角色量表,分析角色混淆、角色冲突与角色过载等角色干扰因素如何影响独立董事的工作意愿,通过问卷调查的方式获取数据,基于结构方程的路径分析,定量地描述独立董事工作角色形成机理,揭示主观视角下独立董事不尽责的原因。

(6)独立董事尽责履职行为指引研究:基于多案例研究方法

作为研究的最终指向,本部分将前文研究的结论立足"独立董事个体""公司治理机制"及"监管体系"三个维度提供具有操作性的独立董事尽责行为指引。中国的转型情境为独立董事行为研究提供了大量丰富的案例素材。通过本土化的案例研究,不仅能够将理论和实证研究的价值体现在具体的管理实践中,更能够通过多案例研究的方法,归纳不同视角下影响独立董事尽责行为的多维因素,立足董事会的决策流程,概括独立董事行为的具体模式,为制度演进研究和行为跟踪研究奠定坚实的基础,实现本书"顶天立地"的最终价值取向。

1.3.3 拟解决的关键问题

(1)理清独立董事尽责行为的复杂影响因素是本书的理论难点

独立董事能否尽责履职,既涉及外在制度环境、企业特征及独立董事自身的能力与素质,又取决于独立董事个人意愿与所处的社会网络。因而对其的研究分析是复杂主体行为的多因素分析,具有一定的挑战性,也直接决定了本书最终的成果。立足主观和客观二维视角,通过将人口学特征、社会网络特征与行为意愿因素有效分离,将有助于逐步揭示独立董事尽责行为的内在机理,构筑本书的理论框架。

(2)获取独立董事复杂行为的大量实证数据是本书的关键步骤

由于独立董事人力资本的特殊性,相关研究往往局限于数据的获取,特别是行为问卷的获得。因此,获取大量的有效数据是本书要解决的关键问题。本书借助笔者与沪深两交易所的工作联系,利用每年举行的多次独立董事资格培训,进行问卷调查,保证了稳定、可信的独立董事样本获取来源。

(3)构建独立董事尽责履职行为指引体系是本书的价值体现

独立董事研究不仅仅是一个单纯的理论研究范畴,更是直接决定了大量独立董事个体能否有效发挥自身价值、提升企业的公司治理水平,进而推动整个资本市场发展的关键问题。如何将理论研究的结论转化为具有操作价值的行为指引将直接决定本书的现实价值水平。本书通过独立董事个体、公司治理机制及监管体系三个维度，构建独立董事尽责履职行为指引体系，将真正把研究成果“落地”，发挥其应有的价值。

1.4 研究方法

1.4.1 研究的技术路线

遵从研究内容安排，本书根据“理论框架构建—实证检验—机制设计”的逻辑思路，采用层层推进的方式设计研究方案，力求研究的逻辑严密性和科学性。本书各研究内容之间既存在逻辑联系，又保持相对的独立性，以防研究因瓶颈暂时难以突破而陷入僵局，具体而言，本书的研究技术路线如图1-2所示。

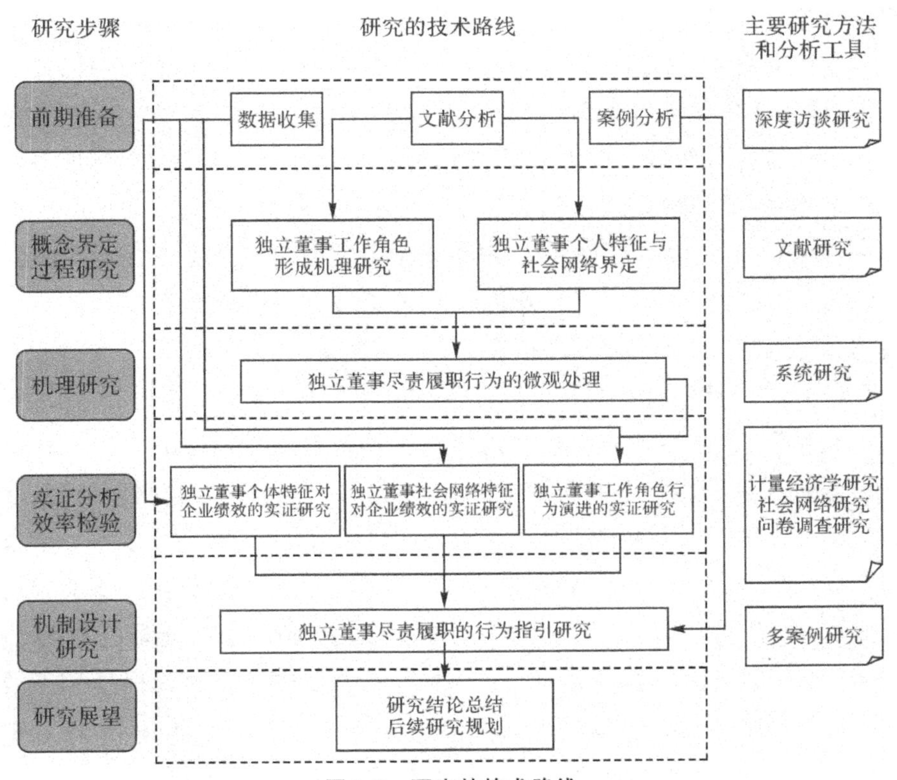

图1-2 研究的技术路线

1.4.2 主要研究方法与关键技术

根据图1-2的研究技术路线，本书主要采用文献研究、计量经济学研究、社会网络研究、问卷调查研究和多案例研究等方法，各种研究方法在整体研究中发挥各自的作用，彼此有机结合，取长补短，保证了本研究的科学性。

(1)文献研究法

笔者对国内外的相关研究文献进行了整理和综合分析，保证本研究在立意、理论与方法上始终处于前沿。本书在公司治理的独立董事研究、制度经济学视角的现代企业理论研究及法律与经济学视角的机制设计研究等方面都需要在国内外文献的基础上进行比较分析，除此之外，还要对企业实务与各国政府法律演进进行跟踪研究。

(2)计量经济分析

研究内容(3)与(4)都采用上市公司公开数据进行大样本的计量分析。在样本选择过程中，第一阶段将采用2009—2012年的面板数据，此后数据将滚动更新，保证结果的时效性。数据主要来源于国泰安CSMAR数据库、CCER数据库及部分上市公司年报，并运用STATA 11.0软件对数据进行描述性统计分析及面板数据的分析。为减少研究误差，本书对初始样本做如下处理：①由于发行H股或是B股的上市公司，其财务审核办法与发行A股有所差异，所以本书剔除了同时发行了A股和H股、B股的上市公司；②剔除了在分析时间区间内有关财务数据缺失的上市公司；③剔除了被特别处理的上市公司；④剔除了金融行业上市公司。

(3)社会网络分析

在研究内容(4)中涉及社会网络分析。本书主要运用的方法是社会网络分析方法和统计分析方法，先用MATLAB软件进行数据预处理，然后运用UCINET 6.0软件进行连锁董事网络的分析，得出企业的中心度指标，最后运用STATA 11.0软件进行线性和非线性的回归分析。就变量设计而言，以净资产收益率ROE来衡量企业短期绩效，同时，选取托宾Q值来衡量企业长期绩效作为补充。董事网络分为连锁董事企业网络和连锁董事成员网络，以程度中心度(degree)、中介中心度(betweenness)、接近中心度(closeness)来衡量网络中心度的数量，以特征向量中心度(Eigenvector)

来衡量网络中心度的质量。另外,地域趋同性也是重要的组成部分,予以考虑,用 R-convergence 表示。董事规模用 L-share 表示,独立董事规模用 I-share 表示。以企业规模和连锁董事任职年份作为控制变量,构建线性回归方程:ROE＝1×degree＋2×R-convergence＋3×L-share＋4×I-share＋5×logasset＋6×occupation-year＋…,非线性回归方程托宾 Q＝B1×B2^Centrality＋…,进行分析检验。社会网络分析直观体现了独立董事连锁关系。

(4)问卷调查研究

研究(5)主要立足于问卷调查研究。笔者采用 Zellars 和 Perrewe (1999)开发的工作角色量表,分析角色混淆、角色冲突与角色过载等角色干扰因素如何影响独立董事的工作意愿,并对该量表进行改进,开发出新的量表。本研究与深交所和上交所合作,利用每年举行的八次独立董事资格培训,以及通过所在省份的金融办等部门,对上市公司及拟上市公司的独立董事进行问卷调查,并采用 SPSS 20.0,AMOS 5.0 或 LISREL 8.7 进行处理。

(5)多案例研究

研究(6)主要立足于多案例研究方法。本部分研究将中国转型期的特殊管理情境纳入研究中来,其中的关键就在于企业面对多变的环境变化时,独立董事能否采取相机治理的方式,通过调整自身角色特征、社会网络状况及工作角色状态,优化企业内部资源,克服或化解危机,提升企业治理效率。对沪深上市公司独立董事运作的案例,按照"日常经营",抑或"临危受命""协调股东",抑或"协调外部""主动作为",抑或"消极处理"等多角度、多维度进行多案例分析整合,归纳独立董事尽责履职的行为指引,设计具有操作价值的策略集合。

1.5 研究创新

(1)用"工作角色"取代"职能角色"是本书理解独立董事行为的新视角

传统独立董事研究的焦点在于独立董事应该履行某种职能才能发挥

应有的效力,“监督者”“咨询者”与“协调者”都是具体职能的体现。但由于难以在角色定位上达成共识,因此独立董事尽责履职的微观机理难以揭示。

本书突破了传统研究的束缚,将独立董事定义为兼顾多种职能的工作角色,通过工作角色理论框架中的混淆、冲突和过载现象,有效地揭示了独立董事主观意愿的变化过程,为独立董事研究开辟了新的视角。

(2)协同“客观因素”“主观行为”两个维度,有效地解释了独立董事行为的复杂性

传统独立董事研究的难点在于独立董事尽责履职行为的复杂性。独立董事能否尽责履职,既涉及外在制度环境、企业特征及独立董事自身的能力与素质,又取决于独立董事个人意愿与所处的社会网络,则对其的分析是复杂主体行为的多因素分析。

本书将独立董事尽责履职影响因素划分为“客观因素”和“主观行为”两个清晰的维度,针对不同维度下不同影响因素的数据获取和实证分析方法的差异性,进行针对性的分析论证,保证了逻辑上的完备性和方法上的科学性,为同类的主体行为复杂性研究提供了有效的路径。

(3)建立独立董事尽责履职的行为指引将大大推进理论研究的本土化与实务化

经典独立董事研究的思路主要是立足理论框架和实证数据对制度的设立进行验证和推理,其结论尽管具有很强的理论价值,但是缺乏现实的操作性,因而很难实务化,而公司治理的实践又迫切需求具有理论支撑的行为策略指引。

本书通过“独立董事个体”“公司治理机制”及“监管体系”三个维度构建的独立董事尽责履职行为指引,将真正让研究成果“落地”,发挥其应有的价值。为独立董事个体有效发挥自身价值,提升企业的公司治理水平,进而推动整个资本市场发展提供了系统化的策略集合,也为同类的对策研究提供了“微观主体—企业制度—监管环境”三位一体的研究思路,这将有利于提升公司治理理论研究的本土化与实务化水平。

第2章　独立董事制度的研究历程与实践

独立董事问题已然成为公司治理研究领域的热点，尽管理论之间存在一定的分歧，但是就整体研究线索而言，都是围绕“理论演进—制度设计—现实功效—质量评价”的逻辑脉络展开的。通过学界对理论体系的构建，各国政府都通过制定相应的政策、法律、法规将独立董事制度推向深入，与此同时，大量的实证研究也在为相应的制度设计寻求理论支撑。基于满足公司治理事务的需求，这些丰富的研究成果会成为评价独立董事独立性的重要依据。

2.1　独立董事制度的理论研究

理论基础对实践起着决定性作用，合理的实践研究活动首先建立在科学的理论基础之上。但是不同的理论基础对独立董事独立性的认识存在巨大分歧，进而引发了独立董事角色定位的差异。

2.1.1　独立董事制度的理论基础

(1)不完全契约理论

不完全契约理论认为独立董事不是完全独立的，这种不完全独立性体现在独立董事一方面要独立于企业契约关系中的任一利益相关个体，但是另一方面又不能独立于利益相关者合作关系的载体，即法人本身。这种不完全独立性是独立董事有效发挥作用的基本约束条件。由于企业契约的不完整性，企业中实际垄断企业控制权的一方有可能产生机会主义行为。为了约束这种机会主义行为而建立的传统法人治理结构在实践中被证明是存在缺陷的，因此，需要独立董事作为企业契约规则的监护人进入董事会，来弥补传统法人治理结构的缺陷。按照契约的规则，传统的治理结构规定企业的控制权分别由股东、董事和经理拥有，并要求在契约规定的范围内行使权利。但是一旦大股东或经理人僭越了契约规则规定的边界，控制了董事会，就意味着法人治理结构对权力的监督和制衡机制已经失灵了。此时就需要一些既独立于大股东又独立于经理人的独立董事进入董事会，成为决策主体，来约束绝对控制权产生的可能性，从而维护契约的规则，成为企业契约在履行过程中内在规则的监护人。同时，由于契约规则得到了有效的维护，股东或经理人采取机会主义行为的成本进一步提高了，这说明独立董事制度在一定程度上可以解决外部治理的滞后性问题。根据不完全契约理论，独立董事既是企业的利益相关者，又是其他利益相关者行使控制权的替代形式，因此他们可以发挥短期合约裁定人和边际调整人的作用，并且他们即使分享了企业的剩余价值也不一定会丧失其“独立性”。

(2)委托代理理论

委托代理理论认为独立性是独立董事制度的核心，企业必须确保独立董事的“完全独立性”。如果独立董事丧失了独立性，与受聘公司、大股东等主要利益相关者有了直接的利益关系，那么独立董事会被内部化，独立董事制度也必将失败。从现有文献来看，独立董事的独立性体现在以下三个方面：①独立董事要独立于管理层；②独立董事要独立于实际控制人；③独立董事要独立于公司本身。委托代理理论中的代理问题有两类：第一类是指管理层与所有权的利益冲突；第二类是指大股东与小股东之间的利益冲突。早期研究者按照委托代理理论，认为独立董事可以起到监督内部人的作用，因此，我国引入独立董事的初衷是监督大股东，以免发生侵占小股东利益及内部人控制的现象。当第一类代理问题成为主要矛盾时，经理人可能和董事会合谋剥削股东利益。此时独立董事可以通过监督董事及经理人的行为，遏制他们之间的合谋。(曹延成等，2012)但是当第二类代理问题成为主要矛盾时，独立董事的监督对象就转变为大股东，他们通过发挥监督职能来遏制关联交易、企业合并(Bae et al.，2002)、掏空企业(叶康涛等，2007)等损害小股东利益的情况发生。

(3)社会网络理论

从社会网络视角看待董事的公司治理行为是研究独立董事制度的一

个新视角。社会学的镶嵌理论认为，董事的行为镶嵌于社会网络之中，连锁董事网络是一个载体，连锁董事作为维系这个网络的纽带，将多个企业链接在一起，通过输送网络中蕴含的社会资本来实现连锁董事网络的价值。资源依赖理论认为，资源是约束企业发展的重要因素，特别是某些稀缺资源更是成为决定企业是否具有核心竞争力的关键。也就是说，如果企业拥有了获取与控制外部资源的能力，就更有可能在激烈的市场竞争中立于不败之地。通过连锁董事关系网络，企业之间可以互相利用资源、协调关系、获取信息，进而提高企业各项资源获取能力和应对外部环境不确定性的能力，并改善公司董事会的效率和企业经营效率。例如，某企业的盈利能力差，其所面临的风险会越大，为了降低企业风险和克服外部环境的不确定性，企业会积极谋求与其他企业建立连锁董事关系，以获取资源与改善经营绩效。

2.1.2 独立董事的三种角色

基于现有的研究和上述分析(表 2-1)，独立董事概括而言可以分为三种角色：监督角色、咨询建议角色及协调角色。

表 2-1 独立董事独立性研究的理论演进分析

理论基础	独立性界定		产生原因	角色定位	
不完全契约理论	不完全独立	● 独立于利益相关者 ● 不独立于企业法人	契约的不完全性 法人治理结构缺陷	协调角色	● 监督维护契约履行过程中的规则 ● 作为其他利益相关者分享企业控制权的替代形式
委托代理理论	完全独立	● 独立于管理层 ● 独立于实际控制人 ● 独立于公司本身	存在两类代理问题	监督角色	● 监督内部控制者 ● 监督大股东，遏制其损害小股东利益的情况发生 ● 监督串谋
社会网络理论	“友好”独立	● 将个人资源转化成所就任企业的资源	企业资源的稀缺性	咨询建议角色	● 帮助企业获取资源、协调关系、获取信息

(1)监督角色

企业股权相对集中或分散,具有控制权的一方总会凭借自己所掌握的信息和权力为自己图谋私利,侵犯企业其他利益相关者,若其一直处于无人监督制衡的状态,将不利于公司治理与持续发展。因此,独立董事将扮演监督制衡的角色,打破其垄断状态。Fama et al.(1983)指出,独立董事作为低成本控制权内部转换的市场机制引入董事会,能够提升董事会的活力,减少管理层和执行董事的合谋行为,激励和监督管理者之间的竞争。在声誉机制的影响下,与公司没有关联的外部董事能够更好地行使监督职能,从而降低代理成本。孔翔(2002)形象地将独立董事比喻成裁判,其职责就是对违规行为进行纠正,从而保障比赛的正常进行;同时,他将独立董事作用总结为监督公司经营管理、提高公司绩效和保护股东权益。武立东(2007)认为,若其他大股东设立独立董事之时有制衡的动机,那么此时独立董事将扮演监督角色。

(2)咨询建议角色

Brickly et al.(1994)研究表明,独立董事一般具有丰富的商业经验和专业知识,能够为企业提供咨询,帮助企业经理层解决难题,同时构建商业战略。2006 年,深交所以中国民营上市公司为样本,对独立董事所扮演的角色是监督者还是咨询专家进行了研究,发现在我国民营上市公司中,独立董事实际扮演了"企业顾问"而不是"监督者"的角色。

独立董事多为学者、专家或权威人士,能够运用其丰富的经验和专业知识为公司效力,提高公司决策的科学性。Agrawal et al.(2000)研究了 1958 年美国财富 500 强公司中董事会成员背景与公司经营环境之间的关系,发现当公司与政府关系紧密,需要与其打交道时,具有政府官员背景的外部董事比例就会显著增多;而当公司需要与政府协调或斗争时,具有律师背景的外部董事比例就会增大。同时,Certo et al.(2001)发现,拥有较多有声望董事的董事会可以减少经营成本。王跃堂等(2008)对独立董事个人背景与公司财务信息质量的关系进行了研究,发现具有法律背景的独立董事能够有效地约束管理层的违法行为,而具有会计背景的独立董事有利于财务舞弊行为的发现,能够加强财务报告的可靠性。徐高彦(2011)指出,独立董事的声誉、专业背景和独立董事人员的比例对大额关联交易有显著的抑制作用。因此,独立董事资本能够帮助公司获得外部重要信息，为公司提供一个与外界交流的渠道。

(3)协调角色

郭强等(2003)从法人治理的角度出发，认为独立董事的角色应该是短期合约的裁定人和编辑调整人。在实际操作层面，众多的利益相关者希望直接分享和行使控制权是不具有可操作性的。因此，他们需要一位大家共同认可且具有权威性的中间人来帮助大家达成合约或进行决策，其即独立董事。

为整合三种不同的角色，吴世农(2005)提出了"渐进发展理论"，认为在独立董事引进的不同阶段，独立董事的角色和作用也不一样。初期阶段，独立董事多为无形资产型和咨询专家型，其关键作用是提供专业意见和建议，提高公司形象和声誉；中期阶段，独立董事的主要角色为冲突解决型，其关键作用是在股东与经理层间、股东间提供公允性的意见和建议；高级阶段，独立董事的角色主要为专业监控型和参与管理型，其关键作用在于维护中小股东的合法权益，参与公司管理。同时，随着各阶段的递进，独立董事在上市公司治理中的参与程度越来越高，获得的信息越来越多，对中小股东的保护效果也越来越明显。

2.2 独立董事制度的应用研究

2.2.1 独立董事制度的起源与发展

(1)英美独立董事制度的发展

独立董事制度是英美法系的产物，起源于美国。1940年，美国颁布的《投资公司法》规定，投资公司的董事会成员中应该有不少于40%的独立人士担任一些职务。其设立的目的在于防止控股股东和管理层的内部控制，损害公司利益。尤其自20世纪70年代美国"水门事件"之后，很多公司的董事卷入了行贿丑闻，公众纷纷要求公司进行改革，从而促使独立董事制度的生成。20世纪八九十年代，投资者大规模进入资本市场，对独立董事监督与审计提出了新的挑战，从而独立董事制度得以更加完善，尤其"安然事件"之后，独立董事法规得到了进一步的完善。同一时期，英国伦敦证券交易所先后发布了卡特伯里报告、格林伯里报告和汉姆伯尔报告，这三个报告成为现代公司治理运动和独立董事制度的起点和里程碑。2003 年，纽约证券交易所(NYSE)和纳斯达克(NASDAQ)证券市场完善和改革了独立董事的制度方案，要求增加公司独立董事数量，强化其独立性；并且要求上市公司成立完全由独立董事组成的治理委员会、薪酬委员会和审计委员会。至今，英美独立董事制度仍然处于不断创新和完善的过程中，独立董事的比例也在不断增加且其作用领域不断扩大。

从英美独立董事实践中可以看出，英美独立董事制度是以增强其独立性和扩大其作用范围来解决股权分散下的内部人控制问题。但是中国公司治理环境与结构和英美大不相同，大股东控股和掏空是最为严重的代理问题，我国引入独立董事制度最主要的目的是解决大股东对中小股东权益侵占的问题。

(2)中国独立董事制度的发展

20 世纪 90 年代，在市场经济浪潮的推动下，我国境内企业开始赴境外证券交易所上市，而当时我国香港联交所等境外证券交易所都要求上市公司建立独立董事制度，为响应这一要求，我国企业才开始聘请独立董事。因此，我国独立董事制度起步晚、时间短，但在政府职能机构全程的主导下，上市公司全面推进了独立董事制度并进展顺利。表 2-2 列举了我国上市公司实行独立董事制度的基本过程，可以说中国政府自始至终完全主导着独立董事制度的全方位建设。

表 2-2　中国上市公司实行独立董事制度的进程

时　间	事　件
1993 年	青岛啤酒公司在我国香港上市，按照我国香港联交所的要求，建立了独立董事制度。
1997 年 12 月 16 日	中国证监会发布《上市公司章程指引》，其中第 112 条首次规定“公司根据需要，可以设独立董事”。
1999 年 03 月 29 日	国家经贸委、中国证监会联合发布《关于进一步促进境外上市公司规范化运作和深化改革的意见》，要求境外上市公司建立健全的独立董事制度。
2000 年 04 月	全国企业改革与管理工作会议上，国家经贸委提出今后要在大型公司制企业中逐步建立独立董事制度。
2001 年初	深交所发布《上市公司独立董事制度实施指引》，对独立董事的资格和职责等做出了详细的规定。

续　表

时　间	事　件
2001 年 01 月 31 日	中国证监会发布《证券公司内部控制指引》，比较含糊地指出证券公司必须充分发挥独立董事的监督职能。
2001 年 08 月 16 日	中国证监会发布《关于在上市公司设立独立董事制度的指导意见》，标志着我国在设立独立董事制度方面迈出了重要的一步。其中，规定 2002 年 6 月 30 日之前，上市公司的董事会成员中至少有 2 名独立董事，2003 年上市公司董事会成员中至少包括 1/3 的独立董事。
2002 年 01 月	中国证监会和国家经贸委联合颁布《上市公司治理准则》，其中专门论及了独立董事制度。
2004 年 12 月	中国证监会发布《关于加强社会公众股股东权益保护的若干规定》，明确要注重发挥独立董事的作用。与此同时，沪、深交易所也配合发布了独立董事任职资格备案制度等。
2005 年 11 月	国务院批准中国证监会《关于提高上市公司质量的意见》，进一步要求完善独立董事制度。
2006 年 01 月 01 日	新实施的《中华人民共和国公司法》第 123 条规定："上市公司设立独立董事，具体办法由国务院规定。"
2008 年 10 月 01 日	正式施行的《上海证券交易所股票上市规则》(2008 年修订)和《深圳证券交易所股票上市规则》(2008 年修订)对上市公司独立董事制度有关问题进行了进一步的规范。

2.2.2　独立董事的合法性与独立性

(1)独立董事的合法性

独立董事的概念最早出现于 1940 年美国颁布的《投资公司法》，其第 10(A)条规定，投资公司的董事会的 40%成员必须由与投资基金顾问等无关联的人组成，包括独立董事和辅助董事。至此，独立董事制度第一次以法律形式确立。紧接着，英国、加拿大、澳大利亚、新西兰等国家借鉴美国经验，引进了独立董事制度。20 世纪 90 年代后期，亚洲爆发了金融危机，进一步暴露出了亚洲公司治理中的问题，包括法人交叉持股、家族控制及监事会形同虚设等。因此，东亚地区公司开始致力于提高董事会的独立性和透明度。具体表现为日本、韩国、中国台湾等亚洲国家和地区，集体建立及强化独立董事制度。而自 2001 年 8 月中国证监会推出独立董事制度以来，我国也一直在不断完善这一新制度。各国或地区独立董事制度具体完善过程如表 2-3 所示。

表 2-3 世界部分国家和地区关于独立董事制度的有关规定

	制定时间(年)	法规名称	简要内容
美国	1940	《投资公司法》	规定独立董事必须占管理投资公司董事会的40%及以上； 将独立董事界定为与公司没有重要关系的董事。
	2002	《上市公司会计改革及投资者保护法》	在建立隶属于美国SEC的会计监察委员会的同时，坚持了独立董事制度，强调完全由独立董事组成的审计委员会在确保财务审计质量方面的重要性。
	2002	《公司会计责任与上市标准委员会报告》	强调发挥独立董事的作用，增强独立董事的权限。
日本	1993	《商法》	仿照独立董事制度，引进外部监察人制度。
	1998	《日本公司治理原则》	在强调提高监事的独立性和质量的同时，明确独立董事制度。
韩国	1999	《韩国公司治理最佳实务准则》	规定董事会应当包括外部董事，外部董事独立于公司管理层和有重大影响的股东行使其职责。
中国台湾	1989	《有价证券上市审查准则》	要求董事、监察人必须能独立行使职能，否则不得上市。
中国大陆	2001	《关于在上市公司建立独立董事制度的指导意见》	强制要求所有上市公司必须按照其规定，建立独立董事制度。
	2002	《上市公司治理准则》	再次明确规定上市公司应该建立独立董事制度。
	2004	《关于加强社会公众股股东权益保护的若干规定》	进一步肯定并完善了独立董事制度。
	2006	《公司法》	第123条规定："上市公司设立独立董事，具体办法由国务院规定。"

资料来源：根据美国、日本、韩国、中国的相关法案和证券交易所规则整理。

(2)独立董事的独立性

整理关于独立董事的法律法规可以发现，对独立董事的界定主要突出其"独立性"的特点，而独立性也正是独立董事制度的核心与灵魂。各国对独立董事独立性的认定主要集中于独立于经营者、独立于公司及独立于大股东。各个国家的规定既参考了国际上的一般性原则，也会考虑到各个地区的具体差异，主要从规模独立性、经济独立性及社会关系独立性三个方面来描述独立董事的独立性，具体如表 2-4 所示。

表 2-4　关于独立董事独立性的规定

	区域	界定主体	具体规定
规模独立性	美国	美国证券委员会	要求上市公司独立董事必须在董事会内占据绝对多数；纳斯达克规定外部董事比例不低于 40%，董事会审计委员会的独立董事成员占到 2/3。
	澳大利亚	澳大利亚证交所	明确要求上市公司外部董事比例超过 2/3。
	日本	日本	《日本公司治理原则》规定社外董事应过半数。
	中国	中国证监会	2003 年 6 月 30 日前，上市公司董事会成员中至少包括 1/3 的独立董事，其中至少 1 名为会计专业人员。
经济独立性	美国	纽约证交所	①独立董事所在公司与上市公司两者任一家的总收入来自对方公司，或来自对方公司的收入不能超过 100 万美元；②每年从上市公司获得的报酬不能超过 10 万美元。
		纳斯达克	①独立董事在上一财政年度中不能从公司或其下属机构接受超过 6 万美元的报酬(包括董事会服务、退休福利计划和其他报酬)；②不可以在公司建立的营利机构中具有合伙或控股人地位，或在该机构中收取 5%以上的年度总收入(不包括仅由证券投资获得的)，或在过去 3 年任何一年内从该机构收取 20 万美元或更多的收入。
	英国	英国	除董事报酬之外，不准接受公司给予的其他额外报酬，或参与公司股票期权或基于业绩的支付计划，或成为公司养老金计划的成员。
社会关系独立性	美国	纽约证交所	具有以下情况的人员不能担任独立董事：①目前和过去 5 年在公司或公司下属机构中任职；②直接或间接与上市公司存在实质的联系。
		纳斯达克	具有以下情况的人员不能担任独立董事：①目前和过去 3 年在公司或公司下属机构中任职；②在过去 3 年中有直系家属成员在公司或其下属机构中任执行官；③任另一企业的高层管理人员而又在该企业薪酬委员会任职。

续 表

	区域	界定主体	具体规定
	澳大利亚	澳大利亚证交所	具有以下情况的人员不能担任独立董事:①公司的大股东;②过去3年曾任职上市公司管理层;③个人或所在企业向上市公司提供专业的咨询服务;④是上市公司的重要供应商或者重要客户;⑤与上市公司有重要的合同关系。
	中国	中国证监会	具有以下情况的人员不能担任独立董事:①上市公司或者其附属企业任职的人员及其直系亲属、主要社会关系;②直接或间接持有上市公司已发行股份1%以上或者是上市公司前十名股东中的自然人股东及其直系亲属;③在直接或间接持有上市公司已发行股份5%以上的股东单位或者在上市公司前五名股东单位任职的人员及其直系亲属;④最近1年内曾经具有前3项所列举情形的人员;⑤为上市公司或者其附属企业提供财务、法律等服务的人员;⑥公司章程规定的其他人员;⑦中国证监会认定的其他人员。

资料来源:根据美国、英国、澳大利亚、中国的相关法案和证券交易所规则整理。

独立董事的独立性除了取决于其本身的特性外,还与其选拔机制有关。从理论上讲,要想保证独立董事的独立性,必须有一个独立的独立董事选拔机制。国外通常是由独立董事组成的提名委员会提名,由股东大会选举产生;目前,我国独立董事一般由公司董事会提名,由股东大会选举产生。谭劲松等(2003a)认为,由于组成提名委员会的独立董事地位相对独立,所以由提名委员会提名选拔的独立董事,其独立性应比直接由董事会提名的独立董事要强。李海舰等(2006)和Oliver(2014)等认为,结合中国的实际情况,中国存在"一股独大"(尤其是国有控股企业)的垄断型股权结构,会导致中小股东在股东大会上话语权的丧失,控股股东会利用其对股东大会裁决权的独断地位直接选择自己合意的独立董事。通过这种方式选拔的独立董事,其监督职能和专家职能都会失灵。据《上海证券报》推出的中国独立董事问卷调查表明,63%的独立董事由上市公司董事会提名产生,超过36%的独立董事由第一大股东提名。这说明,中国独立董事的直接选聘机制,难以保证独立董事的"独立性",难以保护中小股东的权益。

同时,许多学者也提出了对选聘制度的一些新想法。一些我国台湾学者(Yung et al.,2014)结合我国台湾的具体情境研究发现,如果企业不是因为一些强制性的规定被迫任命独立董事,而是积极主动选聘独立董事,将会为企业带来积极的影响。胡金焱等(2003)认为,由中国证监会选聘独立董事有利于独立董事职能的实现。杨雄胜等(2007)发现,独立董事异地任职更加独立,发挥作用也更大。还有学者认为可以让大股东回避对独立董事的聘任和薪酬支付。谭劲松(2003b)认为,可以成立一个独立董事基金,该基金和私人资本结合形成一个"两合公司",由私人资本负责该公司的运作并承担无限责任,该公司通过向各个上市企业输送独立董事人才而获得收入。

2.2.3 独立董事制度与监事会制度的比较

从董事会制度来看,公司治理的基本结构模式有三种:一是以英美为代表的单层董事会制度,不设监事会,由独立董事为主体的外部董事作为监督主体;二是以德国和荷兰为代表的双层董事会制度,董事会由管理委员会和监督委员会组成,且监督委员会在管理委员会之上;三是以法国和日本为代表的二元模式,公司可自由选择单层或双层董事会,引进独立董事或设立监事会,两大制度均强调制衡和分权,法律不做强制性的规定。而我国在公司治理过程中广泛借鉴了其他国家的经验,形成了监事会制度和独立董事制度并存的多元化结构,学术界对于它们之间的关系主要有两种不同的观点。

一种观点认为,独立董事制度与监事会制度来源于不同的法系和治理结构模式,两者在制度上互不兼容,在功能上重叠,可以互相替代。(曹宗平,2004)因此,学者们主张在两种制度中选择其一。王天习(2005)认为,独立董事制度和监事会制度同为监督机制,其目的是一致的,所起的效果也相近;同时,提出我国可以借鉴独立董事制度的成功经验,在监事会制度中构建独立监事制度。而鉴于体制上的障碍,独立董事制度也未必能够对公司绩效的提高起到显著的作用。

另一种观点认为,独立董事制度与监事会制度并不是互相替代的,它们在构成与功能上均不相同,可以实现功能上的互补。只是当两种制度共存时,会产生矛盾冲突,如何平衡两者关系,发挥最大监督功效是关键。李建伟(2004)认为,独立董事既要发挥战略控制职能,又要发挥监督职能。在监督职能上，以业务执行监督为主，财务监督为辅；业务监督职能上，以妥当性监督为主，合法性监督为辅。而监事会监督则以财务全面监督为主，业务监督为辅；在财务监督职能上，合法性监督为主，妥当性监督为辅。在公司内部监督机制建设中，应坚持以独立董事制度为主，监事会制度为辅的原则。

独立董事作为一种公司治理监督机制引入我国，与监事会制度之间的关系如何，学者之间还没有统一的认识，有待进一步研究。

2.3 独立董事制度的实证研究

随着研究的深入，国内外学者将理论研究拓展到实证研究。而独立董事制度与公司治理水平的实证研究通常是通过某一单一要素或是多个要素的集合体与相应绩效的关系展开研究，并且主要是从独立董事的规模、个体异质性等变量展开研究，形成了一系列的研究成果。

2.3.1 独立董事制度与公司绩效的关系研究

早期的实证研究主要是探究独立董事制度对公司绩效的影响。随着时间的推进，关于独立董事的研究变量越来越多，包括独立董事比例、规模、年龄、性别、学历、职业背景和声誉等。但是研究结果却大相径庭，包括线性相关和非线性相关，线性相关中又包括正相关、负相关和不相关等，具体如表 2-5 所示。

表 2-5　独立董事制度与公司绩效关系的研究汇总

自变量	因变量	相关性	代表人物
独立董事比例 独立董事任职企业数 独立董事薪酬、出席会议比率等 独立董事声誉 独立董事特征及规模	企业绩效	正相关	Rosenstein et al.，1990；向朝进等，2003；Nguyen，2010；Giráldez，2014；Yermack，2004 高雷等，2007 王跃堂等，2006；徐高彦，2011 赵昌文等，2008
独立董事比例 独立董事任职企业数及任期		负相关	Agrawal et al.，1996；骆品亮，2004；刘亚铮等，2009 陈伟明等，2009
独立董事比例 独立董事行业专长、政治背景 独立董事规模及参加会议次数		不相关	高明华等，2002；丛春霞，2005；Leung S，2014；杨慧馨，2006；李维安，2008；周国林，2009 肖曙光，2006
独立董事比例 独立董事人数、薪酬		U 型	李汉军等，2007；郝云宏等，2010 谭劲松，2003

(1)独立董事制度与公司绩效正相关

Rosenstein et al.(1990)研究发现，公司的市场价值随着独立董事比例的增加而增加，两者呈显著的正相关关系。Millstein et al.(1998)对美国 154 个大型上市公司进行了分析，结果发现，在 20 世纪 90 年代拥有独立董事的公司运行很好，与公司绩效存在明显的正相关。Bhagat et al.(2002)发现，独立董事所持有的股份与企业绩效之间存在一定的正相关。Yermack(2004)发现，外部董事任职董事数量与公司业绩呈正相关。由于高声誉的董事担任独立董事的机会一般高于低声誉的董事，若公司出现重大经营问题，则会对高声誉的董事产生负面影响，因此，具有高声誉的董事会尽职以提高公司绩效。国内一些学者的研究也得出相似的结论。如王跃堂等(2006)实证检验得出独立董事比例与公司绩效显著正相关，独立董事的声誉能够促进公司绩效，但其政治关系、管理背景、行业专长与公司绩效并不相关。高雷等(2007a)也发现独立董事比例的增加会提高公司绩效，并且独立董事的薪酬、出席会议的比率等与公司绩效呈显著正相关。赵昌文等(2008)从独立董事特征和独立董事规模入手检验了独立董事对家族企业价值的影响。研究发现，具有学术机构背景、行业专长、管理经验、政府关系及国际背景的独立董事对家族企业价值都有显著的促进作用。徐高彦(2011)基于在深沪两市上市公司的经验证据得出，独立董事的声誉、专业背景和独立董事比例对大额关联销售有显著的抑制作用，独立董事的独立性有助于提升公司价值。

(2)独立董事制度与公司绩效负相关

Agrawal et al.(1996)实证研究发现，独立董事比例与托宾 Q 值之间呈负相关，而与其他业绩衡量指标没有显著的关系。国内学者骆品亮等(2004)以沪市 A 股上市公司为样本，对独立董事制度和独立董事比例与公司绩效的相关性进行研究，发现上市公司设立独立董事前后，公司绩效有显著的差异，但公司业绩与独立董事比例无关，引入独立董事之后，公司业绩变得更糟。刘亚铮等(2009)对中小板上市公司进行的研究发现，董事会规模和两职合一与公司绩效呈显著的负相关关系，独立董事比例对公司绩效具有显著的消极影响。陈伟民(2009)对独立董事多重任职、任期与公司绩效的影响进行了实证研究，发现在我国中小板上市公司中，公司绩效随独立董事任职公司数的增加而下降；独立董事的任期越长，公司绩效就越差。郝云宏等(2010)以 1999—2008 年 509 家上市公司为样本，采用动态面板数据模型和 GMM 估计方法进行实证分析，发现董事会结构对公司绩效的作用存在时滞，董事会的独立性对公司绩效的影响从短期看有负面影响。

(3)独立董事制度与公司绩效不相关

Bhagat et al.(1999)检验独立董事比例与托宾 Q 值之间的关系，发现独立董事与公司绩效并不存在显著的关系。胡勤勤等(2002)对深沪两地 41 家已建立独立董事制度的上市公司进行分析，发现上市公司的经营绩效在很大程度上不受独立董事的影响，与独立董事之间不存在显著的相关关系，因此，现阶段的公司独立董事制度对公司经营绩效尚未起到应有的作用。高明华等(2002)、丛春霞(2005)、李维安等(2008)、周国林(2009)等研究均发现，独立董事制度对公司绩效没有显著影响。萧维嘉等(2009)基于内生视角的审视，运用普通最小二乘回归分析、面板数据的一元固定效应模型、工具变量法和联立方程模型四种方法研究了独立董事比例对公司绩效的影响，结果也发现独立董事比例不对公司绩效产生显著的影响。针对独立董事制度与公司绩效之间的不确定性关系，一些学者进行了分析。谢德仁(2005)认为，导致独立董事制度与公司绩效之间不存在显著关系或呈负相关关系的根本原因是没有认识到其首先是代理问题的一部分,也没有认识到独立董事的经理人性质。唐清泉(2006)认为,独立董事对公司绩效的改善受独立董事的人力资本、关系资本和内在动机的影响。

2.3.2 独立董事与特定行为的研究

(1)独立董事薪酬

国内早期关于独立董事薪酬的研究主要讨论独立董事是否应该获得薪酬。以魏杰(2001)为代表的学者认为,独立董事不应该获得报酬,从而能更好地保持独立性;而以钟朋荣(2001)为代表的支持派认为,独立董事为公司付出了人力资本,理应获得报酬,从而激励其认真负责地工作。而当前对独立董事的研究主要集中于独立董事薪酬的影响因素、薪酬结构和水平等。罗党论(2004)以 2002 年 1 002 家中国上市公司为样本探索了影响独立董事薪酬的因素,发现第一大股东持股比例与独立董事薪酬呈负相关,从而实证检验了第一大股东持股对独立薪酬的激励存在不积极的态度。原因可能在于独立董事的设立主要是为了维护中小股东的利益,在利益问题上,独立董事与大股东发生冲突,因而大股东不会主动设立较高的独立董事薪酬。在薪酬机制的分析上,陈晓红等(2006)建立了一个独立董事效用最大化的理论模型,引入风险偏好、长短期报酬期望比等因素来对独立董事的薪酬结构和水平进行研究,最后通过效用函数分析得出,最优薪酬水平取决于独立董事的风险偏好、工作能力、收入预期和生产函数;最优薪酬结构取决于独立董事的收入预期和风险偏好,与其工作能力和生产函数无关。对于独立董事兼职状况或报酬的研究,唐雪松等(2010)发现,独立董事兼职的上市公司越少或报酬越高时,独立董事说“不”的可能性越低,独立董事没有通过传递独立意见来传递监督声誉的动机。杜兴强等(2010)通过对伊利股份的案例分析,表明固定的薪酬制度对独立董事缺乏激励作用,而中国目前的制度环境和公司治理机制限制了独立董事的监督作用。

(2)独立董事与财务信息质量

独立董事制度作为公司内部治理机制对会计信息和财务报告过程有着重要的影响。Raheja et al.(2005)的实证检验表明,独立董事比例较高的董事会因比较容易摆脱外界的干预,从而能够提供较透明的财务会计信息，因此可以认为独立董事比例的提高有助于减少股东间的信息不对称。赵德武等(2008)以规模、能力、环境和意愿衡量独立董事监督力，表明独立董事监督力对公司的盈余稳健性有着显著的正向作用，并随着公司治理的改善而增强。李松(2009)通过对独立董事和经理人的博弈分析，认为引入独立董事制度有助于解决经理人盈余操纵问题，而关键在于独立董事的独立性。可是，独立董事提供的会计信息的质量是否会因独立董事的专业背景不一样而产生明显不同的效果呢？胡奕明等(2008)以盈余管理程度、盈余激进度、深交所信息披露评级和盈余稳健度四个指标来衡量上市公司的盈余信息质量，考察了独立董事与盈余信息质量的关系，实证表明了上市公司中具有会计和财务背景的独立董事，其盈余信息质量较高；独立董事比例较高时，其盈余信息质量也较高；而独立董事参会次数越多，其盈余信息质量反而较低。而王臻等(2010)通过构建回归模型发现，学术型独立董事比例的增加有助于提高公司的信息披露质量；而在现有独立董事制度下，公司的资产规模、盈利能力等仍是影响上市公司信息披露质量的主要原因。针对国有控股上市公司中，具有行政背景的独立董事是否会损害独立董事独立性并降低财务会计信息质量的问题，余峰燕等(2011)从最终控制人视角进行了研究，结果表明，在国有控股上市公司中，聘请具有行政背景的独立董事的公司财务会计信息质量较差。具体情况如表 2-6 所示。

表 2-6　独立董事财务信息质量方面的研究汇总

自变量	因变量	相关性	代表人物
独立董事比例 独立董事监督力	财务会计信息透明度 盈余稳健性	正相关	Raheja et al，2005 赵德武等，2008；胡奕明等，2008
独立董事制度评价值 独立董事津贴、兼职企业数 独立董事与会次数 独立董事具有行政背景	公司净资产收益率 公司盈余信息质量 财务会计信息质量	负相关	李维安等，2006 王兵，2007 胡奕明等，2008 余峰燕等，2011
独立董事比例	现金持有量 会计信息透明度 盈余管理	不相关	杨兴全等，2007 朱星文等，2008
独立董事比例	可操控应计利润	U 型	娄权，2004；Ravina et al.，2010

(3)连锁董事关系网络

当前,独立董事同时在两家或两家以上董事会任职已是很普遍的现象,而由该行为形成的企业网络关系就是连锁董事关系。卢昌崇等(2009)研究发现,在中国,超过 80%的上市公司有连锁董事,这意味着 A 股上市公司的董事会已形成连锁董事关系网络。通过建立连锁董事关系,企业间能够互相利用资源、协调关系,有利于董事会效率的提高。彭正银等(2008)从连锁董事网、公司董事会和连锁董事的个人行为特征三方面解析了连锁董事产生治理效应的内在机理,通过描述性统计分析与构建时刻固定效应面板数据模型进行了实证分析。结果发现,连锁董事网的规模、公司的网络中心度及连锁董事所担任的董事数目与公司治理绩效间有正相关关系。段海艳(2007)结合中国情境,借助社会网络和社会统计分析工具实证检验了连锁董事关系网络对企业绩效的影响,发现基于资源依赖理论提出的地域趋同性对企业绩效有着显著的正向影响,有利于企业资源的获取和经营绩效的改善,而行业趋同性对企业绩效的影响不显著。谢德仁等(2012)基于社会学的镶嵌理论、结构洞理论、弱联结优势理论和社会资本理论分析了董事网络的社会网络特征,简析了独立董事在整体董事网络结构中起着关键结点和“桥”连接的作用,以及基于网络,董事如何对独立董事治理行为进行了研究,并认为连锁董事网络通过声誉激励、主观独立能力和专业胜任能力三方面,影响独立董事的治理动机和能力,从而对独立董事的具体治理行为及效果产生作用。而独立董事可能拥有通过董事网络传递重要的商业合约关系,从而成为经济利益或政治利益的来源,提高公司的整体业绩。

(4)独立董事的激励与约束

独立董事作为代理人,与股东间存在着代理问题。而一个合理的激励补偿机制能够有效解决代理问题,那么哪些激励因素能促使独立董事勤勉工作呢?总体而言,对独立董事的激励方式有固定薪酬、持有公司股票、延期支付计划、津贴和会议费等,约束方式有法律约束、声誉约束、市场约束。谭劲松(2003)认为,无论采用何种形式的激励和约束手段,中等程度的激励和约束手段是最佳的“度”。实证研究方面,学者们主要研究的是声誉约束。徐冬林(2005)构建了一个独立董事声誉机制模型,并依据独立董事的薪酬依赖度,建立了选聘独立董事的声誉机制,该研究提出独立董事的独立性依赖于声誉,而声誉的高低则依赖于其财产的多少及独立董事津贴所占收入的比例。邱风等(2006)对我国独立董事制度失效的深层次原因进行了博弈分析,提出要完善独立董事的声誉机制,优化其队伍结构,构建有效的信息传递机制,从而降低独立董事的监督成本,提高其能力。同样,陈艳(2009)构建了引入声誉机制的独立董事激励模型,实证检验了独立董事所受到的声誉激励水平,发现我国独立董事的声誉激励只能促使其避开公开违规事件,而不能激励其更好地履行监管职能。唐清泉等(2006)发现独立董事辞职主要是基于自身对所任职上市公司的风险权衡;上市公司的获利能力、流动性风险、审计意见、更多的重大违规、法律诉讼、更多的董事会开会次数和重大的关联交易行为等,以及股权集中、独立董事比例较大等,都会对独立董事选择产生重大影响,而独立董事薪酬对其辞职选择没有产生显著的影响。

(5)独立董事说“不”的研究

中国证监会在《关于上市公司建立董事制度的指导意见》中规定:独立董事应当对上市公司的重大事项发表独立意见。根据《关于上市公司建立董事制度的指导意见》的规定,独立董事发表独立意见成为履行监督职能的重要形式。现有的从独立董事投否决票的角度来研究独立董事制度的有效性的文献并不多。结合我国制度背景,发现在上市公司实际被控制人控制的情况下,独立董事在重大事项上说“不”可能会引发被监督者和监督者之间激烈的冲突,导致独立董事离职概率加大。但是如果独立董事没有履行应尽的责任,当公司发生财务欺诈事件时,股东们会认为独立董事应该比其他人承担更多的责任。唐雪松等(2010)发现独立董事兼职的上市公司越少或报酬越高时,独立董事说“不”的可能性越低。相反的,代理问题越严重的企业,独立董事越有可能说“不”,在一定程度上,独立董事说“不”的行为可以保护外部投资者。叶康涛等(2011)根据中国上市公司独立董事对董事会议案发表意见和投票的数据,考察了独立董事的独立性与监督作用,发现多数情况下独立董事不会公开质疑管理层行为。当公司面临危机时,独立董事尤其是那些具有高声誉、财务背景及任期时间早于董事长任职时间的独立董事更有可能对管理层决策提出质疑,发挥监督作用,并且该监督行为能缓解代理问题,提高公司价值。宁向东等(2012)建立独立董事监督过程中的行为决策模型，他们认为，从逻辑上讲，独立董事只有在董事会中勤勉地工作，才能够发现控股股东的掏空行为，独立董事只有公正地进行投票才能够向监管机构发送正确的信号。独立董事对关系收益的重视程度存在着一个临界值，低于该临界值的独立董事在发现掏空行为后会选择公正地投票，高于该临界值的独立董事会选择包庇控股股东。

2.3.3　独立董事研究方法的脉络梳理

独立董事制度发展至今，很多学者对其都做了大量的研究，从理论分析到实证研究，独立董事的研究方法在不断发生改变和完善。

(1)立足制度视角分析独立董事存在的意义

研究方法的演进体现在独立董事制度的不断完善上。以我国为例，2001年，制定出明确的规定，要求上市公司的董事会成员结构中必须要设置2名独立董事；到2003年，我国证监会提出上市公司的独立董事人数必须达到1/3以上；而到2006年时，关于独立董事的要求又发生了变化，我国颁布的新公司法中明确说明，在上市公司里设立独立董事的具体办法由国务院规定。仅仅几年时间，我国对独立董事制度的规定不断进行修订完善，这要求国家要更加努力建设一个规范标准化的市场环境，才能充分发挥独立董事的作用，即独立董事所在的制度环境是至关重要的。

(2)立足博弈论方法视角分析独立董事微观行为

为了更加科学地分析独立董事在公司中所承担的角色及所起的作用，研究者们纷纷从博弈的视角建立模型来探究独立董事的设立对大股东的行为是否有制约作用，以及独立董事是否尽到监督的职能。虽然每个学者所研究的方向不尽相同，但是目的都是研究如何提高独立董事的监督职责。

王建刚等(2005)从独立董事自身出发，研究其更应该执行监督职能还是履行咨询职能。该博弈模型中设置了两名独立董事并做出三种假设，分别是2名都执行监督职能，2名都不执行监督职能，以及只有其中1名执行，而从结果看出，此博弈存在唯一的纳什均衡，即符合中小股东和证监会的要求。李松(2009)以经理人的收益与投资人的收益作为博弈模型的两方，通过研究发现，若想要增加投资人的投资行为，就必须增加对经理人的监督力度，从而提出要加大独立董事对经理人盈余操作的抑制作用，通过保持自身的独立性来遏制企业内部控制。另外，在博弈论中最为普遍的是研究独立董事的监督职能对高层管理者的违规行为是否起到制约作用。其中，马溪骏等(2006)、占美红(2012)等都从这个角度出发进行博弈研究，以独立董事的监督与否和大股东的违规与否作为博弈双方，从而得出相应的结论。除此之外，王艳等(2008)对独立董事、公司高层和政府三方的行为进行研究，并且建立博弈模型，研究独立董事的行为是否受到政府的影响，并且公司高层的违规行为是否受到独立董事的制约。研究结果表明，政府的监管对独立董事的职能执行起到一定的促进作用，但同时也会出现挤出效应。

(3)立足计量经济学方法分析独立董事特征与绩效

对独立董事的实证研究方法也随着研究的深入不断发展，学者们从不同的视角出发，建立不同的模型对独立董事进行实证分析，期望能更加深刻地揭示独立董事的内在机制对公司绩效的影响。最开始，学者们运用各种理论来分析独立董事的特征并且研究其对公司的影响，陈颖(2005)通过理论上的分析阐述了独立董事制度在我国的实施及存在的问题。理论上的研究毕竟缺乏说服力，接着很多学者通过采用大样本调查，利用不同的统计和估计方法研究上市公司中独立董事的设立与公司绩效之间的关系。李金秀(2010)通过对 134 家上市公司进行分析得出独立董事薪酬制度对独立董事产生的一些影响。裘宗舜等(2005)通过对 1 261 家上市公司进行研究分析而获取大量数据资料，从而得出独立董事与公司绩效呈正相关等结论。随着数据用于分析，模型的建立越来越普遍。吴晓辉等(2008)基于多元回归模型和 Logistic 模型的我国证据，运用面板数据对独立董事的作用进行实证分析，研究结果得出独立董事的引入和行为与公司绩效不相关甚至负相关的结论。

(4)立足社会网络视角分析独立董事内外部关联

目前，在独立董事方面的研究主要着眼于独立董事的社会网络对公司产生的一系列影响和作用。王跃堂等(2008)对独立董事的社会网络与公司财务信息质量的关系进行了研究，发现当独立董事具有法律背景或者有关法律的社会网络资源时，公司财务上的违法行为会有所减少。同时，连锁董事概念的兴起也是值得关注的热点问题，连锁董事所带来的企业间网络对公司的治理有深刻的影响。段海艳等(2009)指出,董事在不同公司中交叉任职的现象越来越普遍,这使得以董事为连接中心的一个公司网络的形成,这意味着公司之间的共享信息将会越来越多,且显著提高了社会资本的利用率和获取能力,最终提高了企业的盈利能力。郑方(2011)从嵌入型视角出发,以连锁董事为研究核心,探索公司通过连锁董事将社会资本转变为企业内部资本的运作模式。该研究深入剖析了嵌入机理,并且结合社会资本和社会责任,探讨了连锁董事的嵌入逻辑链条,最终实现连锁董事对公司和社会的价值。而社会网络理论又衍生出镶嵌理论、弱联结优势理论和结构洞理论,谢德仁等(2012)通过运用以上几个理论对我国独立董事的地位和行为展开研究,结果表明,处于董事网络联结中心的董事能收集更多专业的信息,从而更好地为公司服务。

2.4 文献述评与发展趋势展望

综观独立董事制度中的独立性,国内外不管是理论研究还是经验研究都对其进行了广泛研究,如研究独立董事的理论基础、角色,独立董事与公司绩效间的关系,独立董事与特定行为间的关系,以及对公司治理其他方面的影响,都取得了较丰硕的研究成果。通过对现有文献的梳理,本书认为以下几个方面是进一步研究的方向。

(1)立足中国制度的独立董事独立性的内涵和外延尚不明晰

独立董事独立性是独立董事制度发挥作用的关键,但是在不同的资本结构下,独立董事独立性的内涵是不同的,进而对独立董事的行为模式要求也存在较大的差异。结合独立董事背景特征及主观能动性的差异,对独立董事独立性的外延及行为模式进行的研究尚未形成。

(2)兼容角色多样性的独立董事研究框架还未确立,工作角色视角将是进一步研究方向

学界对独立董事的定位与角色功能一直存在着争议,对独立董事独立性的研究是现有研究没有解决的关键问题。我国独立董事由于很多方面的制约、限制出现了独立性缺失的情况。这些制约主要是由于独立董

事的制度存在很多漏洞。其中,包括独立董事的提名及任职程序、工作时间的规定,与监事会的工作职责的重复交叉,另外,独立董事的报酬及激励机制等都存在值得改进的地方。Van et al.(2005)提出,董事会实质上的独立,是指董事个体成员思想或态度上的独立,是指董事有能力和意愿做出独立判断;还要利用声誉机制来督促独立董事更积极地为公司工作,提高公司绩效;同时,这也是保持自身独立性的一种方法。因为声誉机制给独立董事带来了社会舆论监督,而且有了声誉的保证,独立董事并没有就业的压力,所以在其执行职务或者做决定时可以保持自己的独立性,不受外部因素的影响。

现有的独立董事研究强调关注个体职责,往往是从高管的视角进行研究,但独立董事同样也是一种职业,从工作视角进行研究将是个突破口。兼顾独立董事制度设计的同质性,同时考虑到独立董事群体的差异性特征,一个有效的分析框架就是将独立董事抽象为一个工作角色。工作的内容是制度设计的规范,但是最终工作绩效取决于承担这份工作的人员在整个工作过程中的表现,工作者自身的能力、意愿及工作过程中所面对的环境都将最终影响该工作的绩效,从某种意义而言,独立董事就是所在企业的一名特殊员工,只不过在层级和职责上比较特殊而已。

(3)独立董事尽责履职的微观过程还是"黑箱"

无论是作为监督者还是资源提供的咨询者,独立董事要想发挥作用,都要通过嵌入企业内部决策网络,特别是董事会系统中才能发挥作用。但是独立董事是如何嵌入企业内部网络的,嵌入行为的影响因素如何发挥作用,嵌入是否存在相应的行为模式,都直接关系到独立董事独立性的确立。现有研究主要关注独立董事网络位置和网络形态对其价值的影响,但是缺乏对网络嵌入行为的研究。

(4)独立董事实证研究的方法出现了瓶颈,实验方法方兴未艾

以制度经济学为基础,通过交易费用经济学和新产权理论的具体演绎,采用计量经济学的方法通过董事会的结构独立性特征分析来解释独立董事发挥独立性的制度基础。但计量经济学方法将独立董事同质化,忽略了独立董事个体的差异性。尽管社会网络理论提供了新的思路,但是在实证研究过程中,独立董事作为企业的高管,在行为数据获取上存在

较大的难度,使得微观研究陷入了困局。以往的研究出现分歧的原因在于,制度分析视角下的计量指标难以揭示主体行为。在独立董事行为研究中,对独立董事独立作为的度量是这一研究领域的关键问题。但鉴于独立董事行为的难以识别性,现有研究大都是利用间接的方法对其进行度量。对大股东控制权私利行为进行实验研究,实际上就是对大股东这样的小团体中存在的交互行为的研究。实验经济学是检验行为经济学理论的重要手段之一,也是公司治理研究领域的新工具。而基于博弈论的实验则是沟通微观与宏观的桥梁,它主要研究少数人之间的议价。(金煜等,2003)当决策环境中引进少量的复杂因素时,实际行为与主观期望效用理论的预见之间,常会出现背离,即人们在面对不确定性下做决策时,传统的期望效用理论与实验结果出现分歧。实验的证据是无可辩驳的,但重要的是解释影响行为的要素。最常见的一种观点是实验真实的收益会影响行为,收益越大,参与人会表现得更自私,但这并没有得到实验的有力证明。Hoffman et al.(1998)的实验表明,真实收益的大小对最后通牒博弈行为几乎没有任何影响。此后,其他一些人的实验也大致证明了这一点。李建标等(2009)利用实验研究方法首次在独立董事人数占优的董事会中引入序贯和惩罚机制,探讨了董事会科学决策的促成因素及制度环境,实验结果发现,序贯与惩罚机制引入后,董事决策正确率较静态实验分别提高了39.09%和34.26%,并揭示了两者不同的作用原理。

(5)研究方向

基于上述分析,本书聚焦于独立董事嵌入企业内部网络尽责履职的微观行为过程,通过工作角色理论的引入,融合独立董事现有角色涉及的内在职能,结合上市公司数据及问卷调查结果,系统构建独立董事“规则嵌入、能力嵌入及关系嵌入”企业内部网络的微观过程模型并进行实证检验,揭开独立董事行为过程的“黑箱”,为切实发挥独立董事制度的作用奠定基础。

第3章　独立董事尽责履职的管理情景分析:立足转型阶段论的视角

作为理论基础,本章认为企业战略决策问题的关键在于对企业本质的再认识。作为一个承载不同利益相关者价值诉求的平台,企业的性质不仅仅局限于新制度经济学层面的完全或不完全契约的集合,而是不同利益相关者通过让渡自有要素的部分(乃至全部)所有权,将其转化为企业资本进行价值增值创造,最终获得相应收益补偿的一个专有平台。企业经营活动也就相应体现为要素转化资本、资本转化为产出的两阶段过程,即"利益相关者要素—企业资本—企业产出"的逻辑过程。根据企业的基本性质,中国企业在转型过程中,即将经历三大阶段,即政府退出企业内部生产管理的产权转型期,政府促进外部要素市场自由化、完善企业所处产业规制的市场转型期,以及政府协调企业和社会共同发展的和谐转型期。与此对应,企业的战略发展也经历了内部管理创新、外部市场战略创新两个阶段。基于对企业性质和转型阶段的解读,最终确立了本书的理论支撑。

3.1　资源约束下的实体企业论

3.1.1　企业本质及经营目标回溯

长期以来,连同家庭一起,企业是解释经济现象的重要组织。以简单价格理论为例,企业是作为一种描绘内生经济变量如何变化,从而引起外生经济变量变化的传导机制的一部分存在的。然而,作为解释经济现象的最基本单位,企业和家庭本身并没有经过仔细的思考。在一段相当长的时间里,经济学研究企业,仅仅因为它是现实存在的,这一状况延续至

20 世纪 70 年代。这仅仅是相对而言的，理论的空白使得经济学家感到迫切需要企业理论来解决相应问题：企业作为一种制度安排为什么存在，企业与市场如何划分，以现代经济组织中最主要的部分——企业内部组织是如何安排的（Milgrom et al.，1988；Holmstrom et al.，1989）。

尽管如 Knight（1921）和 Coase（1937）等理论先驱进行了早期的研究，但直至 20 世纪 70 年代中期，这一领域的研究成果才不断涌现，并进一步推动了诸如市场失灵经济学、产权经济学、信息经济学等理论的发展。实事求是地讲，现代企业理论已经成为现代经济学中内容最丰富、领域扩展最为迅捷的学科分支之一。

（1）新古典经济学对企业性质的认识

在 Coase 以前的企业理论中，在萨缪尔森等新古典经济学家看来，经济体系就是一个由参数和变量构成的联合方程组表示的一般化的均衡体系，其中参数代表经济环境，是外生的；变量则是由体系本身决定的，需要解出结果；方程代表均衡条件。这种视角下的企业就成了将若干种投入转化为产出的生产性单位，其关系可以用生产函数表示出来：

$$Y = F(X_1, X_2, \cdots, X_i, \cdots, X_n), i = 1, 2, \cdots, n \tag{3-1}$$

式中 Y 代表产出，X_i 代表第 i 种要素。企业所能做的一切工作就是从这个公式所表达的均衡体系中得出最优均衡解或均衡条件。如果要涉及不同企业的行为绩效比较，那么新古典范式可把其中一个看作是初始均衡，而把另一个看作是参数变动导致的新的均衡，通过比较两种均衡结果即可知道孰优孰劣。

新古典理论对企业的理解从积极意义上讲强调了技术的作用，强调了规模收益对确定企业规模的重要作用。另外，在完全竞争的假设下，该理论在分析企业最优生产选择如何随着投入和产出价格变动而变动方面，在理解一个产业的整体行为方面，在研究企业之间的策略相互作用的结果方面，都是十分有用的，如在进行博弈分析时，往往都是按照新古典的企业假设进行推导的。

与此同时，新古典理论存在三个严重的理论不足：第一，它完全忽略了企业的内部激励问题。企业被看作是一个完全有效的“黑匣子”，在它内部，任何东西都在十分顺利地运行着，每个人都在做着指定给他的任务，这与现实的企业差别太大了。第二，这个理论丝毫没有涉及企业的内部组织——它们的层级结构如何、如何决策、委托代理关系和权威如何确立等。第三，这个理论没有明确地界定企业的边界。

(2)Coase 对企业理论的发展

Coase 对新古典的企业理论提出了批判，他通过揭开新古典理论基础之上的面纱，掀起了一场企业理论的革命，使人们关注企业内部的利益关系，回溯到亚当·斯密、马歇尔等人一直强调的内容上，与其不同的是，Coase 将其引入了一个更为古老和深厚的传统领域——契约理论。

Coase 对新古典企业理论的不满在于，如果企业仅仅是一个生产函数，那么企业就没有存在的理由，任何个体都可以作为一个生产单位来替代企业的功能。Coase 指出，企业能够存在必然有某种特别的因素，这种因素是市场在协调个体生产时所不能完成的。

正如 Coase 观察到的那样，在新古典的价格理论框架下，企业没有存在的理由。根据以往的教科书，分散的价格机制是导致经济协调的理想结构。那为什么我们会观察到一些交易行为抛弃了价格机制，而转向成为企业的内部组织呢？Coase 详细论述了这一现象的答案，即存在“使用价格机制的成本”(Coase，1937)，由此诞生了交易费用的概念，即除去正常生产成本以外，与生产成本相分离的那部分成本。企业组织可以避免这一成本，因而存在。

在 Coase 看来，企业实质上就是一个长期雇佣契约，这个契约是不完全的，因为劳动难以测度和计量；这个契约是长期的，意味劳动的权益需要更有力的保护；这个契约包含了权威，因为劳动协调需要花费成本，“通过契约，生产要素为获得一定的报酬，同意在一定限度内服从企业家的指挥”(Coase，1937)。

Coase 对于企业的认识强调了交易成本是企业产生的原因，交易活动如果通过组织并允许以“权威”的方式来组织所花费的费用低于通过市场机制来组织所花费的成本，那么该交易活动就倾向于以“权威”的方式来组织，即“内部化”。这里的权威就是指企业内部的行政和管理，因此，企业可以看作是对市场的一种替代，而“内部化”过程就是企业规模不断扩大的过程，当企业和市场关于组织一项交易所花费的成本相等时，企业的规模就确定了。

尽管 Coase 并没有进一步揭示交易费用的来源和解决途径，而且对企业的契约本质也没有详细地拓展,但是 Coase 打破了新古典经济学立足于各当事人总体上表现出的一种专业化生产功能,将企业表现为生产函数的狭隘观点,确立了侧重于研究企业内部利益分配和效率问题的企业契约分析领域,因而具有跨时代的意义。

(3)现代契约理论的发展

Coase 早期的贡献在 1972 年以前一直没有被纳入主流经济学的框架,对此,Coase 本人也遗憾地称其 1937 年的论文是“高引用,低采纳”。

然而,正当 Coase 悲哀之时,企业理论的重量级成果开始出现,特别是 Williamson(1971)和 Alchian et al.(1972)的两个开创性的经典论文成果从全新的角度诠释了现代组织经济学,这一理论还被认为是在拓展新古典经济学过程中的一次重要尝试(现在称为新制度经济学),它超越了市场制度的边界,并且探究交易机制对于资源配置的基本原理和机制(Arrow,1987;Eggertsson,1990)。张五常(Cheung,1983)在此基础上又指出,Coase 所说的企业替代市场不是十分确切,应该说是一种契约形式代替了另一种企业形式,即要素市场契约代替了产品市场契约。

至此,Coase 的交易费用理论被逐步完善,并且真正将对企业性质的分析建立在一种契约观的基础上,现代企业理论也是在此基础上开始发展起来的。

基于企业契约观的认识,现代企业理论借助于传统的契约经济学模型——阿罗—德布鲁模型,并通过引入信息不对称和有限理性等假设条件,形成了多样性的学术分支,而学术分支争论的焦点主要集中在阿罗—德布鲁模型的两个基本假设上,由此构建不同的企业理论。

完全契约假设:代理人能够实现预知未来发生的所有或然时间,并能够无成本地全部写进契约中去,因而不存在不完全契约。假设对于“自然状态”(states of nature)的信息对称,因此,不存在委托代理的激励问题。

根据以上假设的不同,现有的企业理论可以粗略地分为以下两类:

第一,不完全契约理论。它是建立在书写完全契约时存在成本,由此存在事后进行治理的假设基础上的,以威廉姆森、格鲁斯曼、哈特、穆尔、Coase 及西蒙等为代表,默认契约(或隐契约)理论和科层信息交流理论(the theory of communication in hierarchies)也都属于这一类别。

第二,委托代理理论。该理论基于存在信息不对称的约束下,允许代理人设计详细的契约，并以契约履行前的激励调整为特征，以阿尔钦等为代表。

对于这种划分的一种解释是，他们关注不同种类的交易费用，Coase (1937)当时仅仅加以定义却没有详细解释。较为典型的是，不完全契约理论强调事先制定契约的成本及事后契约调整的成本，委托代理理论则忽略这部分成本，而将重点集中在契约履行的监督成本及设置激励机制的成本上，而这恰恰又是不完全契约理论所忽略的。很明显，这两种观点是互相补充的，并且应该能够相互综合。有迹象表明，这种综合已经缓慢开始了。(如 Holmstrom et al.，1994)

①完全契约的委托代理理论及其发展。

回顾历史，委托代理理论（或简称代理理论）可以追溯到早期关于股东和经营者关系的争论。经过研究发现，美国企业的所有权开始分化为经营权和控制权。经理主义理论构建了一个模型，指出企业行为是在利润条件约束下，追求经营者目标（企业规模、增长率）最大化。(Marris et al.，1980)经营者目标如企业规模或增长率是作为变量对待的，部分原因在于它是与经营者的收益和权利相关联的。所有者和经营者利益冲突的实例就是企业中激励方式或委托代理方式的冲突，这也可以解释企业组织中的重要问题。

在 20 世纪 70 年代，正式的代理理论诞生了（最早的贡献当属 Ross，1973)。就经典意义而言，这一模型解决了明确定义任务下委托人（如所有者）和代理人（如经营者）的关系问题，尽管这一理论不能解决多重代理、科层结构（如某些中层管理者既是委托人又是代理人）和多任务的情况。事实上，这一时期的许多代理问题研究都是从这一基本模型拓展而来的。(Hart et al.，1990)

委托代理理论的一个基本假设就是存在委托人和代理人之间的信息不对称，这使得委托人不能直接监督代理人的行动，或者代理人知道一些委托人不知道的企业形势。以往的文献对“隐藏行为”和“隐藏信息”加以区别。(Arrow，1987)当然委托人可以通过观察企业的产出（如利润）来推断代理人的行为，但是不确定的产出值不是一个反映代理人行为的完美指标。在这种情况下，最好（追求产出最大化）的契约应该是规定代理人向委托人上缴一个固定的数额，而将剩余部分作为给代理人的报酬。

然而,厌恶风险的代理人会抵制这种契约。而其他可行的解决方案都必须付出交易成本。在实际中,有的经济学家暗示经营者会自觉履行契约(如保证高效工作),原因在于兼并威胁(Manne, 1965; Jensen, 1986)、债务压力(Jensen, 1986)、竞争的职业经理人市场(Fama, 1980)等。

在此基础上,Jensen et al.(1979),特别是 Fama(1980),都从经济学的角度指出,在企业和市场之间做出明确界定是一种误导。尽管企业确实是法人实体,并且这一事实有着十分重要的经济学意义(如有限责任、在商品税中抵扣的权利、无限的生存时间等),但是企业说到底还是一种特殊的市场契约形式。相对于其他市场契约形式,企业与之最根本的区别在于要素所有者之间建立了一种持续的契约关系。

在阿尔钦的表述中,与雇佣关系相联系的权威联系就是定义企业的本质。一个雇主对雇员失去了权威要比顾客对杂货店失去权威更严重。雇主和顾客都依赖“解雇”的方式惩罚“不服从”的行为,也就是不再与同类的人或店打交道。就经济学角度而言,顾客不再光顾某个商店,与雇主解雇某个雇员是没有任何区别的。

简言之,企业就是一组由特殊法律形式支持,并且以要素所有者之间建立连续持久联盟为特征的关联契约。我们可以把一组关联契约看成“准企业”。

Alchian(1972)强调,企业不仅仅通过它们的法律地位就能够加以概括其全部特点,此外还有团队生产能力,凭借这种能力,企业有一个非个体的生产函数。这就暗示着它们论证了边际产品的测度需要花费巨大的成本。它们认为企业是解决团队道德风险的措施。在此基础上,Holmstrlom(1982)讨论了团队领导的激励问题及解决方法(假设一个附加生产函数,从团队协作中加以抽象)。无论是阿尔钦的企业理论,还是 Holmstrom 的企业理论,都提供给我们有关企业边界的理论。但一个基本的问题是为什么激励问题不能够像企业一样通过契约的方式在市场中解决,他们的理论都不能做出解释。

随着对激励问题研究的深入,Holmstrom et al.(1994)提出了企业的本质是一个激励系统的观点,他们解释了所有权同雇佣二者之间的联系,他们强调了将企业作为一个“系统”认识的重要性,特别是作为一系列联系、互补的契约安排来降低激励摩擦的系统。在他们看来,关注连续整体契约的某个单一方面是一种研究误导:企业的特征就是雇员不拥有企业资产,雇员受一种低效能的激励制度支配的同时还受雇主的权威支配。

需要指出的是,Holmstrom et al. 模型同样考虑了财产权配置在决定讨价还价能力和激励中的重要性,这恰恰是不完全契约理论的一个研究重点,因此,Holmstrom et al.(1994)奠定了从完全契约理论向不完全契约理论过渡的理论基础。

②不完全契约理论。

不完全契约理论可以看成是脱离完全契约理论假设的一种理论重构。由于不同的原因,契约不能包含所有的或然事件,这就使得将权威和财产所有权理论化成为可能。Coase(1937)和 Simon(1951)的观点,即企业的本质在于雇佣契约和与之相联系的权威关系,也同样属于不完全契约的理论范畴。原因在于,他们强调达成一个完全契约及由于外界环境变化而对契约进行修改的成本,并没有包含在契约中。威廉姆森、格鲁斯曼和哈特的研究同样属于不完全契约理论范畴,尽管他们关注的焦点有所不同。他们关注的是对财产所有权的讨价还价能否避免契约中未能包括的或然事件的发生。

不完全契约理论的代表人物 Grossman et al.(1986)指出,企业产生交易成本的原因在于契约的不完全性。根据哈特的观点,交易成本的来源在于:第一,在复杂的无法预测的世界中,人们很难预测未来,无法根据未来情况做出计划,往往是计划赶不上变化;第二,即使能够对单个时间做出计划,缔约双方也很难对这些计划达成一致协议,因为他们很难找到一种共同的背景来理解、描述各种情况和行为;第三,即使签约双方能对未来的计划达成一致,也很难将其写清楚,如在出现纠纷时,因法院不能明确这些契约条款的意思,而无法执行。在吸收 Williamson 核心原理的基础上,近十年,Oliver、John 和其他学者发展了“不完全契约”或称“财产权”企业理论。(Grossman et al.,1986;Hart et al.,1990;Hart et al.,1995)

不完全契约理论的核心假设在于,由于交易成本和有限理性的存在,契约不可能是完全的,不可能规定对未来所有事件的处置和控制权。这一理论定义的产权是对剩余控制权的占有,即在契约没有规定的或然事件中对财产的控制权。作为结论,对财产权的分配将影响个体行为和资源的配置。例如,如果代理人不拥有专有性资产和与其相关的资产,那么他们很少会对这些资产进行投资。让投资专有性资产的人拥有这些资产是非常重要的。公司雇佣一名员工(在企业中生产产品),意味着这名员工冒着被工厂要挟的风险,因为经理会用"解雇他"来威胁他(如不让他使用公司的财产)。公司雇佣一个独立承包人(在市场中采购),意味着给了他一些要挟公司的权力,因为他可以撤资。企业最理想的规模就在于这两股相反力量的平衡。G-H-M 理论模型是最早能够解释企业组织优势和劣势的正式模型,即这个理论模型能够令人信服地界定企业的边界。在他们看来,企业是一个所有制的单元,企业经营目标在于通过有效的产权界定确保企业相关契约的收益最大,这是对 Coase 理论的一个巨大发展。

尽管前人做出了许多贡献,但对于 Coase 关于通过企业的内部化要比市场更能节约交易费用的观点,后人始终很难在理论上加以发展。在威廉姆森的观点中,Coase 的基本观点终于得以"实施",特别是威廉姆森完善了在 Coase 论著中没有明确定义的交易费用的本质和决定因素。通过一系列的理论贡献,威廉姆森在 Coase 的基石上树立起了一座丰碑。在威廉姆森的理论化体系中,行为主义开始发展,体现在两个方面:首先是西蒙的有限理性的思想,它产生了适应性、连续决策的需要;其次是机会主义倾向,即"自私的投机倾向",它暗示契约制定需要多样的安全保证机制,例如"抵押"(如引入第三方)。威廉姆森将契约制定和安全保证机制统称为"治理机制",认为分配交易活动的基本观点在于,基于他们的交易方式转换治理结构。

此时,企业不仅仅是一个契约的集合,更重要的是作为一种治理结构而存在,企业的经济性质与管理学研究的领域出现了实质性的交汇。企业作为一种保证契约制定和执行的"治理结构"与管理学中的公司治理理论存在了同质性。

在不完全契约理论的进一步发展过程中,企业作为经济契约的认识被不断突破,由于对企业中人力资本的行为主义认识的强化,主流经济学家关注的焦点也越来越强调企业内部的管理作用和企业的组织结构,其在研究对象上同现代管理学是一致的,只是研究的方法和沿用的范式有所不同。

沿用企业契约观的研究范式，不完全契约理论提出了“隐契约理论”。即当制定完备或然事件契约十分困难时，如事先和事后都充满不确定性变量时，人们往往依靠“不成文的规定”，也就是隐契约。企业是一个隐契约的集合。这些可以是自我约束，每一方都按照对方期望中的情况去行动，原因在于害怕对方报复或是合作破裂。不完全契约理论的一个基本观点就是隐契约在企业内部比在企业之间更能发挥作用，即同样一个人，作为企业雇员或作为独立承包人，当与其协调需要一种隐契约时，前者在企业内要比后者在市场中更容易执行契约。Baket et al.(1997)强调隐契约不仅在企业内(雇佣关系之间)而且在企业间(相关契约关系间)都会发生。讨价还价机制可以看作企业内隐契约自我约束系统的一部分。

继承信息经济学和以往团队理论的研究成果，不完全契约理论提出了“信息交流理论”，认为企业是信息交流的层级结构。当前对“层级组织的信息交流理论”的研究是基于组织理论的著名观点：企业的一个重要作用就是非常适合处理新的信息。在绝大多数译文中，这一理论最早是由Marschak et al.(1972)作为团队理论的经典论述而直接提出的，与此同时，团队激励理论也刚刚兴起。该观点指出了研究经济组织的一条完全不同的道路，这一观点忽略激励摩擦或是假设摩擦可以解决，而将协调和信息交流放在非常突出的位置。在一段时期中，对企业新理论研究的焦点都集中在激励摩擦问题上，这股热潮淹没了人们对团队理论的兴趣。但是最近一些基于团队理论框架、关注协调问题的研究已经兴起。(Arrow，1987；Aoki，1986；Radner，1992；Bolton et al.，1994；Casson，1997)

“信息交流理论”是将企业作为最小化处理新信息并且在代理人之间传递这些信息的一个信息沟通网络。信息交流需要成本，原因在于代理人需要时间从委托人处收集、理解信息，但是这个时间可以通过研究专门的信息类型加以缩短。在早期，团队理论很难解释企业的边界问题。团队理论将企业作为科层信息交流体系加以应用，但它不能解释科层信息交流为什么不能在企业之间存在。一旦这一理论能够解释企业的边界问题，这一解释连同将企业作为科层信息交流体系的理论就可以构建一套企业理论。

(4)其他理论对现代契约理论的补充

当现代契约理论在关注契约的不完全和企业的治理机制时，针对企业绩效的经济解释也应运而生。面对企业经营绩效的提升途径，主流企业理论，以现代契约理论为基础的观点提出了两个主要途径：一是通过产权的界定和划分，通过产权的私有化，对企业经营者进行激励，即现代产权学派；二是通过引入不同的公司法人治理结构，通过设计激励约束机制，解决企业内部的委托代理摩擦，即委托代理学派。但是，这些观点主要针对的是企业内部的契约结构，相对忽视了企业之间形成的市场契约关系。

而超产权论的提出恰恰弥补了这方面的不足。以刘芍佳等(1998)为代表的超产权论认为，利润激励只有在市场竞争的前提条件下才能发挥其刺激经营者增加努力与投入的作用。[①] 换言之，超产权论不认为利润激励与经营者努力投入有一定必然的正向关系。超产权论认为，单纯的产权配置不能直接导致企业经营绩效的真正提高。在垄断的市场环境下，企业经营者完全可以依靠提高价格、获取超额垄断利润来提高企业经营绩效，而不是依靠提高经营者的努力程度。在垄断市场上，企业私有化后效益改善不明显，这就对传统产权理论提出了质疑。

超产权论把竞争作为激励的一个基本因素，其逻辑依据是 20 世纪 90 年代发展起来的竞争理论，其具体内容有四部分：竞争激励论、竞争发展论、竞争激发论与竞争信息完善论。超产权论提出，“改善企业治理机制应该比讨论产权归属更具有现实和长远意义”[②]。具体原因在于三个方面：①产权变化对改变企业的治理机制有积极作用，但是治理机制的改善才是产权变换的真正含义及目的。西方国家国有企业私有化的目的就是将行政式治理机制转变为商业化治理机制。②当不同产权下的治理机制趋于完善后，产权变换不会给企业绩效带来本质的变化，却能带来发展资金和新的发展机会。③产权变换不等于治理机制一定会改善，竞争才是保证治理机制的先决条件。

主流经济学的观点是基于企业内部的，也是基于企业运作机理上的解释。与此相对应的一种非主流的经济学观点，认为企业是一种维护企

---

①② 刘芍佳、李骥:《超产权论与企业绩效》，北京大学中国经济研究中心讨论稿系列 1998 年版，第 6 页。

业家的定价器[①]，企业家这种专有性的人力资本只有通过企业才能有效地体现其价值，为社会创造出更多的财富。此时，原本向资本家倾斜的现代企业理论的天平开始向企业家一方略为缓和了，原因在于现代企业对企业家的依赖及我们对企业家定义的宽泛，使得企业家这种专有性的人力资本在社会体系中特别是在企业内部发挥出越来越大的作用。

3.1.2 现代企业理论的契约本质与当前管理学研究的困惑

现代企业理论是现代经济学中最复杂、最有吸引力的领域。企业是现代日益复杂的经济关系的载体，不仅是微观经济学研究的主要对象，而且也是宏观经济学的重要基础。主流现代企业理论，从其所运用的方法上划分，可分为四大理论：一是交易费用经济学理论；二是委托代理理论；三是产权理论；四是其他理论。前三大理论都是与现代契约理论分不开的。从上文的理论沿革来看，现代企业理论就等于契约经济学的一个分支，同时根据研究假设的不同，划分为完全契约理论和不完全契约理论及超产权理论三个主要分支。因此，现代企业理论是以契约理论为主体，围绕三个问题展开研究：①企业是什么，它为什么存在？②企业的边界在哪里？③企业的所有者和经营者之间的关系及企业内部管理组织结构应该如何安排？这三个问题概括了现代企业理论分析的全部核心问题。

简言之，在现代企业理论看来，企业的经济性质就是一个企业与企业的利益相关者制定的关系契约的集合。因此，企业的经营目标必然是保证企业与企业的利益相关者制定的关系契约能够有效地制定和执行。

这种高度抽象的企业契约理论似乎已经将企业的本质问题很好地解决了，从经济学的角度完成了对企业存在的合理剖析，但是从管理学的角度而言，现实中的一些问题，甚至是核心的问题尚未解决。究其问题的关键在于，高度抽象的企业理论是建立在企业同质性假设的基础上，忽略企业微观生产行为过程的虚体企业理论，这种理论很难与作为社会实体组织的企业紧密联系起来。因此，在解决管理学的问题上就存在不足，这只是问题的一个方面。

另一个方面，从管理学研究的角度而言，我们一般默认企业作为社会

---

① 杨其静：《企业家的企业理论》，中国人民大学出版社 2005 年版。

中组织的客观存在,不去过分探究企业的性质、边界问题,而把着眼点立足于企业内部的效率问题上,强调企业的竞争优势。如果深究企业作为组织的特性,我们又必须把目标转移到组织行为学的学科子类中去,不再从整体的角度加以把握。事实上,组织行为学的研究现状更为关注的却是个体与群体的动机、情感、绩效等工业心理范畴的微观问题。

因此,从管理学的角度而言,对于企业作为组织的本质研究就处于缺失的状态,企业的性质及企业存在的价值究竟是什么,依然是一个未被清晰认知或者是达成共识性的问题。这种理论缺失必然引起管理学相关学科或问题研究进程的混乱或失衡发展,一个突出的学科就是战略管理领域。战略管理产生、发展了近半个世纪,应该说是企业管理学中一个完备且重要的学科领域。尽管学说林立,但是从基本的定位观点和企业内部的资源观点出发,还是能够解决这一个学科的主要问题的,其目标也非常明确,就是通过企业战略的设计、选择、执行和控制,让企业获得竞争优势,最终实现良好的利润或现金流等绩效。

为了实现企业的目标,战略管理理论越来越强调企业要不断成长、不断扩张、不断做大,与此对应的一个大样本研究的基本结论在于,企业成长和利润是弱相关的。另一个突出的实例是,在全球分布的无数产业集群中,中小企业都是在保持规模的情况下,持续赢得利润,可谓"基业长青"。这就让我们反思,单纯地追求企业成长的战略导向是否存在问题,或者说,现实中企业普遍存在的追求成长问题是不是有别的原因支撑,而这个原因恰恰又是当前战略管理理论所不能解释的。另一个角度,由于市场竞争激烈,要素的稀缺和环境的变化,特别是地方政府行为的差异,企业原有的以行业和内部能力为着力点的战略管理难以适应现有的经济状况,而需要将区位因素重新考虑到战略选择中去。这是不同于以往FDI 理论和基于价格机制的企业选择理论的,而是立足于企业对目标区位中政府和企业的应对策略,换言之,是环境决定企业的战略决策,而不是以往将环境因素作为企业为中心的战略选择的条件来处理。

至此,我们会渐渐澄清一个问题,战略管理本身也非常强调环境对企业的重要性,但是这种强调或关注是在企业利润或成长目标支配下的,如果我们不能明确论证和验证企业存在的目标就是成长或利润,没有了逻辑基础的战略管理框架也就岌岌可危了,而由此制定出的战略组合也会剑走偏锋。其他管理学的分支也大致存在类似的问题。

由此，我们可以得出这样一个结论，在进行管理决策的理论研究时，必须要建议一个可供支撑的理论基础，这一理论要包含三个范畴的内容：①要能回答企业的性质和目标；②要能将企业的现实经营过程有机地体现出来，明确企业中管理的作用；③要充分体现企业作为组织的社会属性，在理论中与中国转型的政府行为能有机地结合。

3.1.3 基于组织资源依赖观的企业实体论

为了满足上述的理论要求，我们首先肯定企业作为一种社会组织存在的客观事实：一方面，要概括和抽象企业作为组织的一般性特征；另一方面，要通过理论剖析指出企业作为一种社会组织区别于政府、学校等其他组织的显著特征。因此，我们从上述两个层面构建本书所采用的企业实体论，如图 3-1 所示。

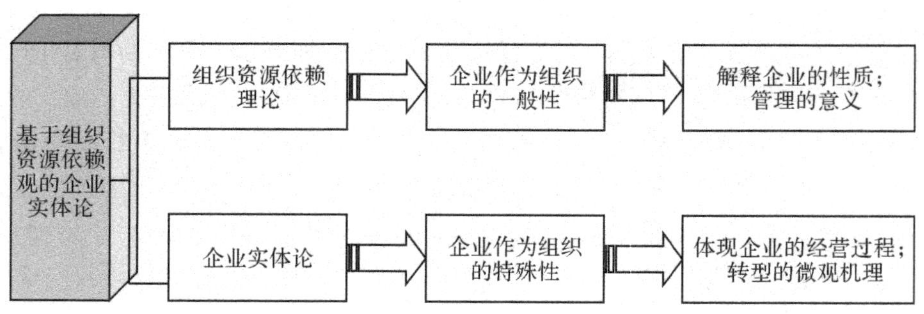

图 3-1 基于组织资源依赖观的企业实体论

“组织资源依赖理论”源自斯坦福大学的商业经典——杰弗里·菲佛和杰勒尔德·R. 萨兰基克所著的《组织的外部控制——对组织资源依赖的分析》[①]一书。具体而言，即组织是充满巨大的力量和能量的社会工具，其存在的意义在于提供一个场所或框架，组织行为参与者用自身的诱

① 杰弗里·菲佛、杰勒尔德·R. 萨兰基克：《组织的外部控制——对组织资源依赖的分析》，东方出版社 2006 年版。这是一本斯坦福商业经典著作，该书从一个更为宽泛的视角诠释了组织存在的价值，略为遗憾的是，在笔者看来，这本有着划时代意义著作的中文版，2006 年 3 月才正式出版，在国务院发展研究中心的组织下，成为“国研·斯坦福中国企业新领袖培养计划”的重要成果之一。

使因素与组织的贡献相互交换的场所,为了实现这个意义,组织的唯一目标就是生存。为了生存,组织需要资源。一般来说,为了获取资源,组织必须与控制资源的组织相互交往。在这一意义上,组织就会依赖它们的环境。由于组织对自己需要的资源没有控制力,资源需求就会成为问题和具有不确定性。组织为了获取资源而与其他组织进行交易,资源控制权使得其他组织具有对组织的控制权。组织的生存在一定程度上取决于组织对环境偶然性进行管理的能力。因此,大多数组织活动的焦点在于通过交换的协商来确保所需资源的供给。此时,评价组织的绩效就不仅仅要关注内部效率,同时更在于组织外部效力的评价。立足于组织的资源依赖理论,我们演绎出这一理论映射下的企业理论。

(1)企业的性质、目标和行为的基本描述

企业存在的意义在于构造一个平台或场所,让企业的利益相关者在这个平台上实现自己的目标,同时提供自己的资源,即一种用企业所需资源换取自身收益的交易行为。此时,在企业中有一个中心实体,它是企业产生的发起者,它可以是企业家、资本家,也可以是消费者或政府。这个观点对于现实有很强的解释力,企业的存在就是构建一个社会工具,满足投资人的回报,员工的薪酬和自我实现的要求,政府的税收和就业需求,消费者对产品的需求等。为了满足这些需求,利益相关者就必须贡献出资本、劳动力、政策、消费力等等企业所依赖的资源。在这个平台上,存在一个发起者和协调者,但没有谁更重要的观点,各个利益相关者都是在用等价交换的方式,各取所需。基于这个观点,我们可以很好地解答现有的困扰企业管理研究的许多问题,如企业的社会责任问题和绩效评估问题,也强有力地论证了企业在当今社会越来越重要的原因,现在企业已经成为一个社会保障的重要组成部分,家庭的和谐、社会的稳定很大程度上都依附在企业上。

企业存在的意义决定了企业存在的目标就是要生存,要基业长青。既然企业的性质是一个让利益相关者各尽所能、各取所需的平台组织,那么企业存在就成为多方共赢的前提。企业唯一的目标就是要生存下去。此时,如何维系企业生存就成为企业最初控制权所有者唯一要思考的问题。根据组织的资源依赖理论,企业要生存就必须与自身所需的资源所有者建立联系,解决资源需求引发的具有不确定性的问题。企业的最初控制权所有者(可能是企业利益相关者的任何一方),都必须要对外界环境产生的偶然性进行管理,并且通过交易企业的控制权来换取对资源的控制权,确保生存所需资源的供给。与此同时,企业还必须通过交换的协商来协调不同利益相关者对企业的不同需求,经济学中的委托代理理论和产权理论实际上都是对这一协商机制的有力分析,①尽管这些理论都过于抽象,并不能解释企业现实经营过程中的价值创造过程。

(2)企业资源依赖观的经济学解释:一个简单的模型

资源依赖观体现的是利益相关者之间的共生关系,现代企业理论最重要的发现,是把企业看作利益相关者之间契约的集合,进而构建了企业契约分析的理论框架。将利益相关者纳入企业理论的分析框架,是现代企业产权理论及公司治理结构演化的结果,其经济学的理论支撑在于企业所有权的状态依存特征被证明。

企业所有权的状态依存是指在不同的企业经营状态下,对应着不同的企业治理结构。(Aghion et al.,1992)张维迎(1996)继承了哈特的不完全契约理论,对非正常状态下企业所有权的状态依存进行了分析。当企业出现经营危机时,企业的利益相关者试图保全自己的资本;当利益相关者之间的契约关系难以持续下去时,预期损失最大的利益相关者就会相机取得支配权。

假设 X 为企业的总收入,π 为股东最低的预期收益率,W 为应付工人的合同工资,γ 为债权人的合同收入。假定 $X\in[0,X_{Max}]$,X_{Max} 为最大可能收入,工人的索取权优先于债权人,则:

当事后的既得利益状态为 $W+\gamma<X\leqslant W+\gamma+\pi$,股东在企业治理中处于支配地位;

当事后的既得利益状态为 $W\leqslant X<W+\gamma$,债权人在企业治理中处于支配地位;

① Grossman, Sanford, Hart, et al. *The Costs and Benefits of Ownership: A Theory of Vertical and Lateral Integration*. *Journal of Political Economy*, 1992, Vol. 94, p. 1691. *The Firm as A Collection of Assets*, *European Economic Review*, Vol. 36, 1991, pp. 493—507. *Multitask Principal—Agent Analyses: Incentive Contracts, Asset Ownership, and Job Design*, *Journal of Law, Economics, and Organization*, Vol. 7, pp. 24—52.

当事后的既得利益状态为 $X<W$,工人在企业治理中处于支配地位。

由此可见,状态依存的企业所有权与企业治理结构主体的多元化是趋于一致的,这也是现代产权的内涵和“相机治理”的本质体现。不仅仅在企业处于经营危机时,甚至在企业的正常经营状态下,企业所有权依存状态特征同样显著。所谓正常状态,可以简单认为是企业处于 $X\geqslant W+\gamma+\pi$ 时,企业要持续发展必须至少满足每个利益相关者的产权权益要求。我们可以通过一个简单的模型加以说明。[①]

假定 t_0 时点存在两类产权主体——非人力资本所有者 S 与人力资本所有者 H(或称 S 为雇主,H 为雇员),S 一次性投入资本并雇佣 H 组成一个初始的企业合约。假定存在一个理想的最优契约 $C^*(\pi^*,W^*)$,式中 π^* 和 W^* 分别代表雇主和雇员分享企业所有权的份额,它是双方理性预期的结果。再假定信息的分布是不对称的,企业雇主拥有市场信息优势。t_0 时点雇主 S 与雇员 H 之间展开博弈,并达到初始契约 $C_0(\pi_0,W_0)$。由于初始状态雇主 S 拥有信息优势,并且雇员 H 的人力资本价值还没有充分体现,则必然有:

$$\pi_0>\frac{\pi^*}{\pi^*+W^*}(\pi_0+W_0);W_0<\frac{W^*}{\pi^*+W^*}(\pi_0+W_0) \tag{3-2}$$

假定 t_0 期开始执行初始契约 C_0。由于雇员 H 在 t_1 期投入了专有性资源(如拥有专门的技能和特别的信息等)而提高了人力资本价值,内部劳动力市场的信号显示 H 机制开始有效地显示真实的人力资本,进一步,雇员 H 的学习能力及谈判能力提高,采取一致行动的能力增强,以及企业发展的需要促使雇主 S 让雇员 H 分享一部分事实上的剩余索取权和控制权。因此,当 t_1 期结束时,S 和 H 重新谈判达成新的企业所有权安排契约 $C_1(\pi_1,W_1)$,从而有:

$$\begin{aligned}&\frac{\pi^*}{\pi^*+W^*}(\pi_1+W_1)<\pi_1<\frac{\pi^0}{\pi^0+W^0}(\pi_1+W_1);\\&\frac{W^*}{\pi^*+W^*}(\pi_1+W_1)<W_1<\frac{W^0}{\pi^0+W^0}(\pi_1+W_1)\end{aligned} \tag{3-3}$$

从理论上讲,企业所有权的最优安排结果可以在某一时期(如第 n

① 以下采用的模型根据杨瑞龙、周业安:《企业的利益相关者理论及其应用》(经济科学出版社 2000 年版,第 92 页)模型拓展而来。

期)达到,即

$$\frac{\pi^*}{\pi^*+W^*}=\frac{\pi_n}{\pi_n+W_n};\frac{W^*}{\pi^*+W^*}=\frac{W_n}{\pi_n+W_n} \tag{3-4}$$

进一步将该结论拓展,当企业的利益相关者都纳入该模型时,最优契约安排为 $C^*(\pi^*,W^*,\cdots)$,则通过更为漫长的谈判过程,当利益相关者都愿意长期合作下去,保证企业所有权安排的稳定性时,必然会有以下结果:

$$\begin{aligned}&\frac{\pi^*}{\pi^*+W^*+\cdots}=\frac{\pi_n}{\pi_n+W_n+\cdots};\\&\frac{W^*}{\pi^*+W^*+\cdots}=\frac{W_n}{\pi_n+W_n+\cdots};\\&\cdots\end{aligned} \tag{3-5}$$

综上所述,状态依存的企业所有权,充分证明了企业是一个利益相关者共同维系的平台,不同利益相关者在企业构建的初期通过投入相应的资本,构建一个稳固的契约关系,并通过维系企业的成长,获得各自的收益。

(3)资源依赖观的企业理论的微观过程:上述模型的进一步深化

作为一个承载不同利益相关者价值诉求的平台,企业的性质不应该仅仅局限于新制度经济学层面的完全或不完全契约的集合,而应是不同利益相关者通过让渡自有要素的部分(乃至全部)所有权,将其转化为企业资本进行价值增值创造,最终获得相应收益补偿的一个专有平台。企业经营活动也就相应体现为要素转化资本,资本转化为产出的两阶段过程,即“利益相关者要素—企业资本—企业产出”的逻辑过程。

第一,企业生产的第一阶段:利益相关者要素转化为企业资本。

企业的中心实体[①]——非人力资本所有者,作为企业的发起者建立企业,为了获得比较优势向具有专有性要素的利益相关者发出邀约,希望以让渡企业部分所有权的代价获得利益相关者的加盟,签订初始契约 $C_0(\pi_0,W_0)$。此时,企业利益相关者的代表——企业家,根据自身拥有人力

① 正如前文所言,企业的中心实体可以是企业家,也可以是资本家、消费者、政府,为了不失研究的一般性,同时也为了简化分析过程,我们不妨将企业非人力资本所有者作为企业的中心实体,作为企业的利益相关者代表。

资本的预期效应，对现有企业要约进行匹配，这一过程可以抽象为以下模型：

我们首先构建企业中心实体，即非人力资本所有者的效用函数 $U_F = U[A, K, C, r(k)]$，其中，K 为企业拥有的可供人力资本组织用于实现创新的资源；A 为企业家的人力资本；C 为企业为雇佣企业家实现创新付出的成本，它是企业家能力 A 的线性增函数，系数为 c；r 为企业家流动技术外溢形成的风险损失；w 为企业家流动的不同类型，主要有两种不同的方式，直接流动如跳槽，或间接流动，通过人才市场中介等。企业的产出采用柯布—道格拉斯函数适配形式，即企业的产出由 A, K 中较小的那个决定，记为符号 $\Omega(\alpha, \beta)$[①]。则企业非人力资本所有者的效用函数为：

$$U_F = \Omega(A^{\alpha} K^{1-\alpha}) - C(A) - r(w) \tag{3-6}$$

根据企业家的属性[②]，笔者认为，企业家在不断追求让自身人力资本发挥作用的同时，是否放弃自身专有性人力资本的所有权，与企业签订出让契约的判断的准则，在于企业家人力资源能否找到发挥其价值的环境。笔者构建企业家的效用函数为 $U_E = U[A, S, T(k)]$，其中，A 为企业家拥有的人力资源；T 为企业家将自身能力投入企业中后获得的社会声誉，这个社会声誉取决于企业家流动过程中采取的途径 w；S 是企业家获得的薪酬总和。构建的企业家效用函数如(3-7)式所示。

$$U_E = \frac{\Omega(A^{\alpha} K^{1-\alpha})}{A}[S(A) + T(w)] \tag{3-7}$$

企业家效用包含三个部分：薪酬效用 S 是企业家能力的增函数；声誉效用 T 是企业家自我实现的效用；$\frac{\Omega(A^{\alpha} K^{1-\alpha})}{A}$ 表现为企业家价值的放大乘数，即企业产出与企业家人力资本的比值。

签订初始契约 $C_0(\pi_0, W_0)$，本质上是企业非人力资本所有者和企业家的双向搜索匹配的过程。接下来分别从企业家、企业非人力资本所有

---

① 适配的生产函数可以根据管理学的木桶原理解释。

② 对于企业家的属性，笔者认为企业家定义符合“企业家人力资本＝提出创意的能力＋整合投入品的企业家能力”，因此，对企业家的相关主体行为，有分析的必要，详见曲亮：《企业家流动的本质及其引发的信任危机研究》，《科学学与科学技术管理》2007 年第 2 期。

者效用最大化的角度，分析企业家将自身拥有的要素转化为企业资本的过程。对于企业非人力资本所有者，追求的自身效用最大化，即

$$\mathrm{Max}(U_E) = \mathrm{Max}[\Omega(A^{\alpha}K^{1-\alpha}) - C(A) - r(w)] \tag{3-8}$$

要使企业非人力资本所有者的收益最大，则需使 $\Omega(A^{\alpha}K^{1-\alpha})$ 最大化，同时使 $C(A)+r(w)$ 最小。一方面，由于企业的产出函数是适配函数，则为了使企业的产出最大化，就必须消除企业的资源瓶颈，企业非人力资本所有者的理性决策就是选择与企业资本 K 相匹配的企业家能力 A。另一方面，要降低企业的成本 C，C 为企业家能力 A 的增函数，则降低 A 是一个企业主的明智选择。最后，要使企业家的收益最大，就必须降低由企业家流动带来的风险。

假设企业家流动带来的风险是可以预计的，企业家直接的流动是风险较大的，由此会产生技术或创意的泄露，记为 R_{Max}；当企业家选择间接流动时，企业非人力资本所有者承担的风险会降低，原因在于企业家需要中介进行声誉评估，如果有不好的声誉记录会影响今后的就业，记此时的风险为 R_{Min}。当然，也会存在企业家不流动而不产生风险。通过(3-8)式对 A 求偏导，则有：

$$\frac{\partial[\Omega(A^{\alpha}K^{1-\alpha})]}{\partial A} - \frac{\partial C(A)}{\partial A} = 0 \tag{3-9}$$

即

$$\alpha K^{1-\alpha}A^{\alpha-1} - c = 0 \tag{3-10}$$

此时可以得出一个最优的企业家能力选择：

$$A^{*} = \sqrt[\alpha-1]{\frac{c}{a}K^{\alpha-1}} \tag{3-11}$$

由此，企业非人力资本所有者会倾向于选择与企业能力匹配，并且尽可能小的企业家才干 A^{*}，一旦企业非人力资本所有者发现了合适的企业家要素，就会有意识地通过契约方式将其转化为企业内部资本，进而发挥其效力。

从另一个角度而言，对于企业家追求的利益最大化，即

$$\mathrm{Max}(U_E) = \mathrm{Max}\left\{\frac{\Omega(A^{\alpha}K^{1-\alpha})}{A}[S(A) + T(w)]\right\} \tag{3-12}$$

类似的，要企业家获得最大收益，就要充分考虑到企业家在薪酬、成就感和声誉方面的激励，要让企业家的成就感系数最大，就必须寻找一个

与企业家能力最优匹配的企业资源 K,与此同时,企业家会获得一个最高的薪酬水平,同时企业家为了保持自身良好的声誉记录,会选择一个有利于自身声誉的流动方式,即采用间接流动的方式。

通过(3-12)对 K 求偏导,也可以类似地求出企业家所追寻的目标企业资源:

$$K^* = \sqrt[\alpha]{A^{\alpha-1}[S(A)+T(w)]} \tag{3-13}$$

由此,发现企业家通过选择与自身企业能力匹配的企业资源,就会通过与企业非人力资本所有者签订契约让渡自身专有人力资本的所有权。因为他们清楚,如果没有企业其他要素,自身的能力是不能发挥作用的。

第二,企业生产的第二阶段:企业资本转化为企业产出。

基于上述分析,企业的其他利益相关者也能够通过搜索匹配同企业的中心实体签订契约,从而在让渡自身专有性要素的情况下获得相应的收益。当然,签订契约的过程是双方反复博弈的复杂过程。根据前文对企业契约的认识,完全契约理论提出,由于可能存在的道德风险和逆向选择,要通过委托代理关系在事先将契约尽可能制定得完美;而不完全契约理论则根据有限理性和第三方不可识别等理由注重对产权的配置。但本书暂时对这一过程不做详细的考察,仅仅强调利益相关者要素转化为企业资本的过程,即注重财富的创造过程。

当企业利益相关者通过契约关系构建了企业这一共有平台后,企业就完全符合新古典理论的企业模型,即企业是一个要素投入后的生产函数。此时,企业资本通过专业化分工和协作①转化为产品,通过不同市场结构的产品定价法则,企业将产品转化为企业的产出。需要特别指出的是,企业的产出,其中包括企业创造社会财富、承担社会责任、构建社会和谐的积极型产出,也包括企业消耗资源、排放污染、裁员等具有外部性影响的产出。沿用新古典模型,生产函数具体为适配形式,即企业的产出由

---

① 亚当·斯密特别强调了分工对于财富创造发挥的巨大作用,而马克思在肯定分工的基础上,特别强调了协作在企业中的巨大作用,因此,笔者认为,分工和合作是一切生产函数的基础,当前研究的热点如创新和知识等无非是要素的升级或分工合作的进化,本质上都没有发生变化。

利益相关者要素中较小的那个决定，记为符号 Ω，即：

$$Y = y_{+} + y_{-} = \Omega(X_1, X_2, \cdots, X_i, \cdots, X_n), i = 1,2,3\cdots,n \quad (3\text{-}14)$$

式中 Y 代表产出，y_{+} 为积极型产出，y_{-} 为消极型产出，X_i 代表第 i 种要素。企业所能做的一切工作就是从这个公式所表达的均衡体系中得出最优均衡解或均衡条件。

从社会福利最大化的角度再对上述的企业家同企业非人力资本所有者活动进行分析，构建了社会福利的效用函数，为简化分析，将其看作是企业家和企业非人力资本所有者效用函数的加总，即

$$Us = U_F + U_E = \frac{\Omega(A^{\alpha}K^{1-\alpha})}{A}[S(A) + T(w)] + \Omega(A^{\alpha}K^{1-\alpha}) - C(A) - r(w) \quad (3\text{-}15)$$

此时，可以看出，企业非人力资本所有者付出的主要成本在于企业的薪酬，因此，在社会福利效用函数中是作为内部转移的，且最终的社会财富包含企业的产出、企业家的声誉净值。即

$$\text{目标函数：}\mathrm{Max}(Us) = \mathrm{Max}\{\Omega(A^{\alpha}K^{1-\alpha}) + [\frac{\Omega(A^{\alpha}K^{1-\alpha})}{A}T(w) - r(w)]\} \quad (3\text{-}16)$$

$$\text{约束条件：}\mathrm{Max}(U_E) = \mathrm{Max}[\Omega(A^{\alpha}K^{1-\alpha}) - C(A) - r(w)] \quad (3\text{-}8)$$

$$\mathrm{Max}(U_E) = \mathrm{Max}\{\frac{\Omega(A^{\alpha}K^{1-\alpha})}{A}[S(A) + T(w)]\} \quad (3\text{-}12)$$

由式(3-16)构建拉格朗日函数，可以解得 Us 最大化的充要条件是式(3-11)、式(3-13)及 w 最小，即可以容易得出，企业家和企业非人力资本所有者的充分适配，是企业产出最大化的充要条件，此时会有一个要素在企业产出的放大效用，以及企业在支付各个利益相关者报酬后，会有剩余存在，即有价值增值过程。[①]

基于上述分析，企业生产的微观过程就是“利益相关者要素—企业资本—企业产出”的逻辑过程的体现，换言之，就是不同利益相关者要素资

---

① 剩余是指企业超过合约收入（工资、成本、利息等）以外的收入。（张维迎，1996）剩余价值是指劳动力创造的超过自身价值以上的价值。按照马克思的理论，企业获得的超过预付资本的所有收入都是劳动力创造的，因此，剩余价值包含企业的剩余。尽管这两个概念存在差别，但是都肯定了一点，就是企业在生产过程中，出现了财富放大效用，即产生了价值增值。

本化的过程。企业要素资本化的关键在于不同要素所有者资产专有性投资的差异性,在专有性投资过程中会体现出不同的绩效诉求,因此,现实生活中企业才会涌现出种种问题,组织的激励和协调这些被新古典模型忽略的问题才会成为关注的焦点。

(4)基于价值创造的企业实体理论

资源依赖理论强调了企业作为社会组织的属性,兼容了企业作为契约存在的经济学抽象,回避了企业作为某一类利益相关者收益体现而产生的价值分歧,将企业的生存放在了首位,强调了实用主义的哲学理念,解决了现有企业研究中部分理论困境。但一个突出的问题在于,资源依赖理论是一个适用于所有组织的共性理论,政府、医院、学校同样都适用于这一理论,因此,必然抹杀了企业作为社会组织存在的特殊价值,还是不能回答企业为什么存在这个企业理论不能回答的关键命题。因此,我们还必须深刻思考企业有别于其他组织存在的特征属性,这一属性就是价值创造,或者说是财富创造。

前文的模型已经突出了企业财富放大效应,笔者现在关注的是其他组织是否也同样具有价值创造的属性。围绕"要素—资本—产出"的逻辑,笔者认为一个想为社会创造价值的企业,要具备两个条件:①在要素转化为资本投入财富创造过程时,要有要素报酬以外的收益存在,这个存在的背景是分工与协作的存在;②完成价值增值过程后的组织产品,要能够通过产品市场得到定价,即存在市场交易的需求。这两个条件其实就是经济学本源性的命题:分工和交换。

自给自足的家庭,尽管通过分工能够带来组织的剩余,但由于不参与交换,因而不能给社会带来财富;政府在进行财政税收操作时,原则上是不产生剩余的,因而也不能为社会带来财富;公立的学校进行人力资本的追加投资时,尽管为社会产生巨大的贡献,但是由于产品不能在产品市场定价,因而也难以衡量其贡献,所以也不同于企业;私立学校和医院通过将服务过程首先市场化定价,然后进行要素投入,再进行财富创造,因而能明确地衡量其为社会创造的财富,因而其本质就是企业。

事实上,就个体而言,企业生产的微观过程就是"利益相关者要素—企业资本—企业产出"的逻辑过程,但是就全社会而言,将利益相关者要素汇总后就会发现"利益相关者要素—企业资本—企业产出"的宏观表现为“$G\text{-}W\text{-}G'$”,即马克思政治经济学的资本总公式。作为资本的货币流通形式是$G\text{-}W\text{-}G'$(货币—商品—货币′)。在这个公式中,前后两端的货币是不同的量,预付一定量的货币,经过一个流通过程,收回更多的货币。这是资本运动的最一般的形式,集中反映了资本最本质的特征,即资本增值性。

随着新经济的产生和发展,机器大工业时代资本处于绝对支配地位的局面已经彻底得到了改变,信息、技术、人力资本在企业生产中发挥出越来越大,甚至是决定性的作用。因此,马克思资本总公式中的G已经逐渐演化为利益相关者所持有的要素,这是现有经济形态与马克思抽象出的经济运行规律存在差别的一个方面。另一方面,要素转化为企业资本,经过人类分工、协作的劳动最终成为能够在流通领域产生价值的商品,这一过程是符合马克思对价值增值及财富来源及创造的高度概括的。但是在最终企业的产出中,能够在流通领域为企业创造价值的产品仅仅是企业产出的一个部分。企业还具有很多难以在流通领域中转化为货币的其他无形资产,如企业的声誉、企业的品牌等,这些产出是可以直接作为企业要素再次投入企业价值创造过程的,但是难以转化为货币;此外,企业还有一些负外部性的产出(如污染),也是难以纳入马克思资本总公式的。

3.1.4 理论应用:基于资源依赖观的企业实体论对管理行为的解释

基于资源依赖观的企业实体理论强调了“利益相关者要素—企业资本—企业产出”的逻辑过程,解释了企业产生和存在的价值,特别是在西方主流经济学和马克思政治经济学之间搭建了一条纽带,既为研究企业经营问题构建了一个具有一定理论和现实解释力的分析框架,也对今后研究企业绩效评估、企业成长、企业战略等问题具有一定的参考价值。

企业理论不仅要对企业的性质进行理论抽象,也要对现实中的企业行为进行解释,特别是企业的管理行为也应该纳入企业理论解释的范畴。基于资源依赖观的企业实体论明确了企业中管理的三大作用,需要指出的是,此处管理的作用等同于最高管理者的作用。

(1)管理的象征性作用

企业中管理的首要职能就是一个象征作用,这与赫兹博格对管理者的角色分析非常吻合。企业的存在是一个协调不同利益相关者满足自身需求的交易平台,从一个角度来看,当外界环境产生偶然性问题并让企业出现困境时,撤换管理者就会成为平息利益相关者(如股民、政府)的非常有效的方式,就是我们所说的“替罪羊”作用。现实中这样的案例不胜枚举。而从另一个角度来看,由于最高管理者的存在,就有了在组织结构上产生众多次一级管理者的可能,这样就会更好地解决利益相关者对权力的需求问题,如现有的企业中往往是总裁或总经理下列许多副总,副总来自不同的利益集团,如投资方、技术方、政府等。

(2)管理的响应作用

由于企业面对的环境存在很大的不确定性,而且利益相关者会不断更新或变化他们的需求,企业能够敏锐地对环境进行响应显得非常重要。资源依赖观的理论对环境的一个特殊认识是:环境不是客观存在的,而是主观的,环境取决于管理者对它的认知。笔者认为这是非常重要的认识,由于外界信息的复杂和多样,以及企业管理者的认识特点,特别是企业内部对于信息处理系统的不同,使得一个广义的环境对不同企业而言是存在巨大差异的。而管理者就必须通过建立有效的信息系统来甄别信息,判断利益相关者对企业资源控制程度的变化和其需求的波动,做出最快的响应来适应环境的变化。这里关键的一点是建立有效的程序来识别环境,其中最为关键的就是,明确企业环境的维度之间的关系及有效地评价企业的外部效力,具体如图3-2、图3-3所示。

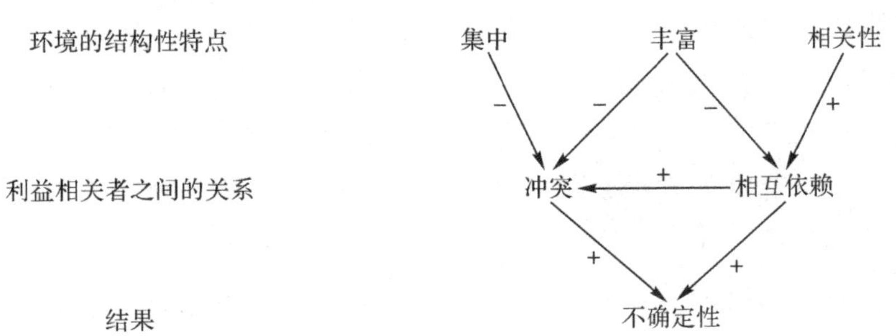

图3-2　企业环境的维度之间的关系

资料来源:杰弗里·菲佛、杰勒尔德·R.萨兰基克:《组织的外部控制——对组织资源依赖的分析》,东方出版社2006年版,第75页,作者有改动。

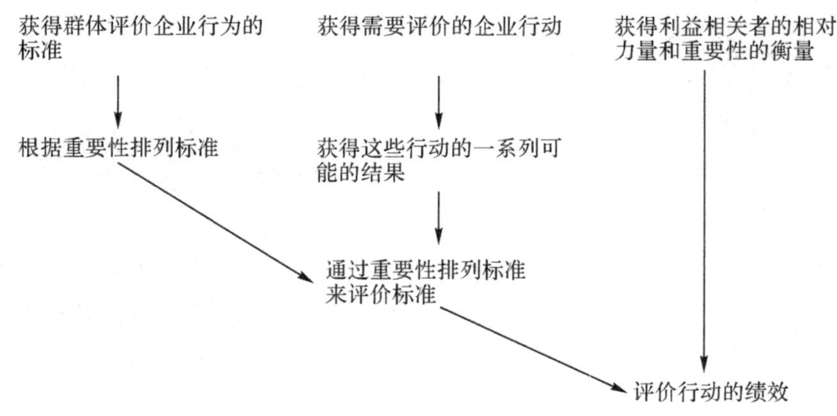

图 3-3 评价组织效力的方法

资料来源：杰弗里·菲佛、杰勒尔德·R.萨兰基克：《组织的外部控制——对组织资源依赖的分析》，东方出版社 2006 年版，第 98 页，作者有改动。

此时，有效识别环境后的管理者对环境做出的响应主要有两种：对外部控制的顺从或者适应；避免外部影响力的影响。此时，对于资源的依赖就真正与企业的行为，特别是企业的战略选择紧密地联合起来，经典战略管理中的 SWOT 分析框架就能够得到有效的丰富和提升，形成的战略也不会仅仅强调企业成长一个方面，也会说明必要的示弱更能够保证企业的永续发展。在现有成功企业中，许多企业信奉的“隐形冠军理论”就是管理者对环境有效响应的结果。

(3)管理的自主决策作用

从资源依赖的角度而言，管理者能够有效地识别企业仅仅是对外界控制的一个应对策略。而另一个非常重要的方面是管理者能够通过自身自主决策去改变环境。如果某一个利益相关者所处的领域对企业而言非常重要，企业就应该通过自己的控制力深入这些领域去管理与这类利益相关者的相互依赖。一个典型的例子就是欧洲企业常常使用“商业游说”[①]或支持选举等方式去影响政府。同时，企业可以通过改变自己同利益相关者联系的方式，来影响同某类资源控制方在相互依赖中所处的地位，企业的并购和企业一体化行为都是管理自主决策的行为。最后企业

---

① 2005 年给中国纺织业造成巨大损失的欧洲“压港”事件就充分说明了这一“商业游说”的巨大影响。

可以通过减少对单一关键交换的依赖来削弱其他组织的优势,多元化就是一个值得选择的方式。

3.2 中国转型的微观机理:转型阶段论

自1978年至2008年,中国的经济改革已经进行了30年,这一社会变革过程就性质而言贯穿了从计划经济到市场经济的转型,其中最为突出的特征是市场化转型、现代化转型、全球化转型。转型,不仅是中国几十年来最为显著的经济社会特征,而且是中国企业经营发展和战略选择的宏观环境。与转型相伴随,中国地方政府的行为方式及其对企业战略环境的影响也发生了一些相应的变化,这些变化在某种程度上构成或者改变了中国企业战略选择的特殊情景,影响着企业的应对策略。

在经济转型过程中,分权化的制度安排调动了地方政府发展本地经济的积极性,各级地方政府开始在制度、基础设施、投资环境、资本、人才、技术、原材料及来自于上级政府的倾斜性的地区优惠政策等方面展开竞争。但体制转型时期的种种特征和制度上的不完善,使得地方政府的行为表现出明显不同于西方发达国家分权化体制下地方政府行为的特点。地方政府在过渡时期往往替代企业成为市场竞争的主角,而企业则较多地依附于地方政府寻求发展;地方政府的区域政策和企业的战略行为大大地影响了市场对要素和产品的空间配置和优化效率,其直接结果就是对区域产业组织的结构和层次难以发挥有效的引导和配置作用,失去了对资源配置的基础性作用。因此,将地方政府行为和企业战略选择纳入同一个管理情境框架中进行分析,就显得非常必要。

明确上述研究目标后的一个首要任务就是从微观角度剖析中国转型的内在机理,进而才能在制度和策略上构建中国转型过程中地方政府和企业之间的和谐关系。

3.2.1 关于转型问题的国内外研究现状及分析

(1)国内外研究现状

转型经济中的政府行为和企业行为对现有的经济理论和战略管理理

论构成了重大的挑战。但在转型经济学的众多研究成果中,无论是传统的社会主义理论,还是主流的西方经济学理论都不能针对性地提供一个令人满意的解释。不同的研究选择的角度不同、支撑的理论及处理方法的差异,导致了对转型环境下政府行为和企业行为研究结论的多样性、个别结论间还存在着矛盾,彼此相互冲突。但与其他具体问题的研究不同,作为一个社会性的普遍命题,在广泛的学术交流基础上,国外学者形成了相对集中的研究分支,国内学者在沿袭国外研究共识的基础上,产生了各自的研究成果。

①对转型路径及研究方法的基本共识:从"华盛顿共识"到"北京共识"的转变。

现在许多经济条件下的主体研究都从批判新古典主流经济学的转轨逻辑开始。萨克斯等为经济转轨设计的"休克疗法"及所谓的"华盛顿共识",被认为是典型的新古典主流经济学逻辑线路的产物。这一产物在波兰、捷克、俄罗斯等国家推行,通过价格完全放开,全面大规模的私有化及消除财政赤字,维持宏观经济稳定三个方面的举措加以实行,最终通过转型的"阵痛"实现经济的有效运行。(Lipton et al., 1990;Boycko et al., 1995)与此对应的是中国进行的渐进式的转型,"摸着石头过河"的改革过程。两条不同的转型路径产生了不同的现实结果。2004 年 5 月,基于国际主流媒体和国际学界的广泛宣传和认可,"北京共识"问世,其提出:对于转型国家,不仅要解决体制问题,更要解决发展问题,转型中的路径选择对于这两个问题的解决至关重要,各国应该结合各自的国情,走适合自己的发展道路,这实际上从一个角度说明了"华盛顿共识"的失败。

从"华盛顿共识"到"北京共识"的转变直接表现为对转型经济研究方法的融合。以往对转型的研究有两种主要的方式:一种是采用内生交易费用的正式模型来分析经济转型,清楚地说明假设和预测,其主要采用局部均衡模型,在解释问题上具有普适性,但是难以对复杂的分工和制度进行准确描述,以 Dewatripont et al. (2000)、Blanchard(1999)等为代表;另一种是不涉及正式模型的转轨经济学研究,迄今为止在政策制定中非常有影响,这类研究包括以 Lardy(1998)为代表的对制度和政策变化及它们经济后果的文件记录,以及以 Weingast(1989,1997)、Sachs et al.

(1999)为代表的对政策和历史的描述性分析。在“北京共识”得到理论界的重视后,以中国的经济改革作为案例,并将宪政和制度纳入正式的模型分析,成为当前转型经济学的一个趋势。

②构筑转型(轨)经济学的理论范式和系统框架。

中国转型经济学的理论探讨的一个焦点就是,对转型经济学研究范式和理论框架的思考,并由此形成对转型条件下企业和政府关系的整体性认识。其一是以洪银兴(2006)、刘志彪(2006)等为代表的一批学者,强调对中国转型问题及转型经济学的系统研究。这一研究团体强调30多年的改革历程已经要求我们不能始终“摸着石头过河”,而是要理性地、有明确目标地、在科学理论的指导下进行,这就提出了在中国转型背景下建设指导经济转型的转型经济学的任务。其研究的部分成果回答了中国转型的内容在于市场化转型、现代化转型和全球化转型,其目标在于确立效率、和谐及安全。

对转型经济学范式关注较多的是以吕炜等(2004,2005)为代表的研究团队。吕炜确立了“经济转轨可通约于史论结合的思维范式”及“转轨的收获是重新求证了近代落后国家社会转型”等结论,构成了研究经济转轨的基本方法论,并在此基础上确立了中国转轨的民生导向,归纳了转轨的理论命题,将转轨作为一个完整的过程来考察,并将转轨的目标、绩效的评价、费用的结算、政策的选择联系起来,从全局、转轨完成后的经济社会考虑,形成了一套思路。

③以资源配置为核心、产权改革为导向的转型方式研究。

当前一个较为普遍的认识在于中国经济转型的典型特征就是对资源的再次配置,并以此提升效率,推动经济和社会发展。围绕不同的核心资源,不同的学者采用了不同的研究路径,但一个共同的改革工具是采用产权变革的方式进行。

中国经济转型的一个主要内容就是国有资本的产权改革。中国改革初始的经济结构是中国经济转型的主要原因,国有资本对劳动力的吸纳有限,为非国有企业的发展提供了条件。与此观点相对应,张维迎等(2003)、刘小玄(2003)等学者认为,中国转型的关键在于通过产权改革优化资源配置,其中最为关键的就是国有资本,通过国有企业改革,提升企业的竞争力,最终通过市场均衡实现效率的提升,推动经济和社会发展。在这一思路下，我国国有企业改革的历程、遇到的困难及民营企业的兴起成为本书研究的切入点。

与此观点不尽相同的是，以张军(2002)、李治国等(2003)、罗长远等(2003)为代表的学者，认为资本的迅速积累是中国近些年来经济增长的主要原因。通过把中国的经济转型和资本形成与工业化有机结合起来，这些学者指出，中国经济在改革后的高速增长主要由资本在部门间的再配置所产生，因而是一种静态的增长，不具备持续动态改变的力量。这实际上也同萨克斯的观点相一致。

立足于资源配置的另一种观点是中国选择不同于俄罗斯等国的路径进行转型，根源在于人力资本约束。以姚先国等(2002)为代表的观点认为，中国经济转型的过程说到底是人力资本存量、结构及产权与市场经济体制要求不断适应和吻合的过程，也是经济转型中人力资本约束、人力资本产权约束不断得到调整的过程，这是中国经济转型具有成效的一个重要原因。

④以制度安排为核心、分权让利为导向的政企关系研究。

钱颖一等(1995,1997)对中国的转型进行了分析，强调用“中国式的联邦主义”来解释所谓的“中国奇迹”。钱颖一等指出，在大多数转型国家中，地方政府成了经济增长障碍，而通过中央政府和地方政府之间的分权，中央政府可以约束地方政府对企业的干预方向，并诱导后者向有利于地方经济的方向发展。通过引用“预算软约束”的概念，钱颖一等分析了中国改革过程中中央政府和地方政府之间的关系，并认为中国改革的特征就是中央政府向地方政府分权，特别是财政分权。林毅夫等(1994,1997,1999,2004)在一系列文章中，对转型经济中国有企业的“预算软约束”问题进行了系统的分析，认为国有企业所承担的“政策性负担”是形成企业“预算软约束”的根本原因，而剥离这一负担就是问题的关键，也就是向企业让利。追随上述思路，国内关于通过制度层面研究转型问题形成了三个不同的侧重点：一是关注政府分权，如何梦笔(2001)、周业安等(2004)及 Blanchard et al.(1996)等；二是关注企业让利，如韩朝华(2003)等；三是关注政企关系，如朱光华等(2005)。

在制度分析框架下，地方政府行为成为关注的重点，这明显区别于产权分析框架。王振中(2006)特别分析了转型期我国地方政府行为的特征,并用经验数据加以描述。杨瑞龙(1998)基于放权让利的改革背景,认为分享剩余索取权和拥有资源配置权的地方政府,在我国向市场经济体制过渡过程的一定阶段中,扮演了制度变迁的"第一行动集团"角色,进而提出了"中间扩散型制度变迁方式"的理论假说。此后,杨瑞龙等(2000)还提出"地方政府是连接中央治国者的制度供给意愿和微观主体制度需求的重要中介"。

⑤以阶段监控为核心、实证检验为主要途径的政府行为和企业行为研究。

经济转型是一个过程,随着改革的不断深入,越来越多的学者倾向于采用实证性的方法对以往的研究成果进行检验,用以证明理论假说和构建更为完善的理论体系。实证研究大致分为两类:一类是通过构建指标体系来探究我国转型的阶段性进程及市场化程度;另一类是通过样本的选择揭示现实的转型特征,对以往的理论假说进行验证。

国际组织对转型阶段性进程较为关注,欧洲复兴开发银行(EBRD)通过构建改革进程指数(IRP),系统地对转型国家向市场经济过渡进程进行跟踪研究;世界银行(WB)在1996年和2002年两次开专题,对转型国家的自由化、产权与企业改革、机构和社会政策三个领域进行评估。我国学者也一直关注国内的市场化水平,江晓薇等(1995)、顾海兵(1997)、赵彦云等(2000)都在这一课题上做出了大量的努力。

关于转型期地方政府行为和企业行为的实证研究数量很多,龚冰琳等(2005)连同国务院发展研究中心和国际银行,对中国省份的地方保护主义进行了验证,并指出其影响;李善同等(2004)通过企业问卷调查也对我国国内地方保护主义的程度和内容进行了剖析。

⑥以企业重构和所有制结构调整为线索的转型研究。

在分析转型问题时,很多学者都将焦点集中于产权改革和私有化的浪潮。但是为什么激烈的产权改革或大规模的私有化在中国比在俄罗斯滞后很久,单纯的意识形态是不能解释这种持续的、滞后的现象的,因此,从企业重构和所有制结构调整的微观角度寻求答案就成为一个值得探索的方向。表3-1能够基本涵盖这一研究领域的典型成果。

表 3-1 企业重构与所有制结构调整研究内容的分类

<table>
<tr><td rowspan="8">企业重构</td><td rowspan="3">企业重构的微观机理</td><td>政府推动(硬化预算约束、放松管制)</td><td colspan="3">理论研究:Aghion et al. (1994);Blanchard(1994)
实证研究:Pinto et al. (1993)</td></tr>
<tr><td>经营者推动(产权改革及对产权改革的预期、新经营者的进入、对职业生涯的考虑)</td><td colspan="3">理论研究:Aghion et al. (1994);Dyck(1997);Roland et al. (2000);Shleifer et al. (1994)
实证研究:Estrin et al. (1995); Claessens et al. (1999)</td></tr>
<tr><td>职工(内部人)的作用</td><td colspan="3">理论研究:Kenway(1996);Blanchard et al. (1996)
实证研究:Carlin et al. (1997); Pohl et al. (1997); Frydman et al. (1997)</td></tr>
<tr><td rowspan="5">企业重构的最优路径</td><td>产权改革主导的经济转型</td><td colspan="3">Aghion et al. (1994)</td></tr>
<tr><td rowspan="4">非产权改革主导的经济转型</td><td>A. 考虑由所有制本身造成的企业效率差异</td><td>Chadha et al. (1997)</td><td rowspan="4">所有制结构调整</td></tr>
<tr><td>B. 不考虑由所有制本身造成的企业效率差异</td><td>陈钊(2004)</td></tr>
<tr><td>由所有制本身造成的企业效率差异</td><td>张维迎(1998);樊纲(2000)</td></tr>
<tr><td>其他原因(制度、意识形态等)</td><td>平新乔(2000)</td></tr>
</table>

资料来源:陈钊:《经济转轨中的企业重构:产权改革与放松管制》,上海人民出版社 2004 年版,第 15 页,笔者有改动。

(2)对国内外研究的述评

国外对转型期地方政府行为和企业行为的研究,沿袭了从“华盛顿共识”到“北京共识”的转变,并且对中国的转型给予了高度的关注和肯定。与此同时,地方政府对转型的特殊作用也引起了学者们的广泛关注,特别是国内外学者从产权和资源配置等层面对我国转型的机理进行了多角度的探究。但是以往的研究还没有从微观角度解释我国转型经济的机理及其对企业战略环境的影响,以及企业如何适应转型期的特殊情景。

究其根源,以往的国内外研究在本质上还源于我国改革开放是在实践领先于理论、“摸着石头过河”的逻辑前提下进行的,并且对中国转型的绩效是“民生”导向的,即所有的制度安排均以满足人民的需求为最终目标。消费者的有限理性和地方政府行为的有限理性,势必导致中国转型中现实的问题层出不穷,致使相关研究停留于具体实践问题的解读上,缺乏对过去30多年转型历程的全局把握。此外,学界在对中国经济转型的研究过程中,政府行为和企业行为之间的必然联系还没有完全理清。同时,企业对社会财富的创造和国计民生的现实功效没有被充分认识,致使企业往往成为新古典经济学定义中的生产函数及新制度经济学拓展下的制度安排等抽象层面的组织,而忽略了在马克思理论体系下的价值创造层面的特殊实体组织,这就使企业难以有效地从政治层面与地方政府建立最为充分的价值联系,使得我国转型情景下的经济学和企业战略管理研究都没有得到充分的发展。

综上所述,以往的研究还存在可供进一步拓展的研究空间。具体而言,包括以下三个层次:其一,以往的研究没有将企业的价值本质作为经济学和战略管理研究的理论前提,没有充分认识到企业在经济和社会转型中发挥的巨大作用;其二,在缺乏企业实体认识的前提下,中国经济转型的微观机理尚未有效地澄清,没有在企业和政府这两个转型过程中最为关键的行为主体之间建立明确的联系;其三,以往研究的重点在于解释"民生"导向下的现实问题,因而难以从一个历史发展规律的角度对现实中企业的战略行为做出有效的前瞻性指导,致使企业还停留在"摸着石头过河"的尴尬境地下,难以把握中国转型和全球化背景下的客观规律。

3.2.2 中国转型的微观机理:一个基本的模型

30多年的改革历程已经给转型研究提供了大量的现实素材,如何用理论诠释这一过程,就是摆在理论研究者面前的紧迫任务,这不仅关系到我们能否从过去的改革中汲取足够的经验,更意味着我们要通过一个适当的理论描述对转型、对未来进行预测。中国转型中得到学界共识的基本结论在于:中国经济转型的本质是一次大范围的诱导式制度变迁,其主导者是政府。

尽管多年以来,国内外的研究取得了丰硕的成果,但是依然存在很多困惑:政府主导转型的动力是什么?为什么转型后中国经济的活力会如此巨大地迸发出来?作为制度变迁核心力量的制度供给方和需求方是谁？这样的制度变迁会持续多久？今后的发展方向是什么？……特别是作为市场经济的主体，面对中国的经济转型，能否把握未来的方向，将直接决定企业是否可以确立竞争优势，获得持久发展。因此，明晰企业在中国转型所处的位置，从微观角度把握中国经济转型的机理，就成为一个非常值得笔者思考的问题。

在前文的分析中，笔者始终坚信中国转型的关键问题是政府和企业的制度构建，是政府和企业之间博弈的动态演化过程。笔者将用以下模型来探讨政府和企业之间的微观博弈，力图以此解释中国经济转型的微观机理。

(1)模型的基本假设

H1:中国的经济转型是民生导向的。

吕炜(2005)指出，中国模式的本质是始终以民生为转型的根本目的，以民意为转型路径选择的基本导向，这两个原则决定了绩效是评价转轨的核心。[①] 笔者认为，中国经济转型确实是以百姓民生为导向的制度变迁过程。目前"中国模式"和"北京共识"试图概括的核心内容正是:以经济绩效改善、民众生活质量提高作为改革的目标和实现改革的唯一途径；以大胆试验、慎重推广的方式把握民众对改革的反馈，摸索适宜的改革路径；以创新(包括制度创新和技术创新)作为经济发展的发动机和持续进步的手段。因此，以民众的需求作为转型的风向标是符合中国 30 多年的转型历程的。

H2:中国经济转型中的地方政府作为微观主体是一个"掠夺型"政府。

古典经济对政府采用一种自由放任的观点，认为政府应该是对市场机制"看不见的手"进行的补充；为了纠正市场失灵，新古典经济学家将政府界定为"扶持之手"，认为政府必须干预经济，通过宏观调控使经济运行得更有效。上述两种政府理论，无论作为一个实证模型还是作为一个规范模型都是失败的。本书借鉴 Shleifer et al. (1994)将地方政府理论界定为一个"掠夺之手"的模型，该模型公正地看待政治，并把政治过程看成是政府行为的决定因素，认为政府的政治目的不是社会福利的最大化，而是

---

① 吕炜:《基于中国经济转轨实践的分析方法研究——兼作对"北京共识"合理逻辑的一种解释》,《经济研究》2005 年第 2 期,第 16—25 页。

追求自己的私利最大化。[①] 通过有效配置自己手中掌控的资源,地方政府通过合理化的政绩来追求自身的发展。在转型期的中国,地方政府之间存在激烈的辖区竞争,因此,通过"掠夺之手"获取自身效用最大化在某种意义上是贴近现实生活的。一个需要说明的问题是本书中地方政府和中央政府的关系:本书认为中国转型的微观主体之一是地方政府,在1994 年分税制改革前,中央政府和地方政府是没有利益冲突的,二者仅仅是官僚层级不同;1994 年分税制改革后,地方政府有了很大的自主权,作为主体直接与企业博弈,推动了经济体制的转型进程。[②]

H3:中央政府与地方政府关系中国经济转型中的企业是资源约束下的实体论企业。

由于本书是立足于微观视角,同时强调政府和企业作为组织的共性,因此,根据前文对企业理论的梳理,得出本书中的企业是一个资源约束下的实体论企业的观点。这一企业的基本特征在于:作为一个承载不同利益相关者价值诉求的平台,企业的性质不仅仅局限于新制度经济学层面的完全或不完全契约的集合,而是不同利益相关者通过让渡自有要素的部分(乃至全部)所有权,将其转化为企业资本进行价值增值创造,最终获得相应收益补偿的一个专有平台。企业经营活动也就相应体现为利益相关者要素转化为企业资本、企业资本转化为企业产出的两阶段过程,即符合"利益相关者要素—企业资本—企业产出"的逻辑过程,从企业行为的角度而言,上述逻辑过程可描述为"要素投入—企业生产—企业产出"三个阶段。

(2)模型的构建:民众[③]、企业和政府的效用函数

假设在经济运行环境中包括民众、企业和政府,民众代表了全社会的

---

① 安德烈·施莱弗、罗伯特·维什尼:《掠夺之手——政府病及其治疗》,赵红英译,中信出版社 2004 年版,第 3 页。

② 这里对中央政府和地方政府的关系分析是一种简单的抽象。事实上,国内近期的学者对于分税制改革前的地方政府行为也进行了详尽的研究,发现在行为上也与中央政府之间存在一定的差异。本书的关注焦点在于政府和企业的博弈过程,以此解释中国转型的微观机理,对中央政府和地方政府行为的差异不做进一步的探讨,这可以作为本书今后进一步探讨的方向之一。

③ 民众与消费者的区别在于,除了对产品进行消费,代表社会的总需求外,还拥有政治上的民主权利,能够对政府进行要求,是制度变迁的诱发者。

总需求,企业代表了全社会的总供给,政府是社会制度的制定者,也是对全社会资源的规制者。

构建的民众的效用函数为 $U_{custume}=f(x_1,x_2)$,其中:x_1,x_2 是企业生产的两种产品,前者是生活必需品,后者是奢侈品。民众满足预算约束 $q_1x_1+q_2x_2\leqslant I$,其中:q_1,q_2 是两种商品的数量,I 是民众的收入。

笔者构建的企业的效用函数为 $U_{firm}=f(Y,c,w,r)$,其中:Y 是企业的总产出,也是社会的总产出;c 是企业的生产成本;w 是企业产生的外部性净值。根据假设,企业是资源约束下的实体论企业,遵循"要素投入—企业生产—企业产出"三个阶段,因此,企业三个阶段对应的政府规制分别为 r_1,r_2,r_3,r_4,如图 3-4 所示。

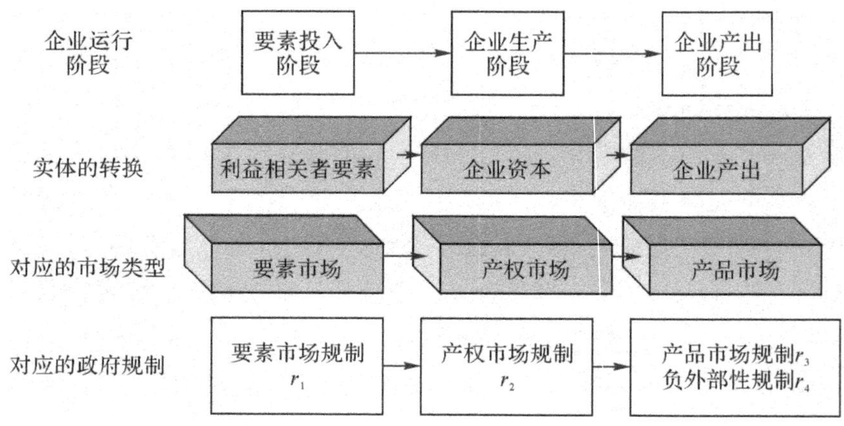

图 3-4 企业运行阶段、实体转换、市场类型及对应的政府规制

笔者假设企业的总产出 $Y=f(p,q)$。p 是单位产品的竞争优势,根据波特的竞争优势理论,$p=(1-k)c_l+kd_f$,其中:c_l 是单位产品成本领先优势;d_f 是单位产品差别化领先优势;k 是差别化程度系数$(0\leqslant k\leqslant 1)$①。$q$ 是企业产品的产量,满足适配条件的柯布—道格拉斯不变报酬型函数形式,$q=\Omega A(t)L^{1-\alpha}K^{\alpha}$,其中:$A(t)$ 是综合技术水平;L 是投入的劳动力数(单位是万人或人);K 是投入的资本,一般指固定资产净值(单位

① 根据波特的竞争优势理论,企业的竞争优势包括成本领先、差别化和目标集聚,当 k 取 0 时,企业表现出的竞争优势为成本领先;当 k 取 1 时,企业表现出的竞争优势为差别化;当 k 取 0.5 时,企业表现出的竞争优势为目标集聚;当 k 取 $(0,0.5)\cup(0.5,1)$ 中的其他值时,企业表现为混合战略。

是亿元或万元,与劳动力数的单位相对应);$1-\alpha$ 是劳动力产出的弹性系数;α 是资本产出的弹性系数,由于是适配函数,因此,企业的产出水平取决于技术、资本和劳动力较小的一方。将企业受政府的规制水平设为 $r_{eg}(0 \leqslant r_{eg} \leqslant 1)$,$r_{eg}=r_1+r_2+r_3+r_4$,则 $1-r_{eg}$ 就是企业的自主权。由于企业是创造价值的组织,会对利益相关者投入的要素起到放大作用,因此,最终构建的企业效用函数为式(3-17)。

$$
\begin{aligned}
U_{firm} &= Y-c-w = pq-(c+w) \\
&= [\Omega A(t)L^{1-\alpha}K^{\alpha}]^{(1-r_{eg})}[(1-k)c_l+kd_f]-(c+w)]^{(1-r_{eg})}
\end{aligned}
\tag{3-17}
$$

假设政府的效用函数为 $U_{government}=f(Y,g,R)$,其中:Y 是企业的总产出,也是社会的总产出;g 为政府通过对企业规制而获得的收益;R 是政府通过放松规制,实施改革而带来的政治风险($R<0$)。笔者最终构建的政府效用函数为式(3-18)。

$$
U_{government}=\mu Y+\theta r_{eg}+R(1-r_{eg}) \tag{3-18}
$$

其中:μ 是由于经济增加而给政府带来的升迁概率($0 \leqslant \mu \leqslant 1$);$\theta$ 为政府通过企业规制而获得收益的体现系数($0 \leqslant \theta \leqslant 1$);$\mu,\theta,R$ 均为常量,直接影响政府效用的变量是国民收入 Y 及政府对企业的规制水平 r_{eg}。

(3)模型的推导:政府解除规制[①]与经济转型

①转型的初始化条件分析。

假设 t_0 为经济转型的时间起点,由于生产力水平较低,企业的产出水平 q^{t_0} 难以满足民众对物质生活的需求,即 $q^{t_0}<q_1^{t_0}+q_2^{t_0}$,民众的效用水平如图 3-5 中 A 点所示。此时,政府对企业采用完全规制的计划经济体制,即 $r_{eg}{}^{t_0}=1$,企业由于没有经营自主权,内部缺乏激励效应,因此产出与劳动力相对应,尽管资本充裕,但是产出水平低,社会处于一个物质产品

① 对于解除规制与中国经济转型问题,学界有两种不同的诠释方法。一种观点认为,中国经济转型产生的巨大经济变化归结于中央政府放松对地方政府的规制,通过体制外的增量改革来提高效率,并不涉及体制内微观主体的行为(杨开忠等,2003)。另一种观点则以微观企业重构为视角,认为政府放松对国有企业的"就业管制"才是转型期经济增长的内生性源泉(陈钊,2004)。笔者研究的视角始终立足于微观企业,因此,解除规制更符合后者的认识,但对于解除规制的具体内容和过程,笔者则从企业价值创造过程进行分析,而不是特别关注某一种企业要素行为。

极不丰富的卖方市场，老百姓有钱买不到商品（社会总供给水平低于其与民众的预算线的交点 B），存在凭票供应的现象，企业不考虑竞争优势的问题，即 $k^{t_0}=0$。民众提出改革的要求，要求政府拿出举措提高社会产出，进行经济转型。

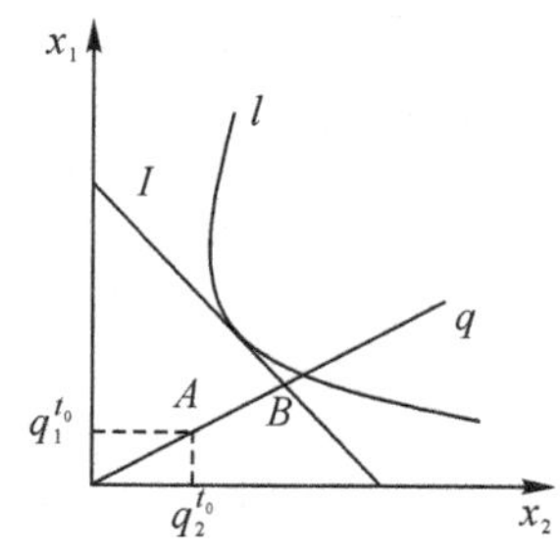

图 3-5 转型前的民众效用水平

②转型期制度产生的均衡条件：地方政府放松规制。

作为制度变迁的制度供给方，地方政府不仅仅考虑到民众的需求，还要追求自身效用最大化，即 $\mathrm{Max}U_{government}$，将式(3-17)代入(3-18)，整理后得到：

$$U_{government}=\{\mu[c_l\Omega A(t)L^{1-\alpha}K^{\alpha}]^{(1-r_{eg})}+\theta r_{eg}+R(1-r_{eg})\} \tag{3-19}$$

由于各个系数为常量，企业内部的技术水平、劳动力投入及资本投入既定，因此，变量就是地方政府的规制程度 r_{eg}。在式(3-19)中，对 r_{eg} 进行一阶求导，解出政府效用最大化的极值及所需要的条件。笔者令 $c_l\Omega A(t)L^{1-\alpha}K^{\alpha}=z$，式(3-19)转换后求导得式(3-20)：

$$\frac{\partial U_{government}}{\partial r_{eg}}=[\mu z^{(1-r_{eg})}+\theta r_{eg}+R(1-r_{eg})]'=-\mu z^{(1-r_{eg})}\ln z+\theta-R \tag{3-20}$$

令(3-20)取零，解得：

$$r_{eg}^{*}=1-\log_z(\theta-R) \tag{3-21}$$

因为 $R<0, 0\leqslant\theta\leqslant 1$，因此，$r_{eg}^{*}<1$，政府要放松规制。

由于政府效用为正，并且符合连续凸函数性质，因此，有极大值：

$$U_{government}^{*}=\mu(\theta-R)+\theta[1-\log_z(\theta-R)]+R\log_z(\theta-R) \tag{3-22}$$

在此规制水平下，企业也存在一个效用水平，尽管这一效用水平不一定是最优的。需要指出的是，中国转型是民生导向的，转型初期企业没有自主权,难以对制度设计提出要求,因此,转型制度的供给方和需求方是地方政府和民众。

但是作为社会财富的创造者,企业同样期望得到自身效用最大化的结果,尽管这一目标在很大程度上取决于地方政府的行为。通过对式(3-17)进行分析发现,企业效用最大化的条件是尽可能地优化内部资源,让适配函数发挥最大的效用[①],同时降低成本,提升企业的竞争优势,这些策略的最终运用取决于企业的自主权$(1-r_{eg})$。通过上述模型分析,可以得出转型的焦点问题在于对政府规制水平的调节与控制,在民生导向下,政府必须通过放松规制来缓解产品市场供给不足的压力,这是一个一般性的结论,并不会存在过多的争议。而本书接下来关注的重点在于政府如何放松对企业的规制,针对企业的不同领域和环节,放松的顺序和程度是如何把握的。因此,将 r_{eg} 分解为四个部分,即 $r_{eg}=r_1+r_2+r_3+r_4$,从而通过具体分析来解释中国转型的微观机理。

③转型的第一阶段:满足民众对产品数量的需求。

转型的首要目标是满足民众对物质产品的数量需求,将效用水平从 A 点提升到 B 点(图 3-6),满足预算约束下的民众效用最大化。

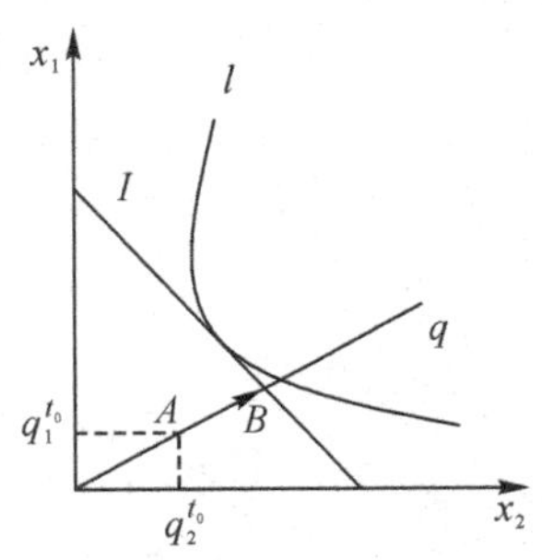

图 3-6　转型第一阶段的民众效用水平

政府在放松对企业的规制过程中,可以选择 r_1,r_2,r_3,r_4,单一或者是其组合,如何选择就成为地方政府行为的关键。根据假设 2,政府是一

① 根据前文企业理论的论述,企业是一个利益相关者资源共同产出的过程,但是由于各种要素不是完全适配的,因此,企业会出现“短板”现象而影响产出。从式(3-17)可以看出,企业通过调整技术水平、资本和劳动力可以缓解企业的瓶颈效应,提高企业的产出水平。

只“掠夺之手”，在追求其政治利益最大化的同时，也要规避政治风险，在同样能够加大企业自主权，提高企业效率的众多方案中，政治风险最小的就成为地方政府的首选。

比较来看，在控制要素市场的渠道及产品市场的价格时，放松对企业生产领域的规制，于政府而言是风险最小的。因为控制了“源头”和“下游”，企业能够带来的政治变化有限，而对产品产出的影响却是最直接的，最能响应民众的呼声，在政治市场上获利的，因此政府首先会选择对企业生产领域放权的方式，释放企业活力，即降低 r_2。

增加社会产品产量，缓解短缺经济有两个途径：一方面于原有企业而言，放松对生产领域的规制，在一定程度上能够实行包干制、承包制，有利于调动劳动者的积极性，则加大研发（此时更多的是技术改造）和降低成本的努力就会增加，因此，企业内部要素适配程度大大提升，企业产量增加。由于当时所处的市场环境是卖方市场，产量提升就意味着企业效益的提升，而且产品价格由国家控制。因此，企业会强调内部挖潜来降低成本，通过低成本给企业带来收益。另一方面，由于企业内部生产环节的放松，专有技术及知识会以多样的形式产生扩散，降低各行业的进入壁垒，大量新的企业产生，同样起到扩充市场规模的目标。

在这一阶段过程中，由于短缺经济的市场环境及政府对要素配置的低效率，此时地方政府与企业的目标具有一致性，只要政治风险可控，放松规制就会达成共赢。

随着社会产品的丰富，民众的需求基本得到了满足，市场从卖方市场向买方市场转变，此时民众力图达到更高的效用水平，即不仅在数量上满足预算要求，而且要追求预算约束下的效用最大化，追求产品结构的差异。

④转型的第二阶段：满足民众对产品结构的需求。

随着市场供求关系的转变，民众在满足基本物质需求的情况下，追求自身效用最大化，如图 3-7 所示。民众效用最大化的点位于无差异曲线和预算线的切点位置 C，因此，政府后续的工作就是通过放松规制满足民众日益增长的物质需求。

政府一方面要进一步放松对企业生产领域的规制，另一方面要寻求新的方式让产品市场丰富起来，满足产品市场的多样需求。此时，政治风

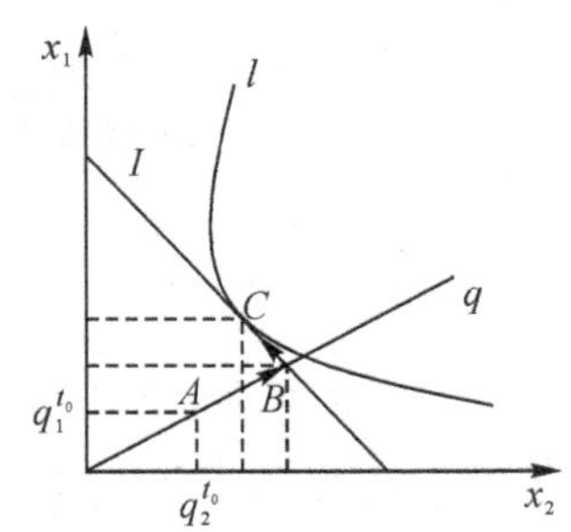

图 3-7　转型第二阶段的民众效用水平

险最小、见效最快的方式就是放松对产品市场的规制,即降低 r_3,引入市场竞争机制。为了克服前期的短缺经济,地方政府对企业快速扩充的产能水平采取了放任的态度,这样的发展在很大程度上会出现资源配置的低效率。此时,已经放松的规制难以再次收紧,因此,最为可行的方式就是通过价格机制实现优胜劣汰,提高资源的配置效率,保证地方政府对经济增长和资源配置效率的双重要求,并通过市场机制塑造的企业竞争优势赢得民众的需求。

在竞争过程中,企业为了降低自身的成本就需要政府放开对要素(原材料)市场的规制,打破对关键要素的垄断经营。基于式(3-18),地方政府在满足民生需要后(μY 已经达到最大化水平),为了自身效用最大化,就要考虑规制收益(θr_{eg})和政治风险[$R(1-r_{eg})$]两项的变化。此时,要素市场给政府带来的垄断收益是非常可观的,地方政府已经在此形成既得利益集团,难以打破。而要素市场中土地、资本市场放开带来的政治风险是难以估计的,因此,地方政府最终会选择暂时不放松 r_1。

而企业面对激烈的竞争,为了获得竞争优势,可以选择通过技术研发提高企业内部要素适配能力,提高竞争力,也可以选择差别化的方式来赢得民众的货币选票,但是还有众多企业采取低成本策略,为降低成本不惜采取污染环境、降低工资、回避社会责任的方式。

此时,民众在满足了物质需求的同时,逐步关注环境、公平等有碍社会和谐发展的问题,因此,向地方政府呼吁,要求其将自身的效用向一个新的层次提升。

⑤转型的第三个阶段:满足民众对和谐生活的需求。

基于前文的分析,企业面对激烈的市场竞争迫切需要地方政府放松对要素市场的规制(r_1),而民众则更关注地方政府对企业产生的负外部性的规制(r_4)的加强,此时地方政府和企业之间就出现较强的利益冲突,必然会进行复杂的博弈。这一复杂的博弈也决定了转型的发展趋势及中国企业的发展方向。

仔细分析这一阶段地方政府和企业的行为,就会发现上述问题的复杂性。于地方政府而言,要素市场规制背后是若干既得利益集团形成的错综复杂的利益关系,对这一市场放松规制意味着深层次的利益关系被打破,并要根据市场化的透明运作方式重新进行分配,其面对的压力可想而知,且紧随而至的必然是深层次的政府机构改革,这往往是企业难以影响和预测的,但这仅仅是问题的一个方面。

另一方面,地方政府放松要素市场的规制,要面对很大的不确定性。土地、资本等稀缺性关键生产要素一旦放开,紧随而至的很可能是大范围的投资行为和巨大的市场波动,其中房地产、证券市场及关系到民生的命脉产业形成的波动将会给地方政府带来极大的政治风险。

3.3 中国转型过程中独立董事制度的演进

基于上述分析,中国转型发展是伴随着地方政府对企业规制的放松逐步进行的。政府对生产市场、产品市场及部分要素市场规制的不断放松,极大程度上拓宽了企业的发展空间,使得中国的企业在短短几十年的时间里迅速崛起,但是任何发展都避免不了新问题的产生。政府在扩大企业自主权的同时,治理风险亦不断增加,包括内部人控制、金融风险、关联交易等违规现象。为了更加有效地解决中国转型发展过程中公司治理存在的内部人控制、大股东损害中小股东权益等问题,独立董事制度很自然地从英美国家进入了中国。然而,与英美国家体制不同,中国独立董事制度起步较晚,又处于特殊的转型发展时期,现有的市场经济、法制建设、投资环境都有待进一步的完善。因此,独立董事制度需要结合中国特色,因地制宜、与时俱进,才能真正地在中国“安家落户”。

到目前为止,在中国转型的这个大时代背景当中,独立董事制度大致经历了三个阶段。

3.3.1 第一阶段:独立董事制度在中国开始萌芽

20 世纪 90 年代,随着计划经济时代的结束,中国政府开始逐步放松对企业的规制。中国企业在转型过程中依次经历了政府退出企业内部生产管理的产权转型期,政府促进外部要素市场自由化、完善企业所处产业规制的市场转型期,以及政府协调企业和社会共同发展的和谐转型期三个时期。中国企业在这三个时期内获得了前所未有的发展活力,企业的数量和规模呈几何级数式增长。在市场经济的推动下,境内企业开始赴境外证券交易所上市,而当时中国香港联交所等境外证券交易所都要求上市公司建立独立董事制度,为响应这一要求,境内企业开始聘请独立董事。1993 年,青岛啤酒公司在中国香港上市,按照中国香港联交所的要求,建立了独立董事制度;1997 年,中国证监会发布《上市公司章程指引》,其中第 112 条首次规定"公司根据需要,可以设独立董事";1999 年,国家经贸委、中国证监会联合发布《关于进一步促进境外上市公司规范化运作和深化改革的意见》,要求境外上市公司建立健全独立董事制度。

3.3.2 第二阶段:中国独立董事制度的形成——防范两类代理成本

2001 年是中国在建立独立董事制度方面具有代表性的一年。在这一年,中国证监会发布了《关于在上市公司设立独立董事制度的指导意见》,这标志着我国在设立独立董事制度方面开始由软性要求变成了硬性规定。其中规定,2002 年 6 月 30 日之前,上市公司的董事会成员中至少有 2 名独立董事;2003 年上市公司董事会成员中至少包括 1/3 的独立董事。

之所以将企业设立独立董事行为变成硬性规定,是因为中国在推行现代企业制度的过程中,企业内部治理暴露出了许多问题,主要表现为内部人控制、大股东掏空等。引进独立董事制度就是为了强化企业内部治理制约机制。在股份制企业中,一旦某一方利益群体实际上垄断了企业的控制权,便会在利己与效率这两种源于人性本能动力的驱使下,通过机会主义行为谋求自身利益的最大化。传统的、没有独立董事参与的法人治理结构被实践证明,由于其内在机制存在缺陷,无法有效抑制和约束这种机会主义行为。因此,独立董事以权力制衡者的角色进入董事会,以不同于一般董事的"独立"身份来制约企业内部的机会主义行为。一般而言,在经典公司治理分析框架下,独立董事制度主要制约的是第一类和第二类代理成本。

(1)监督"代理人败德"行为引发的第一类代理成本

现代股份公司由于股东分散,所有权与公司实际控制权分离和股东大会空壳化,由公司最高权力机构股东大会选举产生的董事组成董事会,成为公司管理和控制的核心,受全体股东委托对公司行使管理权和控制权。但由于各种原因,本应控制和管理公司经理层的董事会反而被经理层控制,从而导致董事会的"死亡"。而经理层控制董事会,破坏了正常的公司治理结构,打破了公司权力分配的平衡格局,导致权力过分向经营管理层倾斜,从而降低企业价值。当主要控制权掌握在代理人手中时,代理人极有可能做出有利于自身而损害委托人利益的行为。La et al.(2000)指出,内部人对投资者利益的剥夺是多方面的,可以是窃取利润,以低于市场价格将产品、资产或者公司的增发证券出售给他们控制或者拥有的另一个公司;也可以是转移公司的合作机会、安置不合格的家族成员或者给高层管理人员支付过高的薪酬等。由于代理人的败德行为难以被委托人识别,委托人则希望借助更为专业的视角对代理人进行监督,而独立董事往往是可以选择的有效方式,如聘请财务或法律专家就能够很好地杜绝经理人欺诈行为的产生。

(2)监督"大股东掏空"行为引发的第二类代理成本

早期单一的股权结构伴随着企业规模的扩大而改变,多元化的股权结构带来的最大变化就是股东群体成为激励不相容的复杂组织。中国上市公司普遍存在一个掌握实际控制权的大股东,公司治理中的主要矛盾就是控股股东对其他中小股东利益的剥夺问题。监管机构引入独立董事制度的初衷是在董事会中形成一股独立于公司内部人、代表全体股东利益的新力量,可以对控制性股东形成有效的制衡。因为当控股股东在公司治理结构中具有绝对的控制地位时,控股股东可以利用自身的优势地位做出一些有利于自己而损害公司和中小股东利益的行为,如重大的关联交易、为其他公司担保、"隧道行为"等等。中国独立董事的主要职责之一就是代表中小股东对控股股东的经营行为进行监督。

由于独立董事既独立于大股东又独立于经理人,这一角色一旦进入董事会并且成为决策主体时,就可以从根本上割断两者与企业绝对控制权相联系的可能性,从而使契约规则及权威性得到维护。

3.3.3 第三阶段:中国独立董事制度的进一步发展——防范四类代理成本

距离2001年8月中国证监会正式确立中国上市公司独立董事制度以来的十几年时间里,在新《公司法》和《证券法》出台及证监会《关于提高上市公司质量的意见》发布后,在股权分置全流通、高管持股的大背景下,中国公司治理改革已经进入一个新阶段。尤其是在实践中,伴随现代企业所有权和经营权的不断演进发展,企业内部契约结构也发生了不断变化。在经典公司治理分析框架下的"第一类""第二类"代理成本又进行了不断的演进和发展,形成了"第三类""第四类"代理成本。此时可以明确看到,独立董事作用机制的演进路径已经体现出从原先单纯的内部治理的两类代理成本的控制,拓展到基于两类代理成本的内外部结合治理的四类代理成本的解决。

(1)由监督"内部人控制"而引发的第三类代理成本

根据共同治理理论和相关利益者理论,当利益相关者的利益受到侵害时,众多利益相关者可以直接分享和行使控制权。但是很显然,在实际中,"利益相关者直接分享和行使控制权"的想法是不具有可操作性的。随着企业经营目标从股东利益最大化扩展为利益相关者共同利益最大化,要素所有者成为企业价值取向的核心,利益相关者理论强调除了股东之外的其他要素所有者也进行了专有性的投资,也会与企业绩效产生紧密的关联,但是他们却难以掌握企业的控制权。而企业高管作为实际经营者可能通过信息不对称来侵占其他利益相关者利益,甚至可能酿成社会责任危机,此时就会发生第三类代理成本问题。独立董事利用其在董事会中的特殊权力,当企业处于特殊状态时,如创业期或濒临破产时,启动相机治理机制,将债权人或政府引入内部治理结构,进而有效地监督内部人群体,降低代理成本。

(2)由监督“两职合一串谋”行为而引发的第四类代理成本

在独立董事链接内外部利益相关者的同时,被监督对象也可能同样通过链接委托人和代理人的网络而获取更为充分的信息,进行牟私的行为。需要特别指出的是,伴随着资本市场的高度发展与企业规模及专业化程度的不断提升,传统意义上的所有权和经营权已经逐步表现为要素所有权集合与高管经营团队之间的团体行为。因此,委托代理契约实际是由双方的代表签订,此时就会出现所有者代言人和经营者代言人之间的串谋行为,甚至出现双方代表是同一主体的情况(如控股股东),即两权的形式分离和实际重合,从而出现第四类代理成本。“两职合一”对现代企业而言是一把“双刃剑”,既可以通过一致性的主体提高决策效率,增加企业内部权威,同时也埋藏着“两权合一”独裁所带来的潜在风险,而此时独立董事的有效监督则显得至关重要。

自中国推行独立董事制度以来,国内许多学者对独立董事制度在实践过程中所暴露出的诸多问题进行了研究,中国证监会等机构也通过各种准则、规定、法律对上市公司独立董事制度相关问题进行了进一步的规范。然而,这些研究和规范仅停留在原有独立董事制度的层面上,未能超越原来的框架。基于对四类代理成本的分析,在不同的管理情景中,独立董事面对不同的委托代理关系所监督的重点也是不同的。因此,独立董事想要发挥其最大效用,一来需要关注独立董事制度的实际运作过程,考察分析能更好发挥其制度优越性的管理情景的变化;二来需要根据情景中的实际情况,有针对性地扮演职能角色,在有限的时间和精力中实现效用最大化。到目前为止,尽管现有的政策法规都对独立董事制度进行了明确的规定,但是这些形式上的制度设计却难以保障独立董事在实际操作层面上切实发挥效用。为了能更加有效地解决上述四类代理问题,针对现有独立董事制度所存在的重大制度缺陷,我国亟须重新设计、构造一个多层次、多维度、贴合中国实际的“中国独立董事制度”。

第4章　独立董事尽责履职的制度效应分析:四层委托代理嵌入模型解读

4.1　问题提出

独立董事制度能否提升企业绩效,始终是公司治理实践领域面临的焦点问题。作为不同公司治理模式的共同取向,独立董事制度已然成为加强董事会专业化决策水平,通过董事会成员加强内部监管、规避大股东内部控制导致的对中小股东的利益侵占的重要手段。但是独立董事制度的现实效力却遭受质疑,简单、程序化的工作流程及严重的信息不对称,使得独立董事有意无意地远离了"诚实信用,勤勉尽责"的工作信条,难以对企业绩效产生稳定、积极的影响,甚至最终沦为"签字董事、花瓶董事、人情董事"。谭劲松(2003b)指出,造成独立董事制度失灵的重要原因是中国独立董事选聘机制存在弊端;李海舰等(2006)指出,中国"一股独大"的垄断型股权结构,会导致中小股东在股东大会上丧失话语权,而控股股东却可以利用其对股东大会裁决权的独断地位来直接选择符合自己心意的独立董事。

是否改变了聘任机制就能够发挥独立董事应有的效用呢?学者们开始寻求能够有效保障独立董事独立性的任命途径。一些我国台湾学者认为,如果企业不是因为一些强制性的规定被迫任命独立董事,而是积极主动选聘独立董事,便会为企业带来积极的影响。(Yung-Chuan et al.,2014)国内有学者认为,独立董事可以直接由中国证监会进行选聘,让独立董事异地任职,或者让大股东回避对独立董事的聘任和薪酬支付等相关决议的表决,又或者成立一个独立董事基金,引入私人资本,形成一个

“两合公司”，由私人资本承担培养和输送独立董事人才的责任。独立董事如何提升企业绩效的内在机理尚未形成，是造成独立董事任命机制多元化构建的核心原因，进而导致企业在聘任独立董事等实践过程中缺乏理论依据，独立董事的人员、人数存在较强的随意性，致使独立董事制度部分“失灵”。结合企业的实际运营，以往研究中对独立董事聘用机制提出的质疑在理论层面有一定的合理性，但是在实际的企业治理机制中寻求突破还存在很大难度。

通过揭开独立董事提升企业绩效的内在机理，构建包括独立董事聘任在内的实务系统，是本书着力解决的突出问题。本书从分析独立董事现有理论分析框架的内在冲突与融合趋势出发，通过对独立董事“独立于谁”的分层解读，构建了涵盖四类代理成本的独立董事嵌入模型，并通过上市公司大样本数据进行了实证检验。本书将以往研究中对立的委托代理模型与网络嵌入模型进行有机融合，拓展了以往两类代理成本的经典公司治理理论，通过对四类代理成本的分析，明确了独立董事的监督对象和相应的传导途径，并采用 2008—2012 年中国上市公司面板数据，对比分析了国有企业和民营企业之间独立董事制度的运作差异，这是以往相关研究所没有涉及的。

4.2 独立董事作用机理分析框架的冲突与融合

4.2.1 对“独立性”认知的差异导致独立董事分析框架的冲突

独立董事的作用是监督还是咨询？经典委托代理理论立足制度设计视角，强化了独立董事监督职能对代理成本的抑制作用，而独立性是行使监督角色的制度保障，需要不断强化。但是社会网络理论却认为，作为外部董事，独立董事要发挥作用必然要“有效嵌入”履职企业的内部网络中，独立性被适度弱化是必然的结果。鉴于主体行为的复杂性，两种理论都是将独立董事的静态特征（人口学特征、行为结果及社会网络属性）作为研究对象，但是背后所隐含的独立董事对企业绩效的影响机理是不同的，特别是对独立董事“独立性”程度存在认识上的差异，最终会导致独立董事分析框架的分化。

早期的学术研究认为,独立董事可以起到监督内部人的作用,保护中小股东的利益。后来有学者认为,由于独立董事具备良好的教育背景和职业背景,他们可以发挥专家咨询的作用。目前,中国的国有企业和民营企业由于终极控制权的差异性,独立董事所扮演的职能角色也存在权重差异。民营企业更加重视独立董事的异质性资源,强调独立董事的咨询作用。大股东或董事会更愿意根据企业发展的需求,挑选合适的人才担任独立董事的职务。因为具有较好的教育背景和工作经验的独立董事拥有发挥决策支持与监督的能力和技巧,能够为公司的成功提供重要的资源支持。一些具有行业专长的专家能够从专业的角度对公司的战略和经营决策发表意见,从局外人的角度提出专业性的建议来解决企业面临的问题。如王跃堂等(2008)指出,聘请具有法律背景的独立董事能够约束公司管理层的违法行为,降低公司面临的信息披露诉讼风险;魏刚等(2007)指出,有政府和银行背景的独立董事所在的企业绩效更好。相反地,国有企业的独立董事聘任机制往往是上级国有资产管理部门委任的,这种方式由于信息的不对称性会干预企业内部的经营自由。但是,也正是这种独立于股东群体和经理人的第三方委任的做法,弱化了经理层对独立董事的控制力。反倒是民营企业的方式——让被监督者来选择监督自己的人,从根本上就难以保证独立董事的独立性,使得独立董事有可能采取一些机会主义行为。

监督职能是委托代理分析框架下独立董事发挥作用的核心部分,追求"完全独立性"是该角色定位下的最优选择。专家职能则是社会资源与社会网络视角下的分析结论,认为"不独立"更有助于独立董事将外部资源低成本、无摩擦地引入企业,推动企业发展。对独立性认知的严重分歧,导致独立董事在选聘、考核的具体实施环节上产生不同的导向,一则考虑如何通过机制设计降低"代理成本",另则考虑的是如何通过"人脉"引入资源而获取收益。需要特别指出的是,两权分离形成的委托代理关系是两种分析框架的逻辑起点,只不过监督者分析框架更关注代理人的败德行为,而专家分析框架则更为关注代理人对委托人资源能力匮乏的补充作用,这为后期分析框架的融合奠定了逻辑基础。

4.2.2 防范四类代理成本:独立董事提升企业绩效的行为演进

立足完全契约理论框架下的委托代理模型,独立董事要实现监督职能、降低代理成本,就必须有明确的监督对象,进而甄别其行为并加以规制,伴随现代企业所有权和经营权的不断演进发展,企业内部契约结构也发生了不断变化,在经典公司治理分析框架下的第一类、第二类代理成本又进行了不断的演进和发展,形成了第三类、第四类代理成本,此时可以明确看到独立董事作用机制的演进路径已经体现出从内部治理向内外部结合治理演进的趋势。换言之,网络嵌入的特征已经越来越突出。

①监督"代理人败德"行为引发的第一类代理成本,是两权分离情况下公司面对的普遍性问题。Jensen et al.(1979)首先对委托代理模型问题引发的治理危机进行了概念的界定,用代理成本的概念系统地解析了委托人与代理人由于激励不相容所引发的治理效率缺失问题,这类由委托人与代理人之间的利益冲突而带来的效率损失被称为第一类代理问题,两权分离引发的委托人与代理人信息不对称是第一类代理成本产生的原因。作为代理人的职业经理人拥有更为充分的企业内部信息,因此,可以通过"隐瞒信息"和"隐瞒行为",损害投资者利益而获得自身效用最大化。由于代理人的"败德行为"难以被委托人识别,委托人则希望借助更为专业的视角对代理人进行监督,而独立董事往往是可以选择的有效方式,如聘请财务或法律专家就能够很好地杜绝经理人欺诈行为的产生。

②监督"大股东掏空"行为引发的第二类代理成本,此时也是局限在企业内部治理,但是股东已经由个体演变为群体,内部网络的特征已经出现,特别是大股东与中小股东分属于不同的子系统,独立董事就是这两个子系统之间的桥梁,也就是网络结构洞。早期单一的股权结构伴随着企业规模的扩大而改变,多元化的股权结构带来的最大变化就是股东群体成为激励不相容的复杂组织。La et al.(2000)指出,企业内部的控股股东凭借拥有企业的控制权,会采取一些隐蔽的行为牟取只有其自身可以获得的私利,甚至会以损失其他中小股东的利益为代价。此时企业内部

治理的焦点就从委托人与代理人之间的激励冲突,转换为中小股东与控股股东之间的利益冲突,这种损失被形象地称为企业内部的"隧道效应"或"掏空行为",也就是第二类代理成本。为难以进入企业董事会的中小股东防止大股东的利益侵占是独立董事制度设立的初衷,保护中小股东、监督控股股东是独立董事履行的主要职责。

③监督"内部人控制"行为引发的第三类代理成本,此时外部利益相关者已经成为委托人的重要组成部分,独立董事就在一定程度上充当外部利益相关者的代言人,进而实现监督内部人的职能。随着企业经营目标从股东利益最大化扩展为利益相关者共同利益最大化,要素所有者成为企业价值取向的核心。而企业高管作为实际经营者,可能通过信息不对称来侵占其他利益相关者的利益,甚至可能酿成社会责任危机,此时就会发生第三类代理成本问题。

④监督"两职合一串谋"行为引发的第四类代理成本。在独立董事链接内外部利益相关者的同时,被监督对象也可能同样通过链接委托人和代理人的网络而获取更为充分的信息,进行牟私的行为。需要特别指出的是,伴随着资本市场的高度发展、企业规模与专业化程度的不断提升,传统意义上的所有权和经营权已经逐步表现为要素所有权集合与高管经营团队之间的团体行为,因此,委托代理契约实际是由双方的代表签订,此时就会出现所有者代言人和经营者代言人之间的串谋行为,甚至出现双方代表是同一主体的情况(如控股股东),即两权的形式分离和实际重合,从而出现第四类代理成本。"两职合一"对现代企业而言是一把"双刃剑",既可以通过一致性的主体提高决策效率,增加企业内部权威,同时也埋藏着"两权合一"独裁所带来的潜在风险,所以独立董事的有效监督则显得至关重要。

综上所述,可知四类代理成本下独立董事的具体监督对象,如图4-1所示。

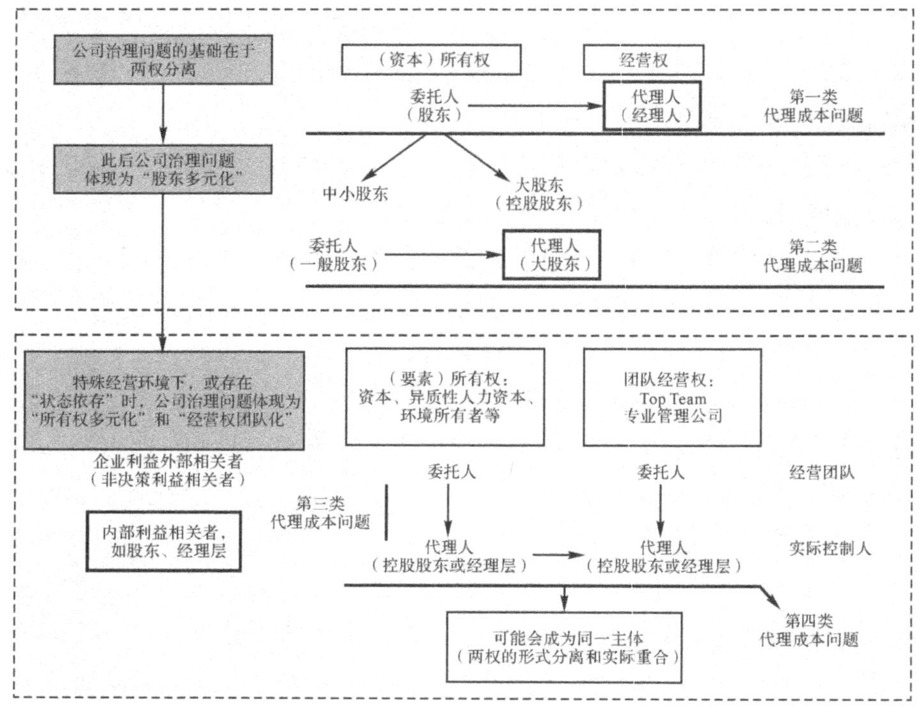

图 4-1　四类代理成本下独立董事的监督对象

4.2.3　独立董事分析框架的融合：委托代理框架下的网络嵌入

从独立董事的行为特征上可以看出，独立董事在力图降低代理成本的过程中，越来越多地担当起网络体系中“结构洞”的作用，这种网络嵌入的行为特征并非单纯是专家职能分析框架下的资源嵌入过程，更体现为通过网络嵌入过程获得更为准确的信息，进而降低信息不对称水平，提高监督效率的规则嵌入过程作为独立董事监督和服务的对象。企业内部的代理人群体出现网络嵌入的特征，从单纯的职业经理人到“两职合一”的控股股东，其代表的利益群体也逐步呈现出网络化的特征，而且网络的规模和复杂程度也在飞速地发展，但这仅仅是问题的其中一个方面。就另一方面而言，委托代理关系的演进是伴随着企业规模扩大、环境日益复杂为特征的管理情景而产生的。这种特殊的管理情景对企业战略性资源、外部社会资本都提出了更高的要求，单靠企业内生性的积累方式是难以满足的,需要通过网络嵌入的方式寻求更多的资源注入,提高企业应对外部环境变化的能力,打造核心竞争力,从而实现战略意图。而独立董事由于具有先天的异质性人力资本属性及社会网络资源嵌入能力,能够为企业提供更具价值的资源。委托代理框架下的网络嵌入使得独立董事监督与专家的角色充分融合,形成新的分析框架,通过规则与资源的嵌入同时发挥双向的职能,从而推进企业绩效的提升。

4.3 独立董事提升企业绩效的路径分析

立足网络嵌入委托代理模型,独立董事能够通过四个层次嵌入企业内部网络,发挥监督和专家作用,但是如何将理论框架的分析范式转化为可供操作的有效策略,就需要在独立董事特征与企业绩效之间建立一条有效的渠道,从而推进独立董事对企业绩效的现实功效。作为独立董事制度提升企业绩效的输入环节,企业的资本结构将从股权结构和债权结构两个维度影响企业内部的权力配置,特别是剩余控制权的配置,进而决定企业内部委托代理关系引发的代理成本类型,独立董事作为制度安排的产物,利用其在董事会中的投票权,通过监督职能降低代理成本,降低企业效率损失,进而提高企业获益。与此同时,独立董事可以通过自身拥有的异质性人力资本属性及社会网络资源能力嵌入社会网络,为企业提供重要的战略资源,进一步提高企业核心竞争力,获取稳定绩效。但是无论是监督代理成本,还是嵌入社会资源,独立董事个人的主观能动性都将对独立董事制度最终的效率产生重要的影响。在充分考虑独立董事无差异的制度属性及异质性人力资本及主观态度属性后,结合独立董事整体的规模与比例,综合监督与专家嵌入职能,企业最终将形成独立董事的系统。该系统将是企业治理效率及资源配置效率的重要评判指标,对该系统的有效监控将为投资者决策提供重要依据。简言之,监督、嵌入是独立董事提升企业绩效的两条主要路径(如图4-2所示),则监管谁、如何嵌入及评价什么就成为关键。

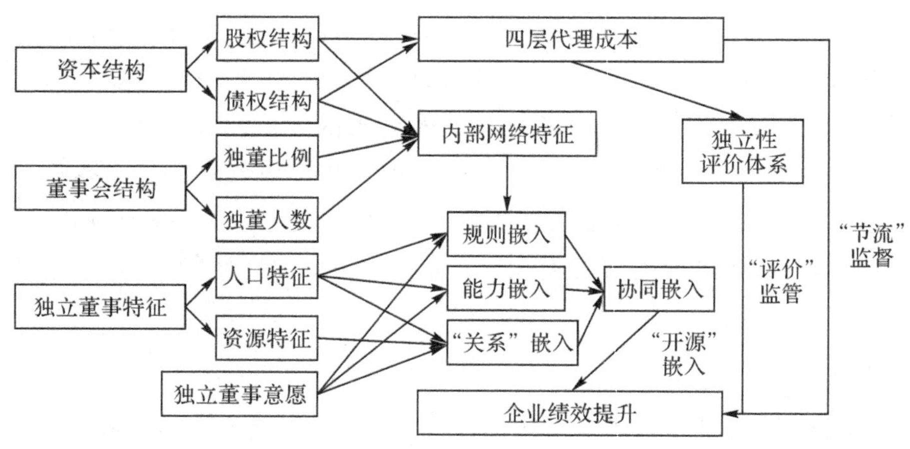

图 4-2 独立董事提升企业绩效的传导机制

4.3.1 "针对独立性"监督:独立董事"节流"提升企业绩效

四类代理成本明确了独立董事监督的对象,对应不同的委托代理关系,独立董事的监督重点也是不同的:股权结构单一或股权高度分散,又或是股东群体利益一致等情况下,独立董事关注的是代理人是否尽责守法(英美公司治理模式与中国的家族控股企业较为明显);在股权结构复杂、大股东控股的股权结构下,如果代理人是职业经理人,那么独立董事的监督对象就转变成了代理人的"败德行为"及与大股东的串谋行为;当大股东控制企业所有权和经营权时,"掏空行为"则成为独立董事的监督重点。基于上述分析,所谓的独立董事的独立性,并非完全意义上的独立于股东或大股东的独立性,而是一种相机治理思路,是一种针对监督对象的"针对独立性"。因此,独立董事的来源自然也会根据监督对象进行有针对性的遴选。独立于股东群体与经理人群体的第三方强制性"选派"是最有可能有效聘用具有针对性监督职能的独立董事的。

这种针对性的选派往往是监管部门针对企业股权结构及治理特征而采取的应对性策略,往往是具有后发优势的博弈最优解,但不足之处在于这种机制干预了企业内部的经营自由,并非在所有类型的企业都能够行得通。而在现有的制度环境下,国有企业的独立董事往往是上级国有资产管理部门委任的,很大程度上具有针对性,如果有效运作,将能够最大限度发挥该制度的有效性。事实上,现有国有大型企业的独立董事也在发挥着这样的作用,耶鲁大学教授陈志武在中石油的决策中毅然投出反对票正是这种监督职能的充分体现。在充分发挥独立董事监督职能的情况下,企业的战略决策和执行可以得到充分的论证和监控,减少了代理成本的效率缺失,在不改变经营业绩的前提下,企业绩效就得到了显著的提升,但最终的结果往往不仅仅局限于此。立足监督者的视角,在企业实际运行层面,独立董事发挥监督作用的关键,在于独立董事作为决策力量能否在董事会中形成自己的话语权,那么独立董事在董事会中的比例将成为重要的筹码。

4.3.2 "梯度"嵌入外部资源:独立董事"开源"提升企业绩效

从社会网络视角看待董事的公司治理行为是研究独立董事制度的一个新视角。立足社会学的镶嵌理论,谢德仁等(2012)指出,董事的行为镶嵌于社会网络之中,连锁董事网络是一个载体,连锁董事作为维系这个网络的纽带,将多个企业链接在一起。郑方(2011)指出,连锁董事通过输送网络中蕴含的社会资本来实现连锁董事网络的价值。通过连锁董事关系网络,企业之间可以互相利用资源、协调关系、获取信息,进而提高企业各项资源获取能力和应对外部环境不确定性的能力,并提高公司董事会的效率和企业经营效率。作为外部董事,独立董事要发挥作用必然要"有效嵌入"履职企业的内部网络中去,在现有的独立董事形成机制下,作为"结构洞"关联内外部社会网络。立足社会网络理论不难发现,独立董事往往作为稀缺的异质性人力资本而受到企业内部人的青睐,而选择独立董事的关键就在于其蕴含的企业缺乏的资源,这种资源既来源于独立董事自身的专业性,同时也包括其拥有的外部社会网络资源。因此,要发挥独立董事的价值,就要让其有效地链接任职企业内部社会网络与自身所处的外部社会网络;而相对企业内部人而言,独立董事体现出相对于企业的独立性越强,则外部资源嵌入企业内部网络所面对的阻碍就越大,而放弃独立性发挥"内部人"的作用才是独立董事的价值体现,也就是学界所指出的"专家咨询者"职能。

进一步说,社会网络视角是在原有委托代理视角下的独立董事职能的丰富与完善,而非真正对立的两种理论,而独立董事自由聘任则更能体现企业对外部专业性的重视,同时独立董事自身的道德素养与企业的股权结构，将决定独立董事能否发挥应有的监督作用和专家作用。但是与监督机制不同之处在于，由于不同独立董事作为稀缺的异质性人力资本，拥有的社会网络资源是不同的。而对企业而言，每个独立董事都是一个衔接内外部社会网络的“结构洞”，而外部网络是可以叠加发挥作用的，因此，独立董事作为企业的宝贵资源，数量越多为企业带来的社会资本就越丰富，独立董事的绝对数量就显得非常关键。同时，作为嵌入的行为主体，独立董事在嵌入和链接企业内部社会网络的过程中，必然经历一个逐步获取企业信息，进而发挥自身监督和专家作用的过程，而这种过程可以归纳为“梯度”嵌入策略。独立董事初步进入企业，对企业内部信息了解不充分，因此，第一个嵌入层次应该是规则嵌入，独立董事个体要按照相关规定认真履行相关职责，参加决策会议，合法行使权力；第二个层次是专业嵌入，在符合相关规则的情况下，独立董事立足自身的专业特点，有效地监督企业内部的财务、法律、战略等内容，通过专业能力获得企业认可，为企业创造价值、规避风险；第三个层次是资源嵌入，独立董事不仅能在企业现有资源情况下为企业决策把关，而且能够主动提供和联系商业机会及外部资源，为企业发展提供资源，充分获得企业认可，发挥个人最大效力；第四个层次是协同嵌入，公司的最终目标是让独立董事作为团队有效分工协作，链接外部资源协同嵌入企业内部网络，为企业发挥“1＋1＞2”的效果。

4.3.3 中国情景下独立董事提升企业绩效路径分析：对比国有企业与民营企业

在经济社会体制改革步入攻坚阶段的中国，企业与资本市场发展都呈现出鲜明的特征，独立董事制度在提升企业绩效的过程中必然体现出新的变化。融合独立董事发挥作用的两种不同机制，本书进一步论证民营企业与国有企业的独立董事制度对企业绩效影响的差异性。从监督职能的角度而言，目前民营上市公司的独立董事大部分由大股东提名或推荐，这种让被监督者来选择监督自己的人的方式，从根本上就难以保证独立董事的独立性，难以有效地对大股东及代理人进行监督，背离独立董事“诚实信用，勤勉尽责”的职业使命。相反地，近些年来，政府对国有企业的改革十分关注，费尽各种人力、物力、财力改善国有企业的治理现状，如引进独立董事制度来解决国有企业“一股独大”局面下的内部人控制问题,保护中小股东的合法权益。根据以上分析,这种不经过企业本身,由国资委直接任命独立董事的被动行为,在企业治理中起到的监督作用应该优于民营企业。民营企业选聘独立董事的关键在于大股东或董事会能否“慧眼”识别独立董事的能力和品质。这种任命上的相对主动可以使企业立足自身发展需要,聘用“性价比”更高的独立董事,高素质的独立董事必然能为企业提供异质性人力资本。具有行业专长的专家能够从专业的角度对公司的战略和经营决策发表意见,从局外人的角度提出专业性的建议来解决企业面临的问题。

对于股权结构较为单一的民营企业,代理人是家族成员的比重较大,监督职能于独立董事而言尽管存在,但是专家的职能更为突出,民营企业所有者通过加大独立董事数量的方式力图获取更多的社会资源,在部分省份甚至较为普遍地存在独立董事数量在3—4名之间,在董事会占主导性的情况。而国有企业股权结构相对复杂,利益群体博弈更为激烈,独立董事更为关键的作用在于通过有效监督的方式解决由代理成本形成的效率缺失问题,进而达到提升企业绩效的作用,此情景下监督的价值更为凸显。因为独立董事群体在董事会具有一定的话语权是实现监督效能的基本保障,董事会中独立董事的比重波动将直接影响对企业战略决策的话语权,因此,相对人数比重对国有企业更有价值。

上述理论表明,独立董事发挥作用是高度依赖于所在国家或区域的经济、社会发展环境的,作为普适性的理论模型能否适合中国的实际就需要经验数据进行分析和验证。中国的独立董事制度能否及是否提升了企业绩效?独立董事发挥作用主要是基于在董事会中的话语权而进行有效监督,还是立足个体的人脉和网络资源?在独立董事比重和数量上,哪个对企业绩效更具有促进作用?国有企业和民营企业是否体现出作用路径的差异性?这些问题的经验数据分析,将对切实解析独立董事制度发挥作用的内在机理起到关键性的作用,也是提出指导中国独立董事制度发展的现实依据。

第5章　独立董事尽责行为的微观机理研究:基于工作角色的视角

5.1　制度视角下的独立董事认知困境

就一般意义而言,独立董事是公司治理结构下的一种制度安排。在不同的法律环境和公司治理体系下,尽管独立董事的职责和角色定位存在一定的分歧和差异,但是无论是立足专业人力资本的专家角色,还是立足大股东治理下维系中小股东和其他利益相关者权益目标的监管者角色,通过设置该角色来完善治理结构的目标都是一致的。这种基于制度设计视角的独立董事认知,是独立董事合法性存在的有力支撑,解决了独立董事存在的合理性,但是由于制度分析的个体同质性假设,实践运作中出现了很多难以解释的问题。

首先,独立董事个体能力的异质性给界定独立董事的角色提出了难题。2006年,深交所的一份研究报告《独立董事:监督者还是咨询专家?》以我国民营上市公司为研究样本,通过实证研究得出的结论是:在我国民营上市公司中,独立董事扮演的角色是"企业顾问"而不是"监管者"。[①]这个结论一方面来自企业经营复杂性的提高,增加了对外部专家的需求量;另一方面于民营企业而言,独立董事对内部控制水平很强的所有者的监管力量是很薄弱的。但是交易所等机构及监管部门对企业独立董事的定位,更注重治理结构监督为主的监管者角色,此时角色定位就存在了多元的选择。无论哪种角色定位,于每个独立董事个体而言,对自身的能力

---

① 赵立新、汤欣等:《走出困境:独立董事的角色定位、职责与责任》,法律出版社2010年版,第41页。

是有一个明确的认知的,究竟该发挥什么作用,不仅仅取决于企业和监管部门需要其发挥什么作用,更取决于他能发挥什么作用。行业技术背景出身的独立董事在行使专家职能时就具有自身的优势,而让其对财务报告进行监督就存在弊端;财务专家对报表业务具有很强的掌控力,但是涉及战略运营也存在自身的不足。因此,制度视角的角色认识忽视了独立董事异质性人力资本能力的差异性,因而在指导实践过程中,必然有定位困难、存在分歧的问题。

其次,独立董事个体意愿的差异性,也给制度设计的实际绩效带来了巨大的影响。制度设计的同质性是建立在理性经济人假设下的行为分析,但是作为具有较强主观能动性的微观个体,合法、合理的制度并不一定会产生预期的结果,个体的不作为或违规行为都会影响最终的制度绩效,独立董事制度也不例外。具有专业人力资本的独立董事,产生应有作用的重要前提是其"独立性"的体现,这种独立于公司管理层和控股股东的制度设计,其职责就是没有偏袒管理层的必要或倾向,能够在董事会内外、在管理层有错误行为时当面指出,以保护中小股东利益。但是独立董事是否愿意主动承担这个职责,很大程度上不仅仅取决于个体能力的专业水平,还取决于个体的主观能动性,以及其是否愿意发挥自身所具有的专业能力。现实公司治理环节过程中,独立董事充当"签字董事""举手董事"的现象屡见不鲜,这种个人不积极作为的情况,在制度设计视角下是不能有效解决的。依靠有限的薪酬激励和严格的惩罚机制,也难以让独立董事真正地调动起自身的积极性,最终他们往往选择"用脚投票",放弃独立董事的角色,明哲保身。

因此,立足制度视角能够解释独立董事存在的合理性,但是却难以有效引导独立董事发挥应有的制度效力,其症结在于过度抽象了独立董事主体的异质性,采用同质化的假设来构建公司治理制度体系。因而立足主体异质性视角,还原独立董事的行为方式,就成为解析当前独立董事尽责机制的关键。

5.2 工作角色视角的独立董事再认识

兼顾独立董事制度设计的同质性,同时考虑到独立董事个体的差异性特征,一个有效的分析框架就是将独立董事抽象为一个工作角色。工作的内容是制度设计的规范,但是最终工作绩效取决于承担这份工作的人员在整个工作过程中的表现,工作者自身的能力、意愿及工作过程中所面对的环境,都将最终影响该工作的绩效,从某种意义而言,独立董事就是所在企业的一名特殊员工,只不过在层级和职责上比较特殊而已。

根据工作角色理论,组织中的每个职位都应该具有其确定的一系列职责,只有这样,管理者才能给予员工适当的行为指导。如果员工并不知道自己的权利范围如何,自己被期望干些什么,那么在行动上就会表现得犹犹豫豫,或者对决策可能会存在的潜在危险感到害怕。(Jackson et al.,1989)明确工作角色会促使员工产生一种能量感,因为员工对于需要做些什么知道得很清楚。(Spreitzer,1996)事实上,工作角色很少能事先明确规定好,并且在角色的赋予者与角色的扮演者之间存在一个非常明确的角色再形成过程。角色定义过程的困难、工作或组织固有的限制、管理风格的差异都会带来工作紧张感、员工压力和对员工态度的消极影响。(Schaubroeck,et al.,1993)好的角色判断力和对工作角色的创新,会激发员工对他们工作的想法并对态度具有积极的影响。(Gregersen et al.,1992)[①]总之,实现一个工作角色本身必然是一个复杂的博弈和充满压力的过程,因为确实存在员工期望的工作方式或目标与组织希望他承载的角色不一致的情况,这个协调过程必然是非常复杂的。

独立董事履职过程中所面临的复杂问题,完全适用于上述工作角色理论所论及的内容。作为一份特殊的工作,很多担任独立董事的专业人才,如财务专家、律师、学者等都不了解这份工作究竟需要做些什么,除了

---

① Dail L F:《工作评价——组织诊断与研究实用量表》,中国轻工业出版社 2004 年版,第 33 页。

相关法律法规规定的基本义务和严禁发生的行为外,如何体现自己的价值就是一个突出问题。很多独立董事并不知道自己的权力范围如何,自己被期望干些什么,在具体的履职过程中一种选择就是盲从,大股东或内部董事想让他做什么,他就做什么,需要他在哪里签字照做就好,成为"附和者""签字董事"。另一个策略就是不作为,在董事会决策过程中表现得犹犹豫豫,或者对决策可能会存在的潜在危险感到害怕而选择弃权,进而影响公司正常的决策效率。

除了上述问题外,具有一定任职经验、熟悉自己权利和义务的独立董事在履职过程中也会存在困惑或紧张的情况。造成这种局面,很重要的一个原因就是独立董事自己定位的角色与大股东或内部董事预期的角色不相符而产生冲突和协调困难,如公司聘请一位行业专家的初衷是借助其专业领域的影响力提升企业的价值,确保其在行业发展中的前沿性,但是该行业专家却以维护中小股东和其他利益相关者的权益为己任,注重非专业领域的企业行为,两者就产生了直接的冲突,这种冲突的结果一方面会导致在重大决策协调上的不一致,影响企业的决策效率;另一方面也会导致独立董事在履职过程中对自身角色定位的混淆和迷茫,影响其履职的积极性和创造性,最终使得自身价值难以有效发挥。

当然,独立董事在履职过程中存在的问题不仅仅局限于上述方面,但是立足工作角色视角,确实有助于对独立董事履职的微观过程有一个更为清晰的认识,进而揭示影响独立董事尽责履职的因素。

5.3 独立董事尽责行为的微观机理解析:基于工作角色视角

5.3.1 独立董事尽责的条件分析

独立董事要想实现"诚实信用,勤勉尽责"的工作目标,要具备三个条件:

首先,独立董事要具备尽责的能力,也就是"他有能力尽责"。

独立董事的候选对象,往往是和企业经营管理密切相关的专业性人力资本,主要集中在财务管理、法务管理、战略管理、风险管理及其他专业能力方面的人力,因此可以发现,现有的独立董事主要集中在注册会计师、税务师、律师、专家学者等高级知识分子群体中,他们的专业知识和经验将能够为尽责履职奠定坚实的基础。

独立董事尽责能力又可以从两个方面解析:一方面就个体人力资本而言,独立董事的学历、专业、工作经历、政治背景等众多人口学特征,都能够成为能力彰显的信号,高学历、有专业资格认证、丰富的履职经历都会为独立董事最终尽责履职,为企业发挥积极作用奠定基础;而另一方面,独立董事往往还具有丰富的社会资本,由于专业特点及履职经验,独立董事可能在某个领域、某个区域、某个行业具有深厚的人脉与社会网络,这些能够为企业带来额外的收益,都为独立董事尽责履职奠定了基础,加之人力资本与社会资本是客观存在的,是不以个人意愿而发生变化的,因此,这些是影响独立董事尽责的客观因素。

其次,独立董事具备尽责的态度,也就是"他愿意尽责"。

独立董事作为一种工作角色,能否发挥应有的效力,很大程度上还取决于独立董事当事人的个人态度,即他是否愿意履行相应的职责,发挥自己的效力,否则将采取不作为的方式,消极地对待该工作。而影响独立董事态度的最重要因素就是,最初的工作角色定位及这个工作定位是否有效地实现。

事实上,对于独立董事而言,担任独立董事的初衷都是不同的,不同的独立董事具有不同的价值诉求,既有努力想把理论运用到实践的"传播者",也有为增加经济收益而履职的"务实者",还有为了帮助朋友而出山的"客串者",有受政府部门委托而履职的"监管者"。众多的价值诉求使得独立董事在履职之初,就会对最终的工作绩效产生很大的影响。

能够体现独立董事最终工作角色定位的因素主要表现在两个方面:一方面是独立董事的来源,大股东推荐的往往是与自身具有较好关系的专业人士,而政府推荐的则更多的是具有监管属性的专家,毛遂自荐则很大程度上体现了独立董事发挥个人专长服务社会的热忱,尽管这样的个案不多;另一方面,对履职之初的角色定位也很大程度上能够体现独立董事的工作热情,独立董事往往能够在专业性、监管性和协调性三个角度发挥自己的作用,如果独立董事对自己在其中某一个或多个方面的作用有很清晰的认知,对自己的价值有较高的期望,则能够表明他有强烈愿望想发挥自己的专长,反之则更多的是形式上的参与而已。

最后,独立董事具备尽责的条件,也就是"他能够尽责"。

由于独立董事自身的角色定位要在实际的工作环境中才能加以实现,如果工作过程中条件对角色定位产生了很强的干扰,那么结果也必然会偏离独立董事最终的预期。大部分对工作角色的研究都很重视角色冲突和角色混淆。

角色冲突是指不同角色期望或同一角色不同方面之间的相互矛盾性。独立董事出现角色冲突的情况是很普遍的,主要体现在大股东对独立董事的角色定位往往与独立董事自身的定位存在差异。作为公司治理制度的硬性规定,独立董事是必须执行的制度安排,而习惯于内部控制的大股东往往希望独立董事不要发出异样的声音,而出于对自身专业性及对公司负责的态度,独立董事就可能与大股东产生认识上的分歧。此外,由于独立董事往往是兼职担任,就可能涉及多方利益自身发生冲突的可能,最终产生工作的角色冲突。

角色混淆是指对实现某一角色采取什么行动的不定性。独立董事在履职过程时,特别是初次履职过程中,往往不了解自己要通过什么样的方式、什么样的流程来体现自身的价值,觉得无所适从。同时,独立董事还可能不清楚自己要做到什么程度才是尽责履职的表现,在对自己工作绩效的认识上存在混淆。

除了工作角色冲突和工作角色混淆外,工作角色过载也是造成自身工作价值难以体现的重要因素。工作角色过载的定义是指员工被要求完成的活动或任务与完成此任务所需要的时间和资源存在不一致。很多独立董事都是具有较多社会工作的专业人才,当自身的工作内容过多,时间、精力有限时,就会对担任独立董事力不从心,没有精力去发挥自己的价值。

独立董事在工作过程发现很多工作压力源,如角色冲突、角色混淆、角色过载,它们单个或同时存在于工作环境中时,有效的工作就会变得非常困难,当这种工作压力超出了独立董事的承受能力时,工作态度和行为就有可能变得恶化。(Erera-Weatherley,1996)

5.3.2 独立董事尽责的微观过程分析

基于上述条件分析，独立董事充分发挥自身工作角色价值的过程就较为清晰，主要体现为三个阶段：事前的工作角色定位、履职过程的工作角色演进、最终履职的工作角色影响。三个阶段彼此衔接，最终形成独立董事尽责履职的微观过程。

(1)第一阶段：事前的工作角色定位

无论是出于什么样的来源方式，当某位专家有机会成为公司的独立董事时，他往往会对即将开展的工作进行一个预期，这种预期是建立在对自身和目标公司信息的基础上的，由于存在着信息的不对称，专家和公司的内部董事很可能对独立董事工作角色有不同的预期。该专家在充分评估自身能力、时间、风险后做出自己在该公司任独立董事的角色定位，这种定位往往不是单一职能的程度差异，如做个称职的财务管理专家或是挂名的审计专家，更普遍的是一种符合独立董事的角色定位，角色中既包含了立足自身专业特长的专家咨询属性，也包括了立足公司治理体系完备性的监管职能，还包括对董事会内外部成员之间的协调职能。

当然，这个角色定位是基于自身的人力资本和社会资本的综合认知和评价，这些就构成了独立董事尽责履职的输入变量，是影响最终工作绩效的主客观因素。

(2)第二阶段：履职过程的工作角色演进

在独立董事履职过程中，在具体的公司文化、管理者风格及流程规范下，独立董事的工作角色预期会受到工作压力的干扰，这种压力主要来源于工作角色冲突、工作角色混淆及工作角色过载。当独立董事找不到发挥自己价值的途径，或者觉得自己不适应公司的流程和制度时，就会产生工作角色混淆；当独立董事自身有明确的角色定位，或者自己的观点与大股东产生了冲突，被质疑和否决时，就可能产生公司角色冲突；当自己低估了该独立董事工作的工作量，难以抽出足够的时间、精力来履职时，工作过载也就不可避免地产生了。

三种不同的工作压力干扰将会对独立董事最初的工作角色定位产生影响。独立董事在强大的干扰下既可能保持自己的定位不动摇，也可能调整自己的角色定位适应企业内部董事，还可能“用脚投票”，放弃该份独立董事工作角色。

(3)第三阶段:最终履职的工作角色影响

无论独立董事工作角色是否受到工作压力的干扰,最终都会产生两种不同路径的工作角色影响,也就是对企业绩效的影响。一个路径是由于独立董事自身的人力资本、社会资本给企业带来的无形影响,如企业聘用了行业某知名专家将会有利于加强投资者和其他利益相关者对企业技术研发的信心,进而影响企业的现实绩效。另一个路径则是通过独立董事的工作角色履行而对企业绩效带来切实的影响,这种影响可以表现为独立董事积极作为而为企业带来额外收益,也可能是独立董事不作为而引发企业风险。

因此,基于上述三个阶段的归纳,笔者肯定了独立董事作为一种工作角色是一个微观主体的行为演进过程,其间涉及了多元化的因素,但往往都是立足主观和客观路径对企业绩效产生影响,这也是其发挥作用的微观过程。

5.3.3 独立董事尽责的系统机理概括

综上所述,独立董事实现"诚实信用,勤勉尽责"的工作目标是一个主观与客观因素综合作用的复杂过程。一方面,作为异质性的人力资本,独立董事自身的教育水平、专业素养、工作经历及关联的社会网络资源,都将为企业社会资本积累及运营风险规避产生积极的影响,这是客观存在的必然效应。而另一方面,独立董事履职之初往往有自身的角色定位,这种定位往往兼顾监督职能、专家职能与协调职能,但是由于工作过程中存在时间、精力有限造成的角色过载,自身代表的利益目标(如维护中小股东利益)和董事会其他成员(特别是大股东)存在分歧而造成的工作角色冲突,以及由于董事会在工作流程、绩效标准及工作内容上没有给独立董事明确规则而造成的工作角色混淆,最终将导致独立董事的不作为或违规行为,给企业带来影响。因此,本章将通过"客观因素"与"主观行为"两个维度构建独立董事尽责行为的微观机理,具体如图5-1所示。

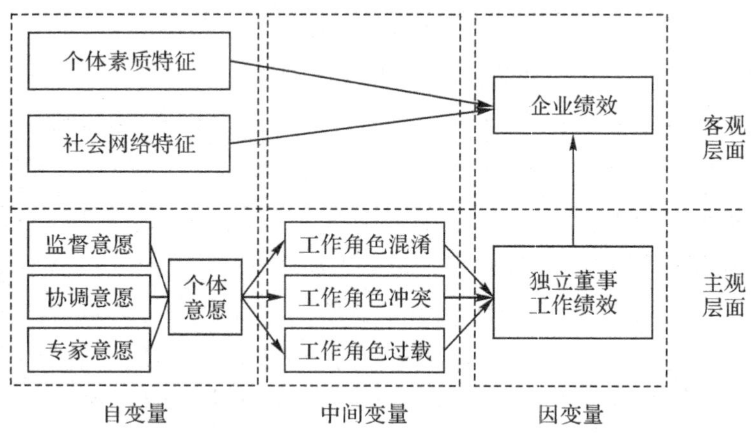

图 5-1 独立董事尽责行为的微观机理

5.4 理论分析假设与实证检验设计

5.4.1 理论分析形成的基本假设

基于前三节的分析，笔者构建了独立董事尽责的微观机理，并从主观和客观视角提炼了独立董事尽责行为的自变量、因变量和中间变量，从而将影响独立董事行为的复杂变量有机地梳理为三个维度，初步形成了理论分析的结论，这些结论还没有经过实证数据的验证与支持，因此只能作为假设。

H1：独立董事个体的人力资本特征将会为企业绩效带来显著影响。

独立董事个人的人力资本特征作为一种能力的象征，将为企业带来有形和无形的资产，高素质的人力资本往往是高能力与高素质的代表，将有助于为企业提供战略资源、规避经营风险，但是具体的人力资本特征变量有待进一步挖掘与分析。

H2：独立董事的社会网络资本会为企业绩效带来显著影响。

独立董事作为桥接公司内部社会网络和外部社会网络的“结构洞”，具有重要的资源交换和协调作用，独立董事积累的丰富的社会网络资本，特别是形成连锁董事的特殊社会网络形态，将为企业业绩带来积极的影响。什么样的社会网络？社会网络的“质”与“量”哪一个是更为关键的因素?将是需要进一步挖掘的要点。

H3:独立董事最初的工作角色定位将会对履职过程中的工作压力干扰产生影响,进而会对工作绩效产生影响。①

基于前文分析,独立董事履职过程是一个工作角色演进变化的过程,最初的工作定位与工作过程的对应,将会对工作过程中的工作压力干扰水平产生影响,而工作干扰的程度又将直接影响到工作绩效,因此,"工作角色定位—工作角色干扰—工作绩效"将是一个具有显著关联的逻辑链条。

5.4.2 实证检验设计

立足前文的三组核心假设,如何通过有效的实证数据加以验证就是非常关键的过程,直接决定了本书研究结论的确立。为了将负责的过程明晰化,根据图 5-1,笔者将独立董事尽责行为的微观机理分为主观和客观两个层面,因此,实证也立足两个层面而分别设计:立足主观层面将采用行为量表的问卷方式加以验证;立足客观层面将以上市公司为样本,通过大样本的计量统计加以验证,并针对人力资本和社会网络资本的差异性,采用不同的分析路径加以验证,具体的研究技术路线如图 1-2 所示。

立足主观层面,将采用行为量表的问卷方式来研究独立董事工作角色行为对企业绩效的影响。关于独立董事工作角色行为的衡量,采用 Zellars et al.(1999)开发的工作角色量表,分析工作角色混淆、工作角色冲突与工作角色过载这些干扰因素如何影响独立董事的工作意愿,并对该量表进行改进,开发新的量表,其中问卷的内在逻辑关系如图 5-2 所示。借助与深交所和上交所的工作联系,利用每年举行的多次独立董事资格培训,以及通过所在省份的金融办等部门,对上市公司及拟上市公司的独立董事进行问卷调查。在正式数据收集之前,先进行小样本的预测,根据预测数据得到的研究结果,再对整体设计做进一步的研究和调整,最后实施正式的调查。本部分笔者通过 SPSS 20.0、AMOS 5.0 软件对数据进行处理,定量地描述独立董事工作角色形成机理,揭示主观层面下独

① 基于 H1 和 H2,笔者肯定独立董事能够对企业绩效产生正向影响,其工作绩效的程度将直接决定这种影响的幅度和水平。

立董事不尽责的原因。

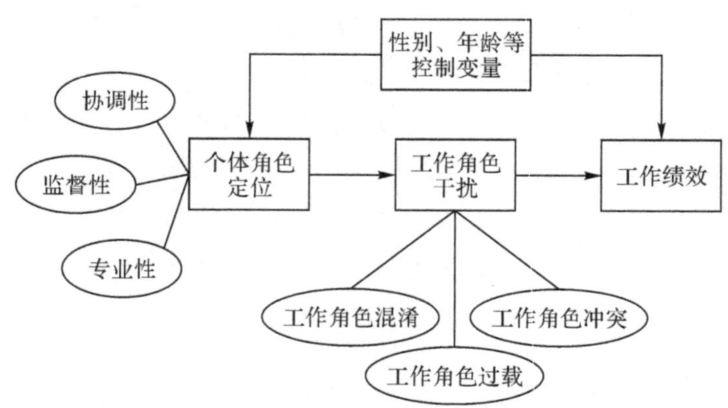

图 5-2 独立董事工作角色问卷逻辑关系

立足客观层面,首先针对 H1,可以采用计量统计方法加以验证。考虑到独立董事团体特征与个体特征的差异性,变量的选择根据群体和个体两个维度分别确立。运用计量分析方法,首先收集数据,然后对数据进行预处理,再用 STATA 11.0 统计分析软件进行回归分析。就变量设计而言,通常选取托宾 Q 值来衡量企业绩效。独立董事的群体特征通过独立董事人数和比例两个变量来衡量。描绘独立董事的个体特征的变量较多,包括独立董事的年龄、性别、学历背景、职称、政治关系等。考虑到企业绩效会受到以上列举变量之外的因素(如企业规模)的影响,需要对这些变量进行控制,进而构建线性回归方程:

$$TQ_{it}=\alpha+\beta_1 x_{it}+\beta_2 y_{it}+\beta_3 z_{it}+u_{it} \tag{5-1}$$

TQ_{it}表示企业 i 在 t 年的长期绩效;x_{it}表示独立董事的群体特征,包括独立董事人数、比例;y_{it}表示独立董事的个体特征,包括独立董事年龄、学历背景等;z_{it}表示控制变量;α 和 u_{it}分别表示截距项和残差项。通过方程的建立,可以大致了解到研究中涉及的被解释变量和解释变量之间的关系。

其次,独立董事之间已经形成特殊的社会网络体系,单纯地进行计量分析难以有效解析独立董事网络为企业带来的影响。考虑到网络特征变量与一般变量的差异性,这里需要结合计量分析方法和社会网络分析方法来进一步探究独立董事的社会网络特征对企业绩效的影响。采用社会网络分析方法,先用 MATLAB 软件进行数据预处理,然后运用 UCINET

6.0 软件进行连锁董事网络的分析,得出企业的中心度指标,最后运用 STATA 11.0 统计分析软件进行线性和非线性的回归分析。通常研究中以净资产收益率 ROE 来衡量短期绩效,以托宾 Q 值来衡量长期绩效。董事网络分为连锁董事企业网络和连锁董事成员网络,以程度中心度(degree)、中介中心度(betweenness)、接近中心度(closeness)来衡量网络中心度的数量,以特征向量中心度(eigenvector)来衡量网络中心度的质量。另外,地域趋同性也是重要的组成部分,应予以考虑,用 R-convergence 表示。考虑董事规模用 L-share 表示,独立董事规模用 I-share 表示,以企业规模和连锁董事任职年份作为控制变量,构建线性和非线性回归方程。

社会网络分析一方面使得独立董事的连锁关系更加直观,另一方面为计量研究提供了数理基础。

第 6 章　独立董事群体特征对企业绩效影响的实证研究

本章所研究的独立董事群体特征包括独立董事的绝对和相对数量特征，即独立董事人数和独立董事比例。首先，本章将在四层委托代理嵌入模型的基础上进行研究分析，并提出假设。在第二部分将提出各变量的测量及研究数据的收集与描述性统计。再者，本章将利用 STATA 11.0 软件对所收集到的数据进行面板数据的分析，得出结论。

6.1　理论分析与研究假设

中国的独立董事制度能否及是否提升了企业绩效？独立董事发挥作用是主要基于在董事会中的话语权，还是立足个体的人脉和网络资源？在独立董事比重和数量上，哪个对企业绩效更具有促进作用？现有的文献研究结果并没有形成统一的认识，原因之一是以往研究采用数据驱动型的研究方法，只是单纯研究独立董事人口学特征对企业绩效的影响，缺乏对现有独立董事制度的实际运作过程的关注。而在现有的制度环境中，国有企业的独立董事往往是上级国有资产管理部门委任的；民营企业的独立董事选聘在不违反相应法律和规定的条件下，仍是由企业自身做主，拥有相对的选聘自由。相较之下，这两种选拔途径各有优劣。

根据四层委托代理嵌入模型(具体内容见第 4 章)，独立于股东群体与经理人群体的第三方强制性“选派”是最有可能有效聘用具有针对性监督职能的独立董事的。这种针对性的选派往往是监管部门针对企业股权结构及治理特征而采取的应对性策略，往往是具有后发优势的博弈最优解，但不足之处在于这种机制干预了企业内部的经营自由，并非在所有类型的企业都能够行得通。现有国有大型企业的独立董事也在发挥着这样的作用。在充分发挥独立董事监督职能的情况下，企业的战略决策和执行可以得到充分的论证和监控，减少了代理成本效率缺失的情况，在不改变经营业绩的前提下，企业绩效得到了显著的提升，但最终的结果往往不仅仅局限于此。立足监督者的视角，在企业实际运行层面，独立董事发挥监督作用的关键，在于独立董事作为决策力量能否在董事会中形成自己的话语权，那么独立董事在董事会中的比例将成为重要的筹码。因为独立董事群体在董事会具有一定的话语权是实现监督效能的基本保障，董事会中独立董事的比重波动将直接影响对企业战略决策的掌控力。

但是民营企业的实际运行状况又不太一样。对于股权结构较为单一的民营企业而言，代理人是家族成员的比重较大，监督职能对于独立董事而言尽管存在，但是专家的职能更为突出，民营企业所有者通过加大独立董事数量的方式力图获取更多的社会资源。民营企业选聘独立董事的关键，在于大股东或董事会能否"慧眼"识别独立董事的能力和品质。这种任命上的相对主动可以使企业立足自身发展需要，聘用"性价比"更高的独立董事，高素质的独立董事必然能为企业提供异质性的人力资本。具有行业专长的专家能够从专业的角度对公司的战略和经营决策发表意见，从局外人的角度提出专业性的建议来解决企业面临的问题，从而提升企业绩效。基于上述分析，提出如下假设：

H1：民营企业的独立董事数量与企业绩效呈正相关关系；

H2：国有企业的独立董事比例与企业绩效呈正相关关系。

6.2　研究变量与样本

6.2.1　研究模型与变量

(1)被解释变量

笔者采用以市场价值为基础的托宾 Q 值来衡量企业价值。许多学者将托宾 Q 值作为上市公司业绩表现的指标加以利用，如娄伟通过对 1998—2000 年各年度托宾 Q 值与基金持股比例的回归检验，以及托宾 Q 值和第一大股东持股比例的回归检验，对基金持股和上市公司业绩相关性进行实证分析。

(2)解释变量

因为独立董事的选择过程及独立董事的日常工作难以被观测,笔者无法直接量化独立董事的作用,但是董事会的结构和数量是可以被观察的。所以笔者选择了独立董事比例和人数两个指标作为解释变量。具体而言,本章采用人数来表明独立董事规模优势,用 Idn 表示。比例方面,用独立董事人数与董事会总人数的比值来描绘独立董事的相对数量,用 Idr 表示。

(3)控制变量

影响公司综合业绩的因素是多方面的,一些研究表示,企业规模代表企业获取资源和实现投资机会的能力,也反映了过去绩效的积累,会对企业绩效产生影响。结合前人的研究经验和观点,笔者选择公司规模作为控制变量,用公司总资产的自然对数 lnsize 表示。另外,在下面的实证研究中,笔者也将全部样本按照企业类型进行了划分,具体做法是将民营企业赋值为 0,国有企业赋值为 1。

模型主要是探究在控制企业规模的情况下,不同企业类型中独立董事制度对企业绩效的影响差异。本章设定如下面板计量模型:

$$TQ_{it} = \alpha + \beta x_{it} + \gamma z_{it} + \mu_{it} \tag{6-1}$$

TQ_{it} 表示企业 i 在 t 年的长期绩效;解释变量中的 x 表示自变量独立董事的群体特征,包括独立董事人数(Idn)和独立董事比例(Idr);解释变量中的 z 表示控制变量企业规模(lnsize);α 和 μ_{it} 分别表示截距项和残差项。根据选取样本的类型做三次回归,分别为全样本、国有企业样本及民营企业样本。

6.2.2 样本数据的选择和描述性统计

本章以中国 2008—2012 年度 A 股上市公司为研究样本。为了保证数据的质量,笔者对这些研究样本进行了预处理,剔除了以下样本:①财务数据异常的 ST、* ST 公司;②部分指标数据缺失的上市公司;③金融类上司公司;④2009 年及以后年度上市的公司。经整理,最终研究样本为 930 家企业,4 650 个数据,其中 540 家国有企业,390 家民营企业。上市公司样本数量的行业具体分布情况见表 6-1。

表 6-1　930 家上市公司样本在不同行业的分布

行业代码	行业名称	公司数量
0002	公用事业	79
0003	房地产	67
0004	综合	151
0005	工业	551
0006	商业	82

本章数据来源于两部分：一是国泰安数据库中 2008—2012 年上市公司公开披露的数据；二是从上市公司公开的年度报告中补充的一些缺失数据。

(1)企业价值

笔者将两种类型的企业价值进行比较(表 6-2)。结果发现，国有企业与民营企业的托宾 Q 均值分别是 1.769 0、2.038 2，相差不大，但是前者的企业价值要低于后者。首先，这可能是因为近些年来，国家对民营企业的政策和过去相比有了很大的变化，政策的放宽给民营企业带来了更多的机会。其次，民营企业的机制要比国有企业更加灵活，从而更容易吸引具有创新能力的人才，获得更多的异质性人力资源。再者，也可能是由于经过多年市场磨炼，民营企业积累了丰富的市场竞争的经验，从而得到了投资者更为广泛的认同。这些因素都使得民营企业的发展更迅速。但是，两种类型的企业也具有共同点，两者企业价值的最大值和最小值都相差很大，两者企业价值的标准差都明显大于 1，尤其是民营企业，标准差达到了 1.446 8，这在一定程度上也说明目前国内企业的治理能力参差不齐，差别很大。

表 6-2　国有企业和民营企业的企业价值比较

托宾 Q 值	国有企业	民营企业
最大值	14.914 7	21.895 6
最小值	0.474 0	0.419 5
均值	1.769 0	2.038 2
标准差	1.072 8	1.446 8
样本量	2 700	1 950

(2)独立董事

表 6-3 罗列出了独立董事数量与比例方面的信息。结果发现,两组数据的各种指标都很相似,独立董事的比例都达到了中国证监会要求的1/3,独立董事的人数均值在 3—4 个人,这说明我国民营企业和国有企业在设置独立董事数量方面的行为相差不大。

表 6-3 国有企业和民营企业在独立董事数量方面的比较

	国有企业				民营企业			
	均值	标准差	最大值	最小值	均值	标准差	最大值	最小值
独立董事人数	3.374 8	0.734 6	1.000 0	6.000 0	3.216 4	0.616 4	1.000 0	6.000 0
独立董事比例	0.361 7	0.055 1	0.090 0	0.670 0	0.364 6	0.052 5	0.140 0	0.710 0
样本数	2 700				1 950			

6.3 实证分析与结论

在利用面板数据进行回归分析之前,首先要检验各变量之间是否存在多重共线问题及确定模型的类别。多重共线性是指变量之间高度相关。从分析结果来看(表 6-4),两个实验变量之间的 Pearson 相关系数都小于 0.5(双尾 t 检验下的 1%水平上显著),不存在多重共线问题。

表 6-4 不同企业类型中独立董事人数和比例对企业价值的影响

	全样本	民营企业	国有企业
变量	托宾 Q	托宾 Q	托宾 Q
独立董事人数	0.033 3 (0.025 3)	0.094 8* (0.048 4)	0.002 9 (0.027 7)
独立董事比例	0.327 0 (0.310 0)	−0.347 0 (0.551 0)	0.754 0** (0.354 0)
企业规模	−0.417 0*** (0.014 5)	−0.495 0*** (0.028 4)	−0.361 0*** (0.016 0)
常量	10.780 0*** (0.475 0)	12.530 0*** (0.628 0)	9.468 0*** (0.436 0)

续　表

	全样本	民营企业	国有企业
Observations	4 650	1 950	2 700
R-squared	0.133 0	0.137 0	0.138 0

注：括号中是回归系数标准差；***，** 和 * 分别表示 1%，5%，10%的显著性水平。

在实证分析前要确定用固定效应模型还是随机效应模型对研究样本进行回归分析，这里主要采取 Hausman 检验来对这两种研究模型进行甄别。在控制企业规模的前提下，将样本划分为三组，依次对其进行回归分析。第一组以全体企业作为研究样本，第二组以所有民营企业作为样本，第三组以所有国有企业作为样本。笔者首先对三组数据进行 Hausman 检验。三组的检验结果分别是 Prob＞chi2＝0.999 3，Prob＞chi2＝0.000 0，Prob＞chi2＝0.994 4。第一组和第三组由于 Prob＞chi2＞0.05，接受原假设，选择随机效应模型；第二组数据由于 Prob＞chi2＜0.05，拒绝原假设，选择固定效应模型。在选定具体的回归方法后，笔者对研究样本进行了回归分析，具体回归结果见表 6-4。

全样本中独立董事人数和比例与因变量企业绩效水平之间的关系并不显著；而在第二组民营企业样本当中，发现独立董事人数和企业绩效水平显著相关，而独立董事比例却与企业绩效水平不相关；在第三组的回归结果中出现了与第二组截然相反的结论，独立董事的人数与企业绩效水平不具有相关性，而独立董事比例与企业绩效水平呈显著相关。这样的回归结果与笔者前面的理论非常吻合。首先，企业类型的差异的确会导致独立董事制度在企业运行中产生变化和差异。由国资委直接任命独立董事的国有企业当中，这种避开企业和内部管理者，由政府部门任命独立董事的所谓的相对被动任命的行为受到一些学者的诟病，认为这种方式对国有股“一股独大”现象缺乏监督作用。但是，从某种角度而言，它却起到了帮助最终控制人(各级政府)加强对内部控制者的监督作用，从而改善了企业绩效。国内的民营企业有一些常见的特征，如企业通常存在大股东和总经理合二为一等常见现象，因此，许多学者认为民营企业任命独立董事就是让被监督者选择监督自己的人，这种方式选聘出来的独立董事很难具有监督效力。但是，同时也不能忽略独立董事的专家咨询建议职能。独立董事如果能够有效地发挥自身的专长，给予企业良好的建议和意见，也能改善企业的发展水平。而民营企业在选聘独立董事时，由于选择权力上的相对自由和主动，刚好从某一程度上弥补了独立董事监督职能的不足，从而让他们能比国有企业独立董事更好地发挥咨询建议的作用。

综上研究发现：①整体而言，中国上市公司独立董事没有发挥出应用的作用，对企业绩效水平没有产生显著影响。②就不同所有制结构而言，独立董事在一定程度上发挥了其应有的职能。具体来说，民营企业的独立董事数量对企业绩效水平产生了显著影响，资源嵌入的专家职能的效果明显；而于国有企业而言，独立董事制度则主要通过独立董事比重这一特征发挥治理效应，其监督职能的治理效果较为明显，这进一步提升了国有企业的绩效水平。

第7章　独立董事角色个体特征对企业绩效影响的实证研究

7.1　理论分析与研究假设

本章所研究的独立董事个体特征包括独立董事的年龄、性别、学历、职称水平、政治背景及社会兼职数目。首先，本章将对以往的文献进行研究分析，并提出假设。在第二部分将提出各变量的测量方法与赋值，以及本章研究数据的收集与描述性统计。再者，本章将利用STATA 11.0软件对所收集到的数据进行面板数据的分析，得出结论并给出建议。

7.1.1　独立董事的年龄

对高管年龄与企业绩效相关性的研究，国内外学者已经积累了大量的研究结论。Child(1974)在有关高管年龄与组织特征相关性的研究中发现，年轻的高管团队和企业成长之间具有相关性的关系。Hambrick et al.(1984)指出，年轻的经理相对而言更倾向于成长性的战略。Hitt et al.(1991)认为，经理的年龄和其风险态度与取向呈现负相关关系。孔翔(2001)的研究则指出，独立董事的年龄在35—55岁之间较好，因为太年轻的独立董事的经验和阅历都相对较少，对企业的实质性贡献有限；但如果独立董事的年龄过大，则其精力和动力也会变弱，社会关系、知识、经验等也可能已经退化。高雷等(2007)在对沪深A股上市公司的研究中也发现，独立董事的年龄与公司绩效之间呈现显著的正相关关系。李洪等(2010)对上市公司独立董事的治理特征进行的研究指出，独立董事的年龄与公司绩效呈现U型关系，独立董事年龄在40—60岁时，对企业的正面影响最大。宛庆(2011)以沪深300指数所包括的公司为对象，研究了我国上市公司独立董事特征与公司业绩之间的关系，结果显示独立董事年龄与公司业绩存在显著的负相关关系。

本章基于上述研究，根据所整理的深市中小板上市公司的数据发现，上市公司的独立董事大都是拥有丰富社会经验的商人、学者，具有很强专业性的律师、会计师或是政府职员，大部分年龄在40岁以上，基本上不存在年龄过小的情况，因此，排除年龄与企业绩效呈现U型关系的结论，仅考虑独立董事年龄的增长对其社会关系和经验等产生削弱的效果，以此提出如下假设。

H1：独立董事平均年龄与企业绩效呈负相关性。

7.1.2 独立董事的女性比例

高管性别比例对企业绩效影响方面的研究，在国内外都没有得到一致的结论。Shrader et al.(1997)、Krishnan et al.(2005)的研究认为女性高管的参与对企业绩效会产生积极影响。任颋等(2010)以中国民营企业为研究对象，对2008年民营上市公司的数据分析后发现，女性在高管团队中的参与能提高企业绩效，并且这种绩效的提升随着女性高管的人力资本和社会资本的提高而增强。除此之外，还有许多研究表明，女性高管的存在，会对企业绩效产生负面影响。王明杰等(2010)对1 227家上市公司女性董事与公司绩效的相关关系的研究则发现，独立董事中女性的比例与公司经营绩效指标之间的关系并不显著，但与托宾Q值存在显著负相关的关系，女性董事对企业绩效存在一定程度的消极影响。同时，还有一些学者认为，高管性别与企业绩效之间不存在相关关系。程静等(2009)通过对中小板高新技术行业上市公司的高管特征与公司经营绩效之间的关系进行研究，指出高管的性别对公司经营绩效的影响不显著。

通过对以往文献的对比研究，笔者认为，女性独立董事能够增加企业董事会的多元化，在董事会做决策时，也能从不同的视角提供其独立的意见，从而正面影响董事会议的效率和企业绩效，因此，提出如下假设。

H2：女性独立董事占独立董事总人数的比例与企业绩效存在正向关系。

7.1.3 独立董事的学历背景

20 世纪 80 年代的新增长理论强调了作为生产要素的人力资本对经济增长的影响。Daily et al.(1998)以 CEO 的教育背景与企业绩效之间的关系为研究对象,并以 CEO 是否就读于名牌大学来衡量其教育背景,得出两者之间存在显著的负相关关系的结论。安同良(2003)指出,公司的技术创新能力与企业经营者的学历水平相关,并认为学历越高的职工更勇于创新。罗党论等(2006)也认为,独立董事具备较高的学历水平,更能够为经理层的战略制定和执行带来多样性的观点和专业知识,从而提高董事会决策的效率和质量。同时,有许多学者的研究认为,独立董事的学历水平与企业绩效之间不存在显著的相关关系。张慧等(2005)对上市公司董事会的学历水平与企业绩效之间关系进行了研究,他得出这两者之间不存在相关关系的结论。魏刚等(2007)的研究也发现,独立董事的教育背景对公司的业绩并没有显著的正面影响。宛庆(2011)对我国上市公司独立董事特征与公司业绩之间关系的研究表明,独立董事的教育背景与公司业绩不存在显著的相关关系。

根据现代人力资本理论,笔者赞成作为生产要素的人力资本对经济增长存在的影响,认为拥有较高学历的独立董事能够提供质量较高的专业性意见,保证董事会决策的质量和效率,所以提出如下假设。

H3:独立董事的学历背景会对企业绩效产生正面影响。

7.1.4 独立董事的职称水平

独立董事的职业背景和从业经历不同,能够提供给董事会的技能和知识也会不同,由此带给企业绩效的影响也不同。Brickley et al.(1994)、唐清泉等(2005)都通过对独立董事的职业背景进行分类的方法,对独立董事的职业背景与企业绩效的相关性进行了研究,研究表明,独立董事丰富的职业背景和专业知识更能够促进企业绩效的增长。Siciliano(1996)也认为,董事职业的多样化程度越高,会对公司绩效产生积极的影响。魏刚等(2007)从独立董事个人的角度检验其对公司经营业绩的影响,研究发现,独立董事的教育背景对公司业绩并没有正面的影响,但有政府背景和银行背景的独立董事比例越高，则会给公司带来更好的经营业绩。但同时，王跃堂等(2006)就独立董事的背景和公司绩效的关系进行了检验，发现独立董事的声誉能够显著地促进公司绩效，而其行业专长及经济管理背景与公司绩效并无显著的相关性，对独立董事的职业背景能够促进企业成长持相反意见。

本部分着眼于独立董事的专业水平，用其所获得职称来衡量其专业技能，从而检验独立董事所拥有的职业背景能够为企业绩效带来何种效益。以往的研究大都认为，独立董事丰富的行业经验能够给公司带来更多的积极影响，因此笔者遵从以往结论，提出如下假设。

H4:独立董事的专业职称水平与企业绩效正相关。

7.1.5 独立董事的政治关系

Fisman(2001)认为，公司高管的政治关系是一种有价值的关系，能够为公司带来许多显性和隐性的资源，这些资源不仅会在税收和融资等方面为公司带来积极影响，同时也可以使公司更加容易获得政府的支持。魏刚等(2007)以中国上市公司独立董事的背景为研究对象，进行实证检验发现，公司中拥有政府背景的独立董事越多，公司的经营绩效则会越好，拥有银行背景的独立董事也会促进企业绩效的增长。而王跃堂等(2006)就独立董事的背景和公司绩效关系的研究却证明了相反的结论，他们的检验结果发现，独立董事的政治关系对公司绩效并无显著的影响。

总结以往的研究可知，高管的政治关系是一种有价值的资源，虽然同时高管的政治关系会给企业带来一定的社会责任，有可能增加企业的负担，偏离企业实现利益最大化的目标，但独立董事是独立于公司的，其参与公司董事会是为董事会的决议提供其专业客观的意见，并不左右董事会最终做出的决策，因此排除负面影响，公司聘用有政治关系的独立董事，可以为公司带来一些便利条件，或是使董事会做出更有利公司利益的决策，所以提出以下假设。

H5:独立董事所拥有的政治关系会促进企业绩效的增长。

7.1.6 独立董事的社会兼职数

Fich(2007)提出，若是独立董事所任职的某一公司出现财务丑闻，那么将使得他在其他公司的董事兼职数目减少,因此具有较高声誉的独立董事所拥有的社会兼职数目会多于低声誉的独立董事。相应地,为了维护自身的声誉及声誉能够为其带来的社会资源和利益,独立董事会选择花更多的努力对公司进行监管,促进企业绩效的增长。唐雪松等(2010)也认为,独立董事在董事会议中提供中肯而非"搭便车"的意见,会给独立董事带来监督声誉,使得其有更多的机会到其他公司兼职,因此,排除薪酬等方面因素的影响,从声誉方面考虑,独立董事有理由为了获得更多的社会兼职为自身带来利益,而选择积极履行其职能,使得企业健康发展。同时,陈伟民(2009)对深市中小板上市公司进行实证研究后,发现的结果却说明在我国中小板上市公司中,公司经营业绩会随着独立董事任职公司数的增加而下降,并且独立董事任期越长公司经营业绩就越差。李洪等(2010)通过对195家公司的独立董事特征与公司绩效之间关系的研究也发现,独立董事的兼职数与其所任职公司的经济增加值呈现负相关的关系。

虽然独立董事的社会兼职数目越多,越能说明其享有较高的声誉,能够为公司带来更加专业的建议和有力的监督,但笔者认为,独立董事的社会兼职数目过多,会造成其精力分散,过分关注自己的社会声誉和资源,并不能达到对公司董事会所做出的决策进行客观的监督和提供独立意见的目的。因此,提出如下假设。

H6:独立董事的社会兼职数太多会给企业绩效带来负面影响。

7.2　研究变量与样本

7.2.1　研究变量的设计

(1)因变量

本章采用企业的资产收益率(ROA)、净资产收益率(ROE)及托宾Q值(TQ)来衡量企业绩效。资产收益率和净资产收益率主要用于衡量企业的盈利能力,都能够在一定程度上说明企业的短期绩效水平;而托宾Q值是指企业资产价值与生产资产的成本的比值,高的托宾Q值意味着高的产业投资回报率。因此,笔者可以用托宾Q值来判断企业的长期绩效水平。

(2)自变量

本章的自变量是中小板上市公司的独立董事的个体特征，而独立董事的个体特征主要从其年龄(age)、性别(sex)、学历背景(edu)、职称水平(prf)、政治关系(pli)及社会兼职数(sap)这六个方面进行衡量。具体的赋值情况如下：对于独立董事的年龄水平的测量，本部分取每家上市公司独立董事的平均年龄。性别采用女性独立董事占独立董事总人数的比例进行衡量。学历背景、职称水平、政治关系及社会兼职数的度量则包括每家上市公司独立董事的平均水平和总水平，学历背景的赋值为大专及以下＝0，本科＝1，硕士研究生＝2，博士研究生＝3；职称水平的赋值为无职称＝0，初级职称＝1，中级职称＝2，高级职称＝3；对于政治关系的定义，依据以往研究并借鉴 Fan et al. (2007)、潘红波等(2008)的方法，把现任或者是曾经在政府机构任职，以及人大代表或政协委员的独立董事定义为拥有政治关系的独立董事，并把独立董事的政治关系划分为没有政治关系＝0，县级＝1，市级＝2，省级＝3，国家级＝4；而独立董事的社会兼职数即独立董事在其他公司的任职或是社会身份的总和。

(3)控制变量

本章设置控制变量主要是为了控制公司特征和其他相关因素对因变量的影响。考虑到在不同的企业规模(size)与资产负债率(DAratio)下，独立董事个体特征对企业绩效的影响也不同，本章引入这两个变量作为控制变量，企业规模用总资产的自然对数来测量，而资产负债率则为企业的总负债除以总资产。

同时，Westphal et al. (1997)指出，董事会中独立董事的比例越低，则意味着董事会的独立性越受到损害。陈宏辉等(2002)认为，独立董事比例的增加会使董事会决策的公正性效率提高。谭劲松(2003)认为，独立董事独立性的基本保证是独立董事在董事会中占多数地位及工作条件配套的提高。在很大程度上，独立董事的独立性会影响其行为决策，进而导致其对企业绩效影响的不同，因此，本章把独立董事的独立性(Indep)作为第三个控制变量，用独立董事人数占董事会总人数之比来衡量其独立性。

再者，在独立董事薪酬方面，杜胜利等(2004)的研究结论说明，独立董事的薪酬与企业的业绩、规模正相关，而与第一大股东的持股比例负相关。高雷等(2007)指出，独立董事比例、薪酬都与公司绩效显著正相关。李洪等(2010)实证分析的结果也表明，公司业绩与独立董事的报酬有正相关的关系，如果独立董事的薪酬低则无法激励他们积极地参加董事事务、履行独立董事的职能；但若其薪酬过高反而会使独立董事失去自身的独立性，减弱其对公司的监督性，从而影响公司业绩。唐雪松等(2010)认为，在上市公司中，提出反对意见的独立董事离职率更高。当其薪酬越高时，为了避免席位丢失和薪酬减少，独立董事更倾向于不在董事会议中提出反对意见，尽管这一反对意见可能会有利于公司的发展。综上所述，独立董事的薪酬也影响其个体特征给企业绩效带来的影响，因此本部分引入独立董事的薪酬(pay)作为第四个控制变量。

综上所述，变量的具体情况见表 7-1。

表 7-1　研究变量一览表

变量类型	变量		代码	变量含义
因变量	企业绩效		ROA	资产收益率
			ROE	净资产收益率
			TQ	托宾 Q 值
自变量	独立董事的个体特征	年龄	age	独立董事的平均年龄
		性别	sex	独立董事中女性独立董事的比例
		学历背景	Sedu	独立董事的学历总水平
			Aedu	独立董事的学历平均水平
		职称水平	Sprf	独立董事的职称总水平
			Aprf	独立董事的职称平均水平
		政治关系	Spli	独立董事的政治关系总水平
			Apli	独立董事的政治关系平均水平
		社会兼职数	Ssap	独立董事的社会兼职总数
			Asap	独立董事的社会兼职平均数

续 表

变量类型	变量	代码	变量含义
控制变量	企业规模	size	企业总资产的对数
	资产负债率	DAratio	企业总负债与总资产之比
	独立董事的独立性	Indep	独立董事人数占董事会总人数的比例
	独立董事薪酬	pay	独立董事的薪酬总和

7.2.2 样本数据的选择与描述性统计

(1)研究对象

本章选用在深交所中小板上市的公司作为研究对象，选取了2009—2011年的数据样本，数据主要来源于国泰安CSMAR数据库、CCER数据库及部分上市公司年报，并运用STATA 11.0软件对数据进行描述性统计分析及面板数据的分析。

为减少研究误差，本章对初始样本做如下处理：①由于发行H股或是B股的上市公司，其财务审核办法与发行A股有所差异，所以本章剔除了同时发行了A股和H股、B股的上市公司；②剔除了在2009—2011年间有关财务数据缺失的上市公司；③剔除了被特别处理的上市公司。最后，笔者得到193家中小板上市公司作为研究对象。

(2)样本数据的描述性统计

本章对象为193家中小板上市公司，包含579个独立董事样本。表7-2中包含了本章所涉及的所有变量的描述性统计。由表可知中小板上市公司独立董事的基本信息，独立董事的平均年龄在52岁左右，并基本位于35—70岁的区间，而女性独立董事的比例偏低，平均维持在15.6%的水平，平均学历水平则为大学本科，专业职称水平整体维持在一家上市公司至少有一个独立董事拥有高级职称，在政治关系方面的平均水平为县级，并且独立董事的社会兼职数平均水平也较多。

表7-2 中小板上市公司数据的描述性统计

代码	样本数	平均值	标准差	最小值	最大值
id	579	97	55.76	1	193

续　表

代码	样本数	平均值	标准差	最小值	最大值
age	579	52.07	5.975	35.33	70.67
sex	579	0.156	0.224	0	3
Sedu	579	6.207	2.125	1	17
Aedu	579	1.936	0.569	0.330	3
Sprf	579	10.37	4.487	0	33
Aprf	579	3.208	1.311	0	9
Spli	579	2.687	2.874	0	15
Apli	579	0.817	0.834	0	3.330
Ssap	579	15.05	6.991	3	49
Asap	579	4.675	1.980	1	16.33
ROA	579	0.065 2	0.056 5	−0.224	0.374
ROE	579	0.105	0.094 9	−1.280	0.386
TQ	579	2.407	1.455	0.866	10.85
size	579	9.220	0.404	8.404	11.42
DAratio	579	0.404	0.194	0.017 8	0.940
Indep	579	0.366	0.049 0	0.273	0.600
pay	579	16.38	12.02	0	136.8

7.3　实证分析

7.3.1　独立董事的年龄与企业绩效的关系

本章首先对所有数据进行面板数据的处理，再逐个检验独立董事的个体特征对企业绩效的影响。根据以往研究，独立董事的年龄越大，能够为企业创造的价值会逐渐减小，本章关于这两者之间关系的检验，通过利用独立董事的年龄(age)对企业绩效的三个指标进行回归，并加入了控制变量企业规模(size)、资产负债率(DAratio)、独立董事的独立性(Indep)及其薪酬(pay)，得出的回归结果如表7-3所示。从表中可以看到，独立董事的平均年龄(age)与资产收益率(ROA)、净资产收益率(ROE)的相关关系显著,对托宾Q值(TQ)的影响则并不显著,同时相关系数为负。由此可知,H1部分成立,独立董事平均年龄越大,会给表示企业短期绩效的资产收益率与净资产收益率带来负面影响,对表示企业长期绩效的托宾Q值的负相关性则不显著。究其主要原因应是,随着独立董事平均年龄的增加,其知识、社会关系,尤其是精力的衰退,使其职能的执行力减弱,对企业绩效的贡献力也随之减弱。

表 7-3 独立董事年龄与企业绩效的相关性

代码	ROA	ROE	TQ
age	−0.000 684* (0.000 390)	−0.001 69** (0.000 748)	−0.000 797 (0.0109)
size	0.021 3*** (0.00782)	0.069 1*** (0.014 8)	−0.703*** (0.217)
DAratio	−0.155*** (0.015 1)	−0.142*** (0.028 2)	−2.117*** (0.416)
Indep	−0.031 3 (0.041 4)	0.002 47 (0.084 6)	−0.712 (1.179)
pay	0.000 118 (0.000 232)	9.87e−05 (0.000 428)	−0.000509 (0.006 37)
Constant	−0.023 2 (0.071 2)	−0.389*** (0.135)	10.06*** (1.973)
Observations	579	579	579
Number of id	193	193	193

注:表中***表示 $p<0.01$,**表示 $p<0.05$,*表示 $p<0.1$,下同。

7.3.2 独立董事的性别对企业绩效的作用

对文献进行梳理可以发现,学者关于独立董事性别对企业绩效影响的结论产生了很大分歧,为了检验独立董事的性别是否对企业绩效产生影响及产生何种影响,本部分通过对女性独立董事占独立董事总人数的比例与企业绩效的三个指标进行回归,并控制了企业规模(size)等四个变量的影响,得出结果如表7-4所示。从表7-4可知,独立董事的女性比例与企业绩效的任意指标都不存在显著的相关关系；且独立董事中的女性人数无论是对企业的长期绩效还是短期绩效，都确实存在消极作用，但这一消极作用并不显著，不能说明独立董事中存在女性董事会给企业绩效带来负面影响，H2 不能完全成立。

表 7-4　独立董事性别与企业绩效的相关性

代码	ROA	ROE	TQ
sex	−0.000 388 (0.008 46)	−0.011 1 (0.018 0)	−0.088 5 (0.244)
size	0.020 3** (0.007 87)	0.066 7*** (0.015 0)	−0.708*** (0.217)
DAratio	−0.152*** (0.015 2)	−0.137*** (0.028 4)	−2.112*** (0.415)
Indep	−0.039 0 (0.041 2)	−0.018 7 (0.084 8)	−0.724 (1.173)
pay	6.73e−05 (0.000 232)	−2.06e−05 (0.000 430)	−0.000621 (0.006 33)
Constant	−0.046 6 (0.069 8)	−0.445*** (0.133)	10.07*** (1.926)
Observations	579	579	579
Number of id	193	193	193

7.3.3　独立董事的学历背景对企业绩效的影响

通常情况下，高管的学历越高越有利于其为企业创造更多的价值。在独立董事学历与企业绩效相关性方面，本部分以独立董事的总体学历水平(Sedu)与平均学历水平(Aedu)两个变量同企业绩效变量进行回归分析，结果如表 7-5 所示。从表中可以看到，独立董事的总体学历水平与企业绩效的三个指标的关系都不显著且其相关系数为负，但独立董事的平均学历水平与资产收益率(ROA)和净资产收益率(ROE)这两个短期企业绩效指标呈显著的正相关关系，与企业长期绩效托宾 Q 值的正向关系则不显著。由以上分析可知，H3 得到部分肯定，独立董事的总学历水平对企业绩效的影响并不显著，但独立董事的平均学历水平越高，越能为企业绩效带来积极影响，即企业所聘用的每位独立董事学历水平都较高时，企业绩效越好。

表 7-5 独立董事学历背景与企业绩效的相关性

代码	ROA	ROE	TQ
Sedu	−0.003 77 (0.001 93)	−0.004 74 (0.003 97)	−0.032 9 (0.055 0)
Aedu	0.015 7** (0.007 41)	0.027 2* (0.014 7)	0.062 8 (0.209)
size	0.022 3*** (0.007 94)	0.069 4*** (0.015 1)	−0.684*** (0.220)
DAratio	−0.152*** (0.015 1)	−0.136*** (0.028 3)	−2.116*** (0.416)
Indep	−0.000 405 (0.045 2)	0.031 2 (0.090 6)	−0.449 (1.278)
pay	0.000 153 (0.000 237)	9.48e−05 (0.000 443)	0.000386 (0.006 52)
Constant	−0.088 9 (0.072 3)	−0.516*** (0.137)	9.811*** (1.999)
Observations	579	579	579
Number of id	193	193	193

7.3.4 独立董事的职称水平与企业绩效的相关性

当前我国上市公司对独立董事的聘任都倾向于具有高职称水平的学者、政府官员及具有很强专业性的律师、会计师等。本部分对独立董事职称水平与企业绩效之间相关性的检验，也从独立董事的总职称水平(Sprf)和平均职称水平(Aprf)两个方面进行测度。对独立董事的职称水平与企业绩效进行回归检验，输出结果如表 7-6 所示。从表 7-6 可知，在控制了独立董事薪酬(pay)等变量的情况下，无论是独立董事职称的总水平还是平均水平，与企业绩效的三个指标都不存在显著的相关关系，且其与企业绩效的正负关系也不一致。数据分析的结果表明 H4 不成立，独立董事所拥有的职称水平与其对企业绩效能够做出的贡献之间不存在任何相关关系。

表 7-6　独立董事职称水平与企业绩效的相关性

代码	ROA	ROE	TQ
Sprf	−0.000 204 (0.001 05)	0.000 798 (0.002 15)	0.004 91 (0.029 9)
Aprf	0.000 939 (0.003 76)	−0.009 89 (0.007 50)	0.030 7 (0.106)
size	0.020 2** (0.007 91)	0.068 3*** (0.014 9)	−0.720*** (0.218)
DAratio	−0.152*** (0.015 2)	−0.134*** (0.028 2)	−2.115*** (0.418)
Indep	−0.036 8 (0.043 1)	−0.026 5 (0.086 9)	−0.790 (1.220)
pay	7.94e−05 (0.000 238)	−0.000 152 (0.000 440)	−0.000 320 (0.006 53)
Constant	−0.048 2 (0.070 8)	−0.434*** (0.133)	10.05*** (1.956)
Observations	579	579	579
Number of id	193	193	193

7.3.5　独立董事的政治关系给企业绩效带来的影响

从政治关系是一种有价值的资源的角度出发，独立董事的政治关系理论上也应该能够为企业绩效带来积极影响，因此，笔者利用全体独立董事所拥有的政治关系(Spli)和每位独立董事平均拥有的政治关系(Apli)对企业绩效的三个指标进行回归，得出结果如表 7-7 所示。从表中可知，独立董事整体拥有的政治关系、平均拥有的政治关系都与资产收益率(ROA)、净资产收益率(ROE)这两个企业短期绩效的指标呈现显著的负相关关系，而与企业长期绩效指标的托宾 Q 值的关系不显著。由此可知，H5 并不成立，独立董事的政治关系与企业的长期绩效没有任何关联，并且独立董事所拥有的政治关系会给企业的短期绩效带来显著的消极影响。笔者认为，出现这一结论主要是由目前国内上市公司独立董事的职能地位决定的。首先，独立董事的职能是参与董事会议，对公司的决策进行监督并提供建议，拥有较高级别政治关系的独立董事会更多地从企业的社会责任等方面着眼去执行其职能，由此给企业提供的建议可能偏离企业利益最大化的目的。再者，我国独立董事的任职期普遍不长，导致其只约束在自身任职期间对上市公司进行监督所带来的影响，并不能全面地站在股东的角度考虑企业的长远利益。

表 7-7 独立董事政治关系与企业绩效的相关性

代码	ROA	ROE	TQ
Spli	−0.001 37* (0.000 826)	−0.003 37** (0.001 57)	0.005 86 (0.022 9)
Apli	−0.005 20* (0.002 82)	−0.010 8** (0.005 36)	−0.008 85 (0.078 3)
size	0.020 0** (0.007 83)	0.066 4*** (0.014 9)	−0.705*** (0.217)
DAratio	−0.153*** (0.015 1)	−0.137*** (0.028 2)	−2.114*** (0.415)
Indep	−0.033 5 (0.041 2)	−0.004 51 (0.084 6)	−0.711 (1.176)
pay	8.77e−05 (0.000 231)	4.42e−05 (0.000 427)	−0.000 530 (0.006 34)
Constant	−0.042 1 (0.069 5)	−0.441*** (0.132)	10.04*** (1.925)
Observations	579	579	579
Number of id	193	193	193

7.3.6 独立董事的社会兼职数对企业绩效的影响

一般而言，独立董事的社会身份越多，则代表其有较高的社会声誉，拥有较多兼职数的独立董事也能从一定程度上说明其能力，但同时兼职数过多还会造成其在每项工作上的精力不足，因此，独立董事的兼职数在不同条件下会给企业带来的影响是不确定的。本部分限定在中小板上市公司的范围内，利用独立董事的总兼职数(Ssap)和平均兼职数(Asap)对企业绩效指标进行回归分析，得出结果如表 7-8 所示。从表中可以看到，独立董事的社会兼职数与企业绩效并不存在显著的相关关系。因此，H6并不成立，独立董事对企业绩效的贡献与其社会兼职数之间并没有关联性。

表 7-8 独立董事社会兼职数与企业绩效的相关性

代码	ROA	ROE	TQ
Ssap	−0.000 661 (0.000 818)	−0.001 35 (0.001 69)	−0.008 11 (0.023 3)
Asap	0.002 15 (0.002 85)	0.003 20 (0.005 85)	0.061 4 (0.080 9)
size	0.021 0*** (0.007 94)	0.068 1*** (0.015 1)	−0.674*** (0.219)
DAratio	−0.152*** (0.015 2)	−0.136*** (0.028 4)	−2.096*** (0.416)
Indep	−0.025 3 (0.044 8)	0.010 7 (0.090 8)	−0.653 (1.266)
pay	0.000 115 (0.000 240)	0.000 101 (0.000 449)	−0.000 324 (0.006 57)
Constant	−0.059 5 (0.072 1)	−0.467*** (0.138)	9.547*** (1.993)
Observations	579	579	579
Number of id	193	193	193

7.4 结论和对策建议

本章基于中国股市 2009—2011 年的中小板上市公司的有关数据，探讨独立董事制度的引入带给上市公司的影响，并从研究独立董事个体特征这一角度出发，挖掘其对企业绩效所起的作用。本章从年龄、性别、学历背景、职称水平、政治关系及社会兼职数这六个方面来定义了独立董事的个体特征，进行了一系列的实证研究，得出以下结论：在现有独立董事聘任制度的情况下，独立董事的平均年龄越大，会使得其精力和动力变弱，社会关系、知识、经验等也会退化，进而对短期企业绩效的贡献力也会减弱；同时，独立董事的平均学历水平越高，给短期企业绩效带来的正面影响越大；其所拥有的政治关系反而会给企业增加更多的社会责任，让企业偏离利益最大化的目标，由此给企业短期绩效带来消极作用；而独立董事的性别、职称水平与社会兼职数都与短期企业绩效不存在显著关系。并且由于目前我国独立董事的任期普遍较短，独立董事这六方面的个体特征与企业的长期绩效的相关关系都不显著。

本章明确了独立董事个体特征的各方面与企业绩效之间的相关关系，说明在我国当前独立董事制度下，给上市公司带来的影响局限于企业的短期发展。造成这一现象的主要原因是独立董事任期较短，其在执行职能时进行的监管和提出的建议都仅考虑企业的短期目标。同时，这又是由独立董事在董事会的地位决定的，独立董事所起的作用是对董事会进行监督及为其决策提供较为独立的建议，但并不能干涉董事会做出的决策。许多独立董事为了自身利益或是保持与上市公司间良好的关系，或是对董事会会议的决策采取“用脚投票”的做法。因此，我国应当完善上市公司的独立董事制度，建立健全独立董事资格获取的规章制度，提高独立董事的比例，推行独立董事职业化和专业化。上市公司在聘任独立董事时，也应注意增强独立董事的独立性，合理安排独立董事的薪酬以激励独立董事的工作热情，避免造成独立董事为保护自身利益而怠于执行其职责的反效果。对于热衷于聘用高职称、多兼职及具有高级别政治关系的独立董事的行为，企业应适可而止；可以在现有独立董事年龄区间里选取年轻化的独立董事队伍；对于学历水平要求应提高标准，防止独立董事队伍学历水平一边倒的情况。总而言之，独立董事制度的进一步发展及上市公司完善独立董事聘任程序和标准，对企业长期的可持续发展起着非常重要的作用。

第8章 独立董事角色社会网络属性对企业绩效影响的实证研究

8.1 引 言

制度变迁社会中的企业成长和经济发展是近年来最重要的研究问题之一，其对转型经济体中非正式机制的研究具有重要的理论价值和现实意义。从新制度经济学角度来看，在转型经济中，高度不确定的制度环境、不发达的正式市场机制使企业通过市场交易的成本过高，此时企业会使用各种非正式机制来代替正式的市场机制，以降低交易成本，实现组织目标。实际上，在法律缺失或不足的制度环境下，这些非正式机制呈现的一个主要形式就是各种社会关系网络：公司管理层的人际关系网络（Park et al.，2001；Xin et al.，1996）、公司独立董事在多家上市公司任职形成的连锁董事网络（Ahn et al.，2010；谢德仁等，2012）、创业家在创业过程中形成的创业网络（Bruton et al.，2009；罗仲伟等，2012）、管理层与政府官员之间的政治关系网络（Peng et al.，2000；曲亮等，2012）等，都在企业的经营管理过程中发挥了明显的作用。转型经济体的企业家会通过这些社会关系网络的构建和完善来削减“弱制度”环境对企业的负面影响（罗仲伟等，2012）；新兴经济体中的社会关系网络能够规避制度负担[①]（System Burden）高企的问题，有效补偿企业在制度缺失环境下的损失（Declercq et al.，2010）。总之，在转型经济体和新兴经济体中，社会关系网络的收益和作用可能会更大，且从企业所处的社会关系来分析企业的表现，可能

---

① 例如，低效、腐败、制度缺失（Gaur et al.，2007）、不可预期或无效的管制（Aidis et al.，2008）等。

会进一步推动理论的发展和学科的进步。

作为最大的转型经济体，中国当前连锁董事网络[①]的存在早已是普遍现象（任兵等，2004），截至 2008 年，中国至少有 80.8%的上市公司拥有连锁董事（田高良等，2011）。笔者通过对浙江省 2009 年前上市的 144 家公司的测算发现，浙江省上市公司连锁董事覆盖率达到了 97.31%，同时单个董事会的连锁董事比例达到了 51.9%。企业间的连锁董事网络对企业行为及地区经济可能造成明显的影响（任兵等，2004），在当前转型升级和发展方式转变的关键时期，中国连锁董事网络对企业绩效和区域经济发展的作用机制和作用效果到底如何，在国内学界一直备受争议。从复杂网络的角度出发审视公司治理问题，能够为解释和分析这个问题提供新的视角。实际上，西方在连锁董事网络方面的研究起步较早，美国学者 Dooley 早在 1969 年就开始了对连锁董事现象的研究。现今，国内外提出的理论主要有互惠理论（Dooley，1969）、共谋理论（Mizruchi，1996）、资源依赖理论（Burt，1980；Mizruchi，1996）、监督控制理论（Maman，1999）和阶层领导理论（Burt，1980；Mizruchi，1996）等。资源依赖理论认为，企业可以从连锁董事网络中获取社会资本，包括信息、知识和资金等稀缺资源，企业间的连锁董事网络也可以协调组织间资本、信息、市场等资源交换，进而减少环境的不确定性，实现资本积累及企业的可持续发展；监督控制理论和共谋理论认为，连锁董事关系对企业的价值提升有积极影响；阶层领导理论认为，连锁董事存在的目的是保护这些董事成员所在的社会阶层的共同利益，连锁董事关系对企业绩效没有显著影响，甚至可能对企业绩效产生负面影响。从国内当前的研究现状来看，对连锁董事网络与企业绩效之间关系的实证研究的结论不一致，存在很多争议，已有理论也并不能有效解释中国的问题。相关实证研究都主要集中在对网络中心度的指标进行分析，重点分析的是连锁董事网络的联结数量，缺乏对网络质量的关注。另外，已有研究主要是基于线性的分析视角，而连锁董事网络属于复杂网络的一种，无标度的特征反映了它的节点概率具有幂律分布的特征（王振铁，2009），从非线性的视角进行实证分析可能更

① 连锁董事网络是指企业董事会的董事个体通过在两家或以上的企业同时担任董事而建立的企业间的联结关系所形成的网络，是以非正式的弱联结为主的网络关系。

为合适。基于这些考虑，本章以浙江省 2009 年前上市的 144 家上市公司为样本，从非线性视角分析连锁董事网络中心度的数量和质量对企业绩效的影响。

8.2 文献综述

国内学者主要基于上述理论对中国连锁董事网络的经济效应进行了实证研究。任兵等(2004,2007)对上海、广东两地 2001 年上市公司的连锁董事网络进行了实证研究，分析了两地连锁董事网络形成的区别，指出地区连锁董事网络形态的形成和发展具有路径依赖的特征，连锁董事网络有利于企业从外界获取资源，以应对环境的不确定性，但镶嵌于广泛的社会经济关系的网络还可能会产生共谋，不利于市场发展。他们后续利用对中国 284 家上市公司的面板数据的实证研究进一步发现网络中心度与企业绩效负相关，支持了连锁董事网络治理失灵的假设。任兵(2005)利用社会镶嵌理论和阶层凝聚理论，提出管理层形成了以社会网络为核心的公司外部治理结构，阶层凝聚产生管理层共谋，不利于企业发展。段海艳等(2007)对中国 160 家上市公司的连锁董事网络的实证研究发现，阶层领导理论更符合中国实际，连锁董事数量与企业规模、风险水平不相关，与企业绩效负相关，中国的连锁董事具有破坏市场公平和有序竞争的负面效应，他们最后提出是否应立法限制连锁董事以维护良好的外部市场环境的疑问。段海艳等(2007)进一步通过对上海、广东两地 314 家公司的实证研究，得出企业规模是影响企业连锁董事网络的结构属性和权利大小的关键因素，为资源依赖理论提供了支持。段海艳(2009)提出连锁董事网络中心度指标中，除地域趋同性[①]对企业绩效有影响外，其他因素的影响作用均不显著，但是连锁董事网络并没有通过对企业绩效的直接影响，从而对 CEO 薪酬产生间接影响。

---

① 地域趋同性是指在空间上，企业倾向于与处于同一地域的其他主体建立并保持联系，以本地连锁占个体网络的规模的比例来计量；相似的，行业趋同性是指企业倾向于与处于同一行业的其他主体建立并保持联系，以同行连锁占个体网络的规模的比例来计量。这两部分也是连锁网络的有机组成部分。

另外，也有为连锁董事网络对企业绩效有正向影响提供支持的相关研究。谢德仁等(2012)认为，连锁董事网络能给公司决策带来异质信息，同时对连锁董事个人而言，可以据此获得社会资本，包括声誉、信息、知识和战略资源，并依此网络形成了“精英圈子”，任职越多，获得的资本越多，社会声望越高，能力越强，越趋向于积极参与公司治理，尤其是独立连锁董事。王振铁(2009)基于经济学理论和社会资本理论对连锁董事网络产生原因进行了阐述，认为其是企业和个人权衡自身收益与成本所做出的决策，促进了网络节点之间显著社会资本的流动，企业获得独特的资本，实现共赢；同时指出，连锁董事网络是典型的二元复杂网络①，可分解为连锁董事企业网络和连锁董事成员网络，该二元网络具有无标度性和聚集性，节点度服从幂律分布。彭正银等(2008)利用中国 400 家上市公司的面板数据，从连锁董事网络的嵌入会提升公司能力(包括资源获取能力、协调能力和环境应变能力)、优化董事会结构、提升董事个人能力三个层面进行实证研究，发现中国的连锁董事网络具有积极的治理效应；田高良等(2011)运用向量中心度测度连锁董事网络的数量和质量，其线性实证研究的结果证明连锁董事网络的数量和质量都对公司长短期绩效有正向影响。

综上，国内在这方面的理论研究主要是借鉴国外经典的理论来分析连锁董事网络的治理效应，对中国情景下连锁董事网络的相关研究主要得出两种不一致的结论：一种认为企业拥有连锁董事网络或能解决环境的不确定性，或能从外界获取稀缺的资源和资金，或能增进与其他企业间的互利关系，从而对企业绩效有正向的影响(谢德仁等，2012；王振铁，2009；彭正银等，2008；田高良等，2011)；另一种认为，连锁董事网络与企业绩效无关，或主要从董事个体角度出发，认为连锁董事网络会帮助公司管理层共谋，产生利己行为，维护管理层的利益，损害公司利益，对企业绩效有负面的影响(任兵等，2004，2007；段海艳等，2007，2009)。笔者认为这两种截然相反的结论是由于对连锁董事网络中心度特征测度的差异造

① 连锁董事企业网络是指拥有连锁董事的企业间产生的联系，是企业间组成的网络，网络的节点是企业；连锁董事成员网络是指连锁董事的存在使董事间建立联系所形成的网络，网络中的节点是董事个体；连锁董事网络就是由以上两个网络所组成的复杂的二元网络。

成的，中心度指标是连锁董事网络分析中最常用的定量指标，包括程度中心度(degree centrality)、中介中心度(betweenness centrality)、接近中心度(closeness centrality)与特征向量中心度(eigenvector centrality)(Freeman L.,1979)。前三个指标分别代表了公司在连锁董事网络中的活跃程度，对网络中不同联结关系的控制度，在考虑了网络潜在的接触下，公司与其他网络节点接近的程度，它们反映的是连锁关系在"量"方面的特征。特征向量中心度考虑了企业的网络嵌入结构或网络位置(Grewal et al.,2006)，代表网络成员在网络中的重要程度，反映了连锁董事网络建立后"质"的特性。国内的实证研究主要是在"量"中心度的某一层面或某几个层面上测度连锁董事网络的治理效应，但是对连锁董事网络的"质"中心度的经济效果关注得并不多。这种由于变量缺失或测度偏误导致的内生性问题必然会给测度连锁董事网络的治理效应带来明显的偏差。另外，连锁董事网络属于复杂网络的一种，无标度的特征反映了它的节点概率具有幂律分布的特征(王振铁,2009)，传统的基于线性方法的实证研究并不一定能够有效刻画连锁董事网络的治理效应。出于变量测度有效性和实证方法有效性的考虑，本章以浙江省2009年之前上市的144家上市公司为样本，不仅测算了上述四种个体网络的中心度指标，另外还考虑了整体网络的各种中心度指标①。在此基础上，从连锁董事网络治理内在机理的分析出发，通过非线性最小二乘(NLS)分析方法，从连锁董事网络的数量、质量、趋同性三方面考察连锁董事网络对企业绩效的影响。

8.3 研究假设和研究设计

8.3.1 研究假设

(1)连锁董事网络因素

社会网络分析中，中心度是衡量企业在网络中位置特征的重要指标。先从连锁董事网络的"量"中心度这一层面进行分析，对单个企业来说，连

① 具体包括网络密度、平均距离、中心势、聚类系数、核心—边缘等整体网络指标。

锁董事网络有助于该企业异质性资源的获取，企业在网络中的中心度越高，则联结其他企业的数量就越多，企业的信息和资源的获取渠道就越多，获取能力就越强，从而可以帮助企业降低交易成本，提升核心竞争力。网络中心度高的企业往往中介度也高，这些企业担任更多的中介角色，对整个网络资源和信息流动的控制能力也越好，由此也可以进一步保证其高接近度。高接近度表明，该企业可以以低成本、高效率的方式或途径获取资源和信息。一般地，企业往往也愿意与中心度高的企业建立联系，因为其资源更丰富，控制其他企业的能力更强。当然，连锁董事网络中心度的经济效应不能仅从“量”上进行分析，还需从“质”的层面加以考虑。企业在网络中的嵌入位置越重要，其在连锁董事网络中的控制力和影响力就越大，自身拥有连锁董事网络的质量就越高。因此，连锁董事网络的高质量可以给公司带来更明显的绩效提升。另外，趋同性也是连锁董事网络的有机组成部分。(段海艳，2009)随着现代产业分工的精细化与企业间关系的网络化发展，产品之间的竞争已经由单个企业与单个企业之间的竞争转变为企业簇群与企业簇群之间的竞争。(李海舰等，2007)产业链的发展和完善使每家企业都不会孤立地存在，企业需要与其他企业充分建立关系、分工协作，甚至结成联盟，优势互补，快速响应市场需求。社会网络关系具有典型的空间特性，企业更倾向于与地域接近的其他企业建立连锁董事网络(Kono et al.，1998)，连锁董事网络的地域趋同性也会对企业绩效产生明显影响。基于这些考虑，做出如下假设：

H1a：企业连锁董事网络的“量”中心度与企业绩效正相关；

H1b：企业连锁董事网络的“质”中心度与企业绩效正相关；

H2a：企业连锁董事网络的地域趋同性与企业绩效正相关；

H2b：企业连锁董事网络的行业趋同性与企业绩效正相关。

(2)其他因素

董事会是公司把握全局的战略制定者，董事会结构影响着董事会成员的参与度。连锁董事和独立董事作为企业董事会的重要组成部分，会对企业战略的选择和决策提出有效建议，从而提高企业整体的决策水平和决策效率，进而影响企业绩效。连锁董事的异质性信息，更为企业带来多元化的知识和信息，多元化战略在连锁董事对企业绩效产生影响的机制中起着中介作用。连锁董事既直接影响企业的战略制定和经营管理，同时又通过对管理层的监督来间接影响公司决策。企业通过连锁董事与外界联结，发挥结构洞理论中“桥”的作用，促进信息流动和资源共享，其中获取的有力信息越多，竞争力越强。

另外，我国的独立董事在公司治理过程中一直备受诟病。中国现行独立董事制度体系存在不公正性、不独立性、不在状态、不匹配性和不明晰性等结构性或制度性问题。(李海舰等，2006)其独立性不强，监督作用不足，无助于减少代理成本，维护中小股东利益。据此，笔者认为，连锁董事规模与企业绩效正相关；独立董事规模与企业绩效不相关或负相关。另外，本书也关注了一些其他因素对企业绩效的影响，具体包括企业规模和连锁董事在企业的任职年份。已有研究表明，企业规模是影响企业绩效的重要变量，企业规模越大，企业拥有的资源越丰富，这可以在一定程度上降低企业的成本。另外，连锁董事的任职年份反映了董事任职的稳定性，任职时间越长，越有利于声誉和地位的获得，也拥有更多参与决策的经历，同时与其他企业建立连锁董事网络的时间也越长，互信度也会越高，具体的研究框架见图8-1。

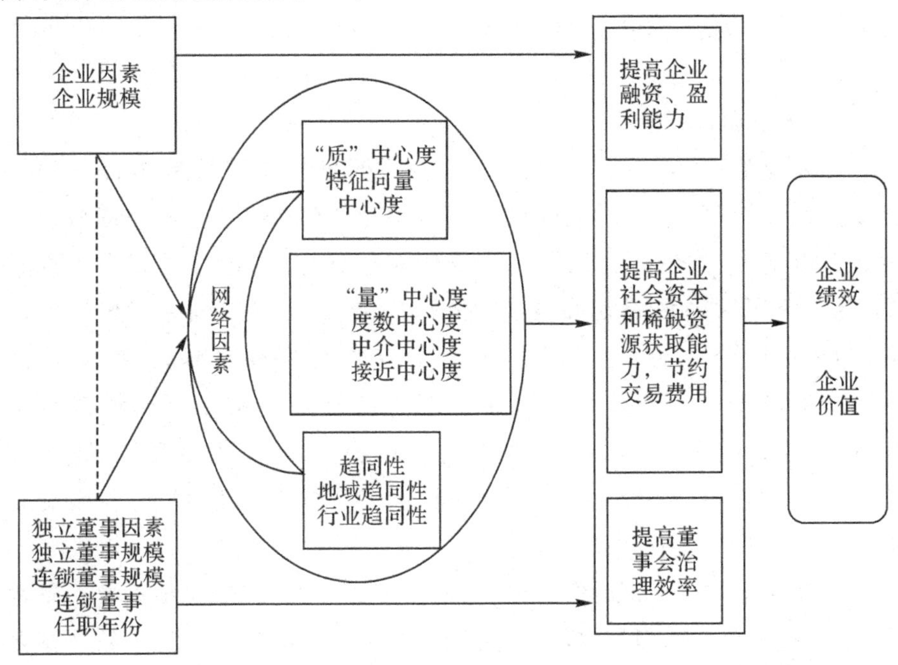

图8-1 连锁董事网络对企业绩效的作用机制

8.3.2 研究设计

(1)数据的收集和处理

本章的数据来源于国泰安 CSMAR 数据库及新浪财经网。笔者收集了 267 家浙江省上市公司的高管信息和财务会计指标,剔除 ST、*ST 企业,由于金融企业的特殊性(衡量绩效的指标不同,经营性质特殊),也在数据处理过程中将这些样本予以剔除。另外,选取 2009 年为时间点,剔除 2009 年以后上市的企业后,还剩 149 家企业,其中无连锁董事的企业只有 5 家,最终确定有连锁董事的样本为 144 家,可知浙江省上市公司连锁董事比例高达 97%。虽然研究对象为上市公司,但是由于企业的连锁董事既可能在其他上市公司任职,也可能在其他非上市公司任职,所以连锁董事数据还涉及非上市公司,但其本质是一样的,都属于连锁董事网络的部分,由于非上市公司没有信息披露制度,因此实际的连锁董事网络要复杂得多。本章主要运用的方法是社会网络分析方法和统计分析方法,先用 MATLAB 软件进行数据预处理,然后运用 UCINET 6.0 软件进行连锁董事网络的分析,得出企业的中心度指标,最后运用 STATA 12.0 统计分析软件进行线性和非线性的回归分析。

(2)变量设计

①因变量:企业绩效。国际上通用的度量公司绩效的指标是净资产收益率,本章的企业绩效以净资产收益率 ROE 来衡量短期绩效。一些研究也指出,投资于连锁董事网络的收益具有滞后性,难以在当期显露,会计数字反映的是历史信息,只记录企业的绝对盈利,不包含风险,不能反映企业的未来盈利。而且财务指标容易受到操纵,会计准则本身的弹性也会导致会计数字不能正确反映连锁董事网络的经济价值。(田高良等,2011)因此,本章也选择了涵盖风险因素,能从经济价值角度反映企业绩效,并且不受会计操纵的托宾 Q 值来衡量企业的长期绩效。

②自变量:连锁董事网络“量”中心度和“质”中心度,连锁董事网络地域/行业趋同性。连锁董事网络是一个包含连锁董事企业网络和连锁董事成员网络的复杂二元网络,由于本章主要考察的是连锁董事网络对企

业绩效的影响，以连锁董事企业网络的中心度指标作为切入点更合理。因此，本章主要选择连锁董事企业网络的中心度指标进行实证研究。以程度中心度(degree)、中介中心度(between)、接近中心度(close)来衡量连锁董事网络的“量”中心度，以特征向量中心度(eigenvector)来衡量连锁董事网络中心度的“质”中心度。另外地域趋同性和行业趋同性也是重要的组成部分，分别用 R-convergence 和 I-convergence 表示。出于计量结果稳健性的考虑，在稳健性分析部分，笔者也选取了连锁董事成员网络的中心度相关指标进行了稳健性检验。

③控制变量。参考已有的研究(任兵等，2004，2007；段海艳等，2007，2008；段海艳，2009；田高良等，2011)，本章以董事会结构、企业规模和连锁董事任职年份作为控制变量。连锁董事规模指连锁董事在董事会中占的比例，用 L-share 表示。对应的，独立董事规模指独立董事在董事会中占的比例，用 I-share 表示。公司规模以 2011 年的总资产对数来衡量，用 logasset 表示。董事任职年份取 2009 年到 2011 年近三年在企业任职的连锁董事的平均任职年份，用 Occupy-year 表示。

8.4 实证分析

8.4.1 描述性统计

为了了解浙江省连锁董事网络的分布情况，笔者对样本企业中拥有连锁董事的企业进行了描述性统计，得出了度数中心度的分布频率直方图(图 8-2)，发现与 5—25 家企业建立了连锁董事网络的企业有 125 家，概率分布比例达到了 86.81%，其中与 5 家以上 10 家以下企业建立了连锁董事网络的企业在浙江省上市公司中最为普遍。从统计结果来看，连锁董事网络最多的公司为华谊兄弟，其连锁企业数达到 105 家，其次为宁波港，连锁企业数达 52 家。

接下来，用 STATA 软件得出频率分布的曲线图，如图 8-3 所示，发现其基本符合幂律分布，表明连锁董事的二元网络符合复杂网络具有幂律分布的特征。由此，验证了王振铁(2009)的研究结论——“权利掌握在少部分人手里”，尤其是大企业，在网络中大部分节点的值不大，只有少部

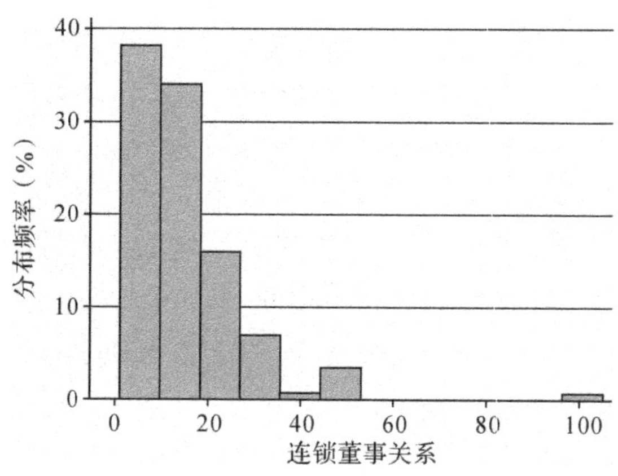

图 8-2　浙江省连锁董事网络分布

分较大的节点，如华谊兄弟和宁波港，这些点往往是网络中的关键节点，起着重要的“桥梁”作用。在数据统计过程中发现，浙江省存在的连锁董事网络数很多，共牵涉了 2124 家企业，包括很多非上市公司，现随机选取其中一家上市公司——杭钢股份，通过 UCINET 6.0 软件分析得出，该企业的连锁董事企业网络输出包括与之有关的三层关系，导出结果如图 8-4 所示。

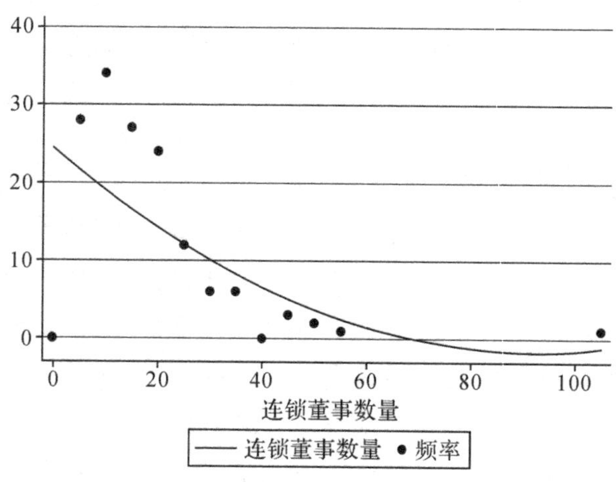

图 8-3　频率分布曲线

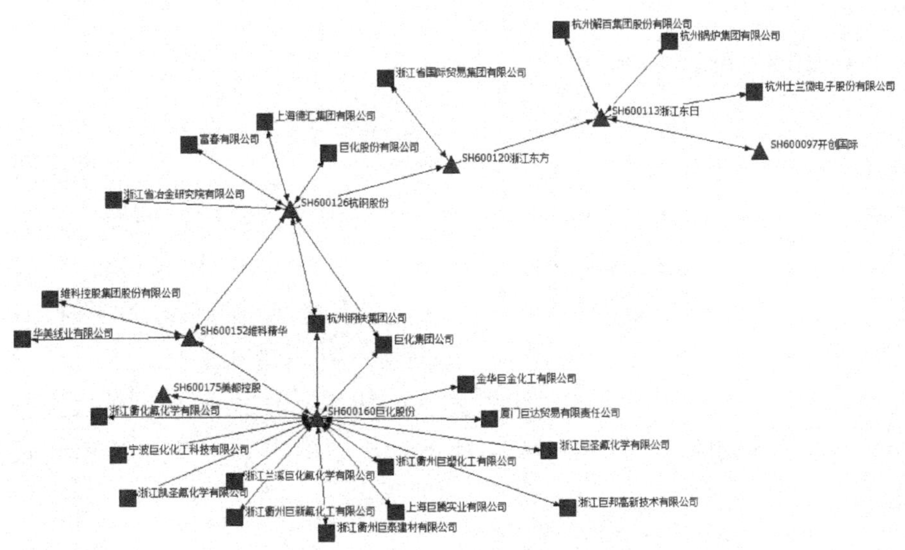

图 8-4　杭钢股份网络

从图 8-4 中看出，杭钢股份为图中三角形点，与其有连锁董事关系的上市公司共有 7 家，为图中的三角形，其余的正方形为包含在该网络中的非上市公司。图 8-5 为传化股份网络图，较杭钢股份复杂，由此看出，浙江省的连锁董事网络分布十分广泛。

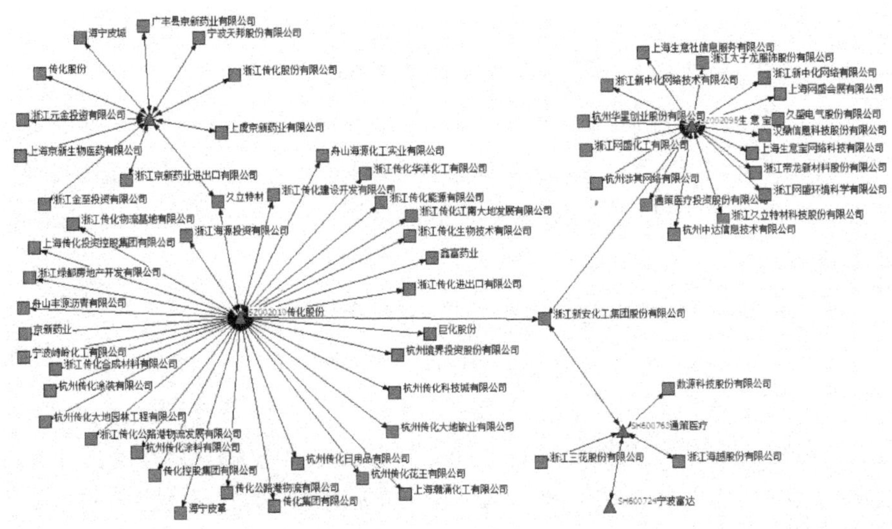

图 8-5　传化股份网络

8.4.2 非线性分析

本章描述性统计部分的研究已经指出，浙江省上市公司连锁董事网络基本符合幂律分布，具有复杂网络的特征。这就在一定程度上说明连锁董事网络的建立存在一定偶然性，利用传统的线性回归方法并不能有效刻画出连锁董事网络特征对企业绩效的作用机制和作用效果。因此，笔者认为曲线关系可能更符合现实情况，需要用非线性的方法对其进行实证分析。由于连锁董事网络本身数量和质量方面的特性的差异，笔者分别用 STATA 软件提供的非线性指数模型和对数模型检验连锁董事网络"质""量"特征对企业绩效的影响。具体的模型设定为：

$$ROE11/TQ11 = b1 \times b2\hat{\ }DCB + \varepsilon$$

$$ROE11/TQ11 = b3/\{1 + \exp[-b4 \times (eigenvector - b5)]\} + \varepsilon \quad (8\text{-}1)$$

其中 ε 为随机误差项。参考任兵(2005)，笔者将程度中心度、中介中心度、接近中心度三个指标相乘，记为中心度数量，用 DCB 表示。另外，投资于连锁董事网络的收益具有滞后性，难以在当期暴露(田高良等，2011)，所以应该从动态的视角来研究连锁董事网络的治理效应，为因变量设定一定的滞后期，从而捕捉连锁董事网络经济效应的滞后效果。而连锁董事网络本身也是一个动态演化的网络，连锁董事的形成或消逝都会导致企业嵌入结构的改变，从而连锁董事网络也随之变化。综合这些考虑，笔者取浙江省上市公司 2011 年的 ROE 和托宾 Q 值作为因变量，来实证检验 2009 年浙江省连锁董事网络对企业绩效的作用效果。将 ROE 和托宾 Q 值分别与连锁董事网络的各个中心度指标进行非线性回归，输出结果如表 8-1 所示。

(1)"量"中心度对企业绩效的非线性影响

从表 8-1 中看出，ROE 回归分析中，两个参数 b1，b2 都非常显著，调整 R^2 值很大，达到 0.6 以上。由此可见，连锁董事网络的"量"中心度指标对企业的净资产收益率(ROE)及托宾 Q 值都有非线性的影响。中心度(centrality)分别和净资产收益率(ROE)及托宾 Q 值运用 STATA 软件做出拟合的曲线图和散点图，如图 8-6、图 8-7 所示。

表 8-1　“量”中心度与企业绩效的回归结果

因变量	ROE11				托宾 Q11			
模型	(1)	(2)	(3)	(4)	(1’)	(2’)	(3’)	(4’)
自变量	degree	close	between	DCB	degree	close	between	DCB
b1	0.117*** (9.72)	0.14*** (6.6)	0.11*** (10.4)	0.11*** (13.7)	1.62*** (14.4)	1.41*** (6.39)	1.55*** (14.3)	1.61*** (19.8)
b2	0.90*** (8.75)	0.59*** (3.39)	0.98*** (32.2)	0.98*** (41.2)	1.02*** (15.4)	1.35*** (3.49)	1.02*** (51.5)	1.01*** (92.1)
N	144	144	144	144	142	142	142	142
Adj R^2	0.631 3	0.636 0	0.630 3	0.629 9	0.772 2	0.774 1	0.774 1	0.773 1
F	124.29***	126.78***	123.76***	123.55***	241.70***	244.24***	244.22***	242.88***

注：括号中为 t 统计，* 表示 $p<0.05$，** 表示 $p<0.01$，*** 表示 $p<0.001$，下同。

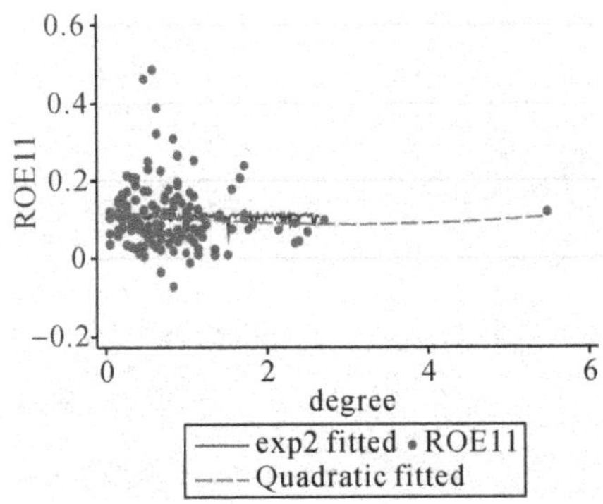

图 8-6　程度中心度与净资产收益率的非线性拟合结果

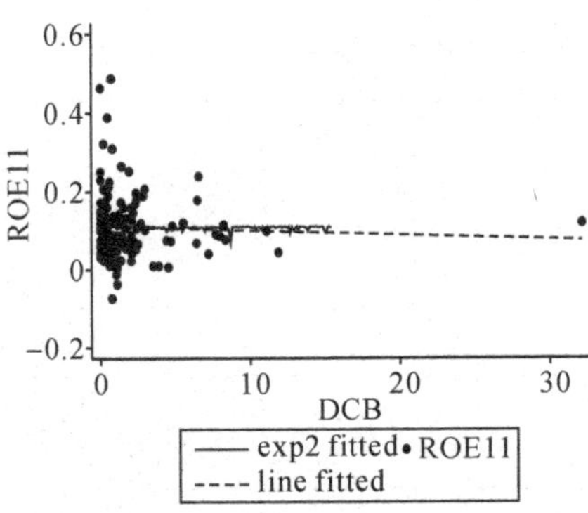

图 8-7　中心度数量与净资产收益率的非线性拟合结果

为了直观起见，笔者有选择地拟合了上述非线性方程，并为各个曲线做了辅助线。在图 8-7、图 8-8 中笔者主要做了两条辅助线，一条是二次方曲线辅助线，一条是线性辅助线。从图 8-7、图 8-8 中可以看出，结合二次方曲线和线性拟合线的辅助，在主要的样本分布区间，各个“量”中心度指标与企业绩效呈现负相关的关系，这否定了 H1a。在图 8-7 中，尽管度数中心度指标与企业绩效呈现 U 型的关系，但是绝大部分的样本都落在了 U 型的左端，总体呈现负相关的趋势。DCB 指标也与企业绩效呈现明显的负相关关系，所有的这些实证结果都表明浙江省连锁董事网络的“量”中心度指标对企业绩效有负向影响，而且这种影响呈现出非线性的特征。“量”中心度指标对企业绩效有负向影响，这说明，忙碌董事理论、阶层领导理论可能对浙江上市公司连锁董事具有一定的解释能力。

这也在一定程度上说明，浙江省上市公司连锁董事数量过多，管理层与连锁董事产生的“精英层”，有为个人私利而“共谋”的嫌疑。另外，实证结果也说明，连锁董事任职过多，董事的精力会分散，不利于提高企业的战略决策和经营管理效率。

(2)“质”中心度对企业绩效的非线性影响

接下来关注“质”中心度指标，即连锁董事特征向量中心度对企业绩效的非线性影响，实证结果参见表 8-2。为了直观起见，笔者也做了“质”中心度指标对企业绩效的非线性影响，并拟合了影响的非线性曲线和辅助直线，如图 8-8 所示。

表 8-2 “质”中心度与企业绩效的回归结果

因变量	ROE11	托宾 Q11
模型	(5)	(5’)
自变量	eigenvector	
b3	20.1	23.5
b4	3.23 (0.91)	−0.74 (−0.34)
b5	4.82** (2.71)	−0.28 (−0.03)
N	144	142

续 表

因变量	ROE11	托宾 Q11
Adj R^2	0.631 3	0.772 2
F	124.29***	241.69***

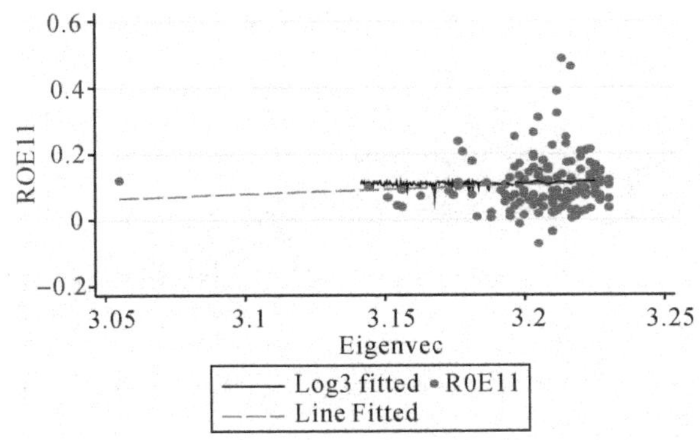

图 8-8 特征向量中心度与净资产收益率的非线性拟合结果

从实证结果及模拟辅助直线可以看出，浙江省连锁董事网络“质”中心度指标与企业绩效呈现正相关关系，说明与“量”中心度指标的作用效果非常不同，浙江省连锁董事网络的“质”中心度指标对企业绩效有正向的影响效果，而且模型的调整 R^2 都超过了 0.6，非线性拟合效果都比较好，这支持了 H1b。特征向量中心度对企业绩效有正向影响，这支持了资源依赖理论，即处在连锁董事网络关键位置的企业可以更好地获取资源。

(3)趋同性对企业绩效的非线性影响

为了验证 H2，笔者也用非线性回归分析方法对连锁董事网络的行业趋同性、地域趋同性指标对企业绩效的作用效果进行了实证检验，具体实证结果见表 8-3。从表中可以看出，模型的非线性拟合效果很好，调整 R^2 也超过了 0.6。

表 8-3 趋同性与企业绩效的回归结果

因变量	ROE11		托宾 Q11	
模型	(6)	(7)	(6')	(7')
自变量	I-convergence	R-convergence	I-convergence	R-convergence
b1	0.125*** (7.63)	0.115*** (8.76)	1.634*** (14.01)	1.613*** (16.14)

续　表

因变量	ROE11		托宾 Q11	
b2	0.711*** (3.45)	0.910*** (6.05)	1.013*** (8.25)	1.031*** (15.29)
N	144	144	142	142
Adj R^2	0.632 9	0.630 2	0.772 1	0.772 4
F	125.16	123.72	241.50	242.00

根据上述实证结果，笔者也拟合了连锁董事网络趋同性指标对企业绩效的非线性影响，以及这些非线性曲线的辅助直线，发现跟“量”中心度指标对企业绩效的影响方向相似，即地域趋同性和行业趋同性指标对企业绩效的影响都显著为负，这也否定了 H2a 和 H2b。出于篇幅的考虑，这里的拟合图不再报告。以上所述说明，浙江省连锁董事网络趋同性对企业绩效的影响也显著为负，地域趋同性和行业趋同性并没有对浙江省的上市企业绩效产生正向的推动作用。

(4)小结

上述实证结果表明，上市公司的程度中心度、中介中心度、接近中心度这些“量”中心度指标，以及它们的乘积项(DCB)对企业绩效都有负面的影响，而且这种影响呈现出非线性特征，即浙江省连锁董事网络的联结数量已经对企业绩效产生了负面影响。笔者认为，这说明浙江省连锁董事网络存在重“量”不重“质”和过度嵌入的问题。而“质”中心度指标对企业绩效有正向的影响，这种正向影响也呈现出非线性的特征，说明趋同性指标对企业绩效影响显著为正。

整体的实证结果说明，浙江省上市公司在建立连锁董事网络关系时存在重“量”不重“质”的问题，企业只是单纯地追求增加连锁董事网络的数量，而忽略了选择有质量的连锁董事。这些实证结果也说明，已有理论可以从不同角度、不同层面来解释浙江省的连锁董事行为，在“量”中心度方面，阶层领导理论、忙碌董事理论都有一定的解释能力，而在“质”中心度方面，资源依赖理论的解释力可能更强。

8.4.3　线性稳健性检验

为了避免在 OLS 回归分析中出现多重共线性问题，在 UCINET

6.0软件导出中心度数据后，采用STATA 12.0软件来检验变量之间的相关性，相关系数矩阵出于篇幅的考虑，这里不再予以报告。从相关性分析中发现，程度中心度(degree)、中介中心度(between)、接近中心度(closeness)三个指标在1%水平下显著正相关，而且相关度水平都比较高，而这三者与特征向量中心度(Eigenvector)在1%的显著水平下负相关。说明连锁董事网络的"量"中心度过高会降低企业的网络嵌入质量，笔者认为这在一定程度上也说明忙碌董事理论在中国，至少在浙江省，有较高的理论解释能力，即董事兼职过多会给公司治理和战略决策带来消极效果。另外，笔者也发现，浙江省连锁董事网络的区域趋同性和行业趋同性在1%水平下也呈现出显著正相关的关系。这些显著的相关关系表明，如果将中心度指标、趋同性指标一同放入回归方程，很可能会产生多重共线性问题，本章采取逐一分析的方法，将这些中心度指标单独纳入回归方程中，分别建立回归模型，回归模型设计如下：

$$Pfm = \beta_0 + \beta_1 \text{Center}_i + \beta_2 \text{Xconver} + \beta_3 \text{L-share} + \beta_4 \text{I-share} + \beta_5 \text{logasset} + \beta_6 \text{Occup-year} + \varepsilon \qquad (8\text{-}2)$$

其中Pfm表示企业绩效，笔者选择与连锁董事网络指标滞后一年的企业绩效指标，即2010年的ROE指标作为因变量，具体变量为企业的ROE。$Center_i$指代各个中心度指标，$i=1,\cdots,4$，分别表示程度中心度(degree)、中介中心度(between)、接近中心度(close)和特征向量中心度(eigenvector)。Xconver指代网络的趋同性指标，分别代替地域趋同性(R-convergence)和行业趋同性(I-convergence)。在上述相关性分析的基础上，笔者对连锁董事关系不同指标对企业绩效的影响进行了稳健性检验。模型(1)到(6)分别用连锁董事网络的单一指标(各中心度指标、趋同性指标)进行回归分析，模型(7)(10)将单一趋同性指标和单一"质"中心度指标或单一"量"中心度指标放入同一个模型中。从实证结果可以看出，绝大部分自变量都在5%的水平下显著，即使不在5%的水平下显著，也在10%的水平下显著。各个"量"中心度指标对企业绩效的影响显著为负；"质"中心度指标对企业绩效的影响显著为正；各趋同性指标都对企业绩效显著影响为负。通过这种线性稳健性检验可以发现，非线性实证分析结论较为稳健，具体如表8-4所示。

表 8-4 分析结论

因变量	ROE10									
模型	(1)	(2)	(3)	(4)	(5)	(6)	(7)	(8)	(9)	(10)
logasset	0.035** (3.17)	0.032** (2.90)	0.028* (2.36)	0.035** (3.17)	0.035** (3.22)	0.031** (2.75)	0.035** (3.21)	0.035** (3.12)	0.035** (3.21)	0.035** (3.12)
Occup-year	0.004 (0.26)	0.001 (0.09)	−0.002 (−0.10)	0.004 (0.26)	0.005 (0.34)	0.006 (0.42)	0.002 (0.11)	0.000 5 (0.03)	0.001 8 (0.11)	0.000 5 (0.03)
L-share	0.055 (1.88)	0.046 (1.82)	0.029 (1.43)	0.055 (1.88)	0.056* (2.00)	0.024 (1.16)	0.057 (1.93)	0.059* (2.00)	0.057 (1.93)	0.059* (2.00)
I-share	0.006 (0.09)	0.013 (0.22)	0.099 (1.48)	0.005 (0.09)	0.022 (0.37)	0.017 (0.27)	0.019 (0.31)	0.014 (0.23)	0.019 (0.31)	0.014 (0.23)
degree	−0.000 9* (−2.11)						−0.001* (−2.28)	−0.001* (−2.18)		
between		−0.000 000 3 (−1.94)								
closs			−0.07* (−2.24)							
eigenvector				0.824* (2.11)					0.911* (2.28)	0.885* (2.18)
I-convergence					−0.002 7* (−2.23)		−0.02 (−1.88)		−0.02 (−1.88)	

续　表

因变量	ROE10									
模型	(1)	(2)	(3)	(4)	(5)	(6)	(7)	(8)	(9)	(10)
R-convergence						−0.008 (−1.87)		−0.01* (−2.28)		−0.01* (−2.28)
C	−0.241* (−2.01)	−0.209 (−1.69)	−0.162 (−1.16)	−2.124* (−2.32)	−0.254* (−2.10)	−0.212 (−1.66)	−0.233 (−1.91)	−0.230 (−1.86)	−2.315* (−2.49)	−2.253* (−2.38)
N	144	144	144	144	144	144	144	144	144	144
F	2.57*	2.46*	2.83*	2.57*	2.89*	3.06*	3.01*	3.39**	3.01*	3.39**
Adj R^2	0.063 5	0.064 5	0.077 8	0.063 5	0.073 8	0.048 4	0.077 8	0.071 3	0.077 8	0.071 4

8.5 结论和进一步的讨论

连锁董事的已有相关理论主要是针对西方发达国家的研究，但是对转型经济体和新兴经济体的研究，特别是针对中国的研究依然不足。所以应将公司治理置于中国特有的社会关系中，摒弃对西方治理模式亦步亦趋的模仿，建立中国制度背景下的公司治理机制和模式。本章以中国浙江省上市公司的连锁董事网络为研究对象，实证检验了浙江省上市公司连锁董事网络特征对企业绩效的非线性影响，发现了浙江省上市公司连锁董事网络服从幂律分布的特征。在这一分布特征的基础上，通过非线性最小二乘回归分析发现，浙江省上市公司连锁董事网络的“质”中心度与企业绩效正相关，“量”中心度与企业绩效负相关，而且发现行业趋同性和地域趋同性也与企业绩效负相关，说明浙江省上市公司在建立连锁董事网络过程中存在重“量”不重“质”和嵌入过度的问题。笔者利用线性回归分析进行稳健性检验发现，这些实证结论依然稳健，说明已有连锁董事网络的相关理论在不同层面上具有不同的适用性。

另外，参考本章的文献综述部分可以发现，国内已有针对连锁董事网络的相关研究得出了截然不同的结论，而本章的研究与国内一些类似的相关研究得出的结论也存在明显差异，这在一定程度上说明，中国的连锁董事网络存在区域异质性的问题，不同的区域由于制度环境的差异、文化历史背景的不同会产生不同的连锁董事网络，这种非正式的制度安排对企业的作用效果会产生不同的影响。本章的贡献在于推动了已有研究的发展，为连锁董事网络的相关研究提供了新的经验证据。

通过本章的实证研究发现，连锁董事规模跟企业绩效正相关；网络中心度指标中，特征向量中心度指标跟企业绩效正相关，这些都支持了资源依赖理论，说明企业既要关注连锁董事网络的数量，也要看重连锁董事网络的质量。独立董事规模与企业绩效有微弱的负相关关系，没有通过显著性检验，表明在中国的特定市场环境下，独立董事还未发挥其拥有的治理效应，相关法规还有待完善。度数中心度与企业绩效显著负相关，但相关系数比较小，这表明企业不能单纯地追求在连锁董事网络中的高中心度，更重要的是，要注重网络“质量”，并不是连锁董事网络越多越好。代表连锁董事任职稳定性的任职年份没有通过检验，可能是所取样本数不够。进一步研究发现，在非线性关系下，连锁董事网络在一定范围内对ROE和托宾Q值都有正向影响，但并不是简单的线性关系，而是呈现U型的曲线关系，回归方程拟合度更佳，这又一次验证了重“量”也重“质”的结论。

但是由于非上市公司的数据无法得知，所以实际的连锁董事网络将更复杂，另外，非面板数据得出的结论还有待进一步检验，已有相关研究证明，网络因素对企业绩效的影响具有时滞性。本章的研究结果对进一步研究连锁董事网络提供了一定的借鉴和参考。但是本章的研究只探索了中国的转型经济，未来的研究者可以通过对其他转型经济国家连锁董事网络对企业组织绩效的影响研究，来进一步验证本章的结论。

第9章　独立董事工作角色对企业绩效影响的实证研究

9.1 引　言

经典公司治理理论将独立董事作用机理归结于明晰的角色定位和独立行使角色的微观过程，而现实中独立董事的角色越来越体现出兼容性和复杂性，该特征使得学者很难再从单一视角定义独立董事。而独立董事除了具备公司治理结构意义上的利益制衡与风险规避的制度机制设计价值外，还具有最为本源的管理特征——工作角色，即独立董事就是外部的专有性人力资本在企业最高决策组织中扮演的特殊角色。如何发挥该角色的应有价值就必然会受到角色扮演者本身主客观因素、角色行使环境与过程的影响，进而导致角色最终的效用。角色理论能够为独立董事个体能力与态度转变提供微观行为识别方法和定量研究的理论支撑。现有研究的焦点在于争论独立董事究竟应该充当监督者还是顾问者的角色，但事实上问题的关键在于独立董事在个人意愿和群体压力下能否有效地担任该角色，本章正是立足现实视角解析角色形成的过程。立足工作角色的研究视角，有利于解决"监督者"抑或"顾问者"的独立董事认识角色分歧，为全面审视独立董事的效用机理提供理论依据。

独立董事最终在履职过程中是否能够"独立"和"作为"是一个动态的演进过程：在履职之初，独立董事会给自己一个较为笼统的角色定位，这个角色定位既包括了发挥自身专业特长的专家顾问职责，也包括了维护中小股东权益的监督职能，此外还有作为外部董事对企业内部董事冲突进行协调的"和事佬"角色。但是随着独立董事履职过程的进行，由于代表利益的差异，自身时间和精力的有限性，以及对内部流程和机制信息的不对称，就可能形成工作角色冲突、过载及混淆等工作干扰因素，这些因素将会导致独立董事积极性受挫及能力发挥受限，其结果就会导致独立董事成为“花瓶董事”“签字董事”“举手董事”等不尽职董事，使得独立董事有意无意地远离了“诚实信用，勤勉尽责”的工作信条。因此，本章将通过分析工作角色发挥效力过程中的混淆、过载和冲突现象，解释独立董事难以有效尽责的微观机理，并利用问卷调查和上市公司大样本进行计量分析，实证检验独立董事角色对企业绩效的切实影响。

9.2　研究假设和研究设计

传统独立董事研究的焦点在于独立董事应该履行某种职能才能发挥应有的效力，“监督角色”“资源提供者”和“战略角色”都是具体职能的体现，但其定位与角色功能一直存在着争议，对于独立董事独立性的研究是现有研究没有解决的关键问题。本章从工作角色角度进行研究，该理论认为，组织中的每个职位都应该具有其确定的一系列职责，只有这样，管理者才能给予员工适当的行为指导。如果员工不知道自己的权利范围如何，自己被期望干些什么，那么在行动上就会表现得犹犹豫豫，或者对决策可能会存在的潜在危险感到害怕。(Jackson et al.，1989)明确工作角色会促使员工有一种能量感，因为员工对需要做些什么知道得很清楚。(Spreitzer，1996)好的角色判断力和对工作角色的创新自由会激发员工对他们工作的想法并对态度具有积极的影响。(Gregersen et al.，1992)因此，最初的工作定位将影响工作绩效，用监督性、专业性和协调性来衡量个体角色定位，提出如下假设：

H1：清晰的监督性角色定位有利于提高独立董事工作绩效；

H2：清晰的专业性角色定位有利于提高独立董事工作绩效；

H3：清晰的协调性角色定位有利于提高独立董事工作绩效。

基于前文分析，实现一个工作角色本身是一个复杂的博弈和充满压力的过程，本章拟采用 Zellars et al.(1999)开发的工作角色量表，分析角色混淆、角色冲突与角色过载这三种角色干扰因素如何影响独立董事的工作意愿，并改进该量表，开发新的量表。角色冲突是指不同角色期望或同一角色不同方面之间的相互矛盾性。独立董事的角色冲突主要体现在大股东对独立董事的角色定位往往与独立董事自身的定位存在差异。作为公司治理制度的硬性规定，独立董事是必须执行的制度安排，而习惯于内部控制的大股东往往希望独立董事不要发出异样的声音，而出于对自身专业性及对公司负责的态度，独立董事就可能与大股东产生认识上的分歧。此外，由于独立董事往往是兼职担任，就可能涉及多方利益在自身上发生冲突的可能，最终产生工作角色的冲突。

角色混淆是指对实现某一角色采取什么行动的不定性。独立董事在履职过程时，特别是初次履职过程中，往往不了解自己要通过什么样的方式、什么样的流程来体现自身的价值，觉得无所适从。另一方面，独立董事还可能不清楚自己做到什么程度才是自身尽责履职的表现，在对自己工作绩效的认识上存在混淆。除了工作角色冲突和工作角色混淆外，工作角色过载也是造成自身工作价值难以体现的重要因素。工作角色过载是指员工被要求完成的活动或任务，与完成此任务所需要的时间和资源存在不一致。很多独立董事都是具有较多社会工作的专业人才，当自身的工作内容过多，时间、精力有限时，就会对担任独立董事力不从心，没有精力去发挥自己的价值。当独立董事在工作过程中发现有很多工作压力源，如角色冲突、角色混淆、角色过载单个或同时存在于工作环境中时，有效工作就会变得非常困难，当这种工作压力超出了独立董事的承受能力时，工作态度和行为就有可能变得恶化。(Erera et al.，1996)角色冲突、角色混淆和角色过载可能会因为压力的增加而对员工造成消极影响，因此提出如下假设：

H4：独立董事的工作角色冲突与工作绩效存在负相关作用；

H5：独立董事的工作角色混淆与工作绩效存在负相关作用；

H6：独立董事的工作角色过载与工作绩效存在负相关作用。

另外，独立董事履职过程更是一个工作角色演进变化的过程，最初的工作定位与工作过程的对应，将会对工作过程中的工作压力干扰水平产生影响，而工作干扰的程度又将直接影响到工作绩效，因此，“工作角色定位—工作角色干扰—工作绩效”将是一个具有显著关联的逻辑链条。独立董事最初的工作角色定位将会对履职过程中的工作压力干扰产生影响，进而会对工作绩效产生影响。Netemeyer et al.(1995)研究发现，角色冲突、角色混淆和角色过载三个认知维度通过对工作满意度的影响进而对组织承诺、离职意图起到间接作用。因此，提出如下假设：

H7:监督性角色定位通过降低角色混淆、角色冲突和角色过载来实现对工作绩效的影响；

H8:专业性角色定位通过降低角色混淆、角色冲突和角色过载来实现对工作绩效的影响；

H9:协调性角色定位通过降低角色混淆、角色冲突和角色过载来实现对工作绩效的影响。

9.3 数据来源

笔者借助与深交所和上交所的工作联系，利用每年举行的多次独立董事资格培训，以及通过所在省份的金融办等部门，对上市公司及拟上市公司的独立董事进行问卷调查，实际发放230份问卷，有效问卷为197份。在正式数据收集之前，笔者先进行了小样本的预测，根据预测数据得到的研究结果再对整体设计进行了进一步研究和调整，最后实施正式的调查。对于数据分析，笔者采用SPSS 20.0、AMOS 5.0软件进行处理，定量地描述独立董事工作角色形成机理，揭示主观视角下独立董事不尽责的原因。其中问卷的内在逻辑关系如前图5-2所示。

主要变量的描述性统计如表9-1所示，其中包含各个变量的平均数、标准差、最大值和最小值的描述性统计结果。其中，协调性、监督性的最小值都为1.00，最大值为5.00，其平均值均为4.00以上。角色混淆和角色冲突的均值在1.5左右，角色过载的均值较角色混淆和角色冲突均值偏高，为3.37。工作绩效最小值为2.60，最大值为5.00，其平均值较高，为4.66。

表9-1 工作角色定位、角色干扰和工作绩效的描述性统计结果

变量	M	SD	Min	Max
协调性	4.05	1.06	1.00	5.00
监督性	4.49	0.86	1.00	5.00

续　表

变量	M	SD	Min	Max
专业性	4.63	0.66	2.00	5.00
工作角色混淆	1.52	0.50	1.00	3.17
工作角色过载	3.37	0.82	1.00	5.00
工作角色冲突	1.38	0.45	1.00	3.67
工作绩效	4.66	0.42	2.60	5.00

9.4　实证分析

9.4.1　信度检验

对工作角色混淆、工作角色过载、工作角色冲突和工作绩效分别进行信度检验。一般认为,克伦巴赫 $\alpha<0.35$ 为低可靠性,$0.35\leqslant\alpha\leqslant0.75$ 尚可,$\alpha>0.75$ 为高可靠性。表 9-2 表明,工作绩效和工作角色混淆的克伦巴赫 $\alpha\geqslant0.75$,说明具有高可靠性;工作角色过载和工作角色冲突的克伦巴赫 α 系数在 0.35 与 0.75 之间,说明具有可靠性,即各因素的 α 系数基本符合要求。

表 9-2　内在一致性系数(克伦巴赫 α 系数)指标

	工作绩效	工作角色混淆	工作角色过载	工作角色冲突
克伦巴赫 α 系数	0.75	0.90	0.45	0.55

9.4.2　效度检验

(1)工作角色混淆结构效度检验

由于工作角色混淆具有三个子维度(程序混淆、方法混淆、绩效混淆),研究首先对工作角色混淆进行验证性因素分析(confirmatory factor analysis,CFA)。表 9-3 显示了工作角色混淆三个维度的因子载荷。

在模型整体拟合判断上,常用的指标包括:比较拟合指数(CFI)、拟合优度(GFI)和近似均方根误差(RMSEA)。Hu et al. (1999)认为,CFI

和 GFI 指数在 0.95 以上表示模型拟合较好。RMSEA 在 0.08—0.10 之间仍然可以接受。(Browne，1993；Browne et al.，1993)从表 9-4 的结果可知，工作角色混淆验证性分析的 CFI 指数为 0.95，GFI 指数为 0.92，RMSEA 指数为 0.08，说明具有良好的结构效度。

表 9-3　工作角色混淆三维度因子载荷

项目	因子载荷
程序混淆 1	0.73
程序混淆 2	0.54
程序混淆 3	0.58
程序混淆 4	0.81
程序混淆 5	0.79
程序混淆 6	0.62
方法混淆 1	0.82
方法混淆 2	0.81
方法混淆 3	0.66
方向混淆 4	0.72
绩效混淆 1	0.81
绩效混淆 2	0.71

表 9-4　工作角色混淆验证性因素分析的整体拟合指数

$\chi^2(df)$	CFI	GFI	RMSEA
107.21 (45)	0.95	0.92	0.08

(2)测量模型检验

为了检验工作角色混淆、工作角色冲突、工作角色过载和工作绩效四个变量之间的区分效度，此处采用测量模型比较(comparison of measurement models)的方法，其中工作角色混淆的三个维度用平均数作为指标(indicators)，结果见表 9-5。模型 1 为基础模型(baseline model)，显示出较好的模型拟合度($\chi^2=101.73$，$df=59$，CFI=0.94，GFI=0.92，RMSEA=0.06)。模型 2 为三因素模型(合并了工作角色混淆和工作角色冲突)，相对于基础模型，其模型拟合度显著降低($\Delta\chi^2=44.56$，$\Delta df=3$，p

<0.01)。模型3为两因素模型(对工作角色混淆、工作角色冲突和工作角色过载进行了合并),相对于基础模型,其模型拟合度显著降低($\Delta\chi^2=56.88$, $\Delta df=5$, $p<0.01$)。最后,模型4为单因素模型(四个因素同时合并),相对于基础模型,其模型拟合度也显著降低($\Delta\chi^2=87.99$, $\Delta df=6$, $p<0.01$)。上述统计结果表明,工作角色混淆、工作角色冲突、工作角色过载和工作绩效四个变量之间具有良好的区分效度。

表9-5 测量模型比较

模型	$\chi^2(df)$	$\Delta\chi^2$	CFI	GFI	RMSEA
模型1:四因素模型	101.73(59)		0.94	0.92	0.06
模型2:合并混淆和冲突	146.29(62)	44.56**	0.89	0.89	0.08
模型3:合并混淆、冲突和过载	158.61(64)	56.88**	0.88	0.88	0.09
模型4:单因素模型	189.72(65)	87.99**	0.84	0.86	0.10

注:** 代表 $p<0.01$。

9.4.3 相关分析

笔者采用相关分析来对各个变量之间的关系进行初步探索,相关分析结果见表9-6。

表9-6 变量相关分析结果

	协调性	监督性	专业性	工作角色混淆	工作角色过载	工作角色冲突	工作绩效
协调性	1.00						
监督性	0.36**	1.00					
专业性	0.23**	0.50**	1.00				
工作角色混淆	−0.47**	−0.59**	−0.59**	1.00			
工作角色过载	0.03	−0.04	0.01	0.01	1.00		
工作角色冲突	−0.23**	−0.19**	−0.23**	0.41**	−0.04	1.00	
工作绩效	0.21**	0.37**	0.41**	−0.64**	−0.10	−0.41**	1.00

注:** 代表 $p<0.01$。

首先，协调性角色定位与工作绩效存在显著正相关（$r=0.21$, $p<0.01$），与工作角色混淆（$r=-0.47$, $p<0.01$）和工作角色冲突（$r=-0.23$, $p<0.01$）存在显著负相关，但是与工作角色过载相关系数不显著（$r=0.03$, $p>0.05$）；监督性角色定位与工作绩效存在显著正相关（$r=0.37$, $p<0.01$），与工作角色混淆（$r=-0.59$, $p<0.01$）和工作角色冲突（$r=-0.19$, $p<0.01$）存在显著负相关，但是与工作角色过载相关系数不显著（$r=-0.04$, $p>0.05$）；专业性角色定位与工作绩效存在显著正相关（$r=0.41$, $p<0.01$），与工作角色混淆（$r=-0.59$, $p<0.01$）和工作角色冲突（$r=-0.23$, $p<0.01$）存在显著负相关，但是与工作角色过载相关系数不显著（$r=0.01$, $p>0.05$）。即实证检验支持了 H1，H2，H3。

其次，工作角色混淆（$r=-0.64$, $p<0.01$）和工作角色冲突（$r=-0.41$, $p<0.01$）与工作绩效存在显著负相关，但工作角色过载与工作绩效相关系数不显著（$r=-0.10$, $p>0.05$）。即实证检验支持了 H4 和 H5，但是 H6 不成立。

9.4.4　假设检验

为了验证主效应假设和中介效应假设，本部分遵循 Baron et al.（1986）的建议，进行多元层次回归分析（hierarchical multiple regression）。分析的基本思路是：首先，将工作角色定位为自变量，考察其对工作角色干扰的预测作用；其次，将工作角色定位为自变量，考察其对工作绩效的预测作用；最后，以工作绩效为因变量，分别考察工作角色定位、工作角色干扰对其的预测作用。独立董事的性别、年龄和教育水平将作为控制变量。由于相关分析结果显示，工作角色过载与其他所有变量都不相关，因此将不再放入回归方程进行进一步分析。

协调性角色定位对工作绩效的主效应，以及工作角色混淆、工作角色冲突的中介效应分析结果见表 9-7。首先，协调性角色定位对工作角色混淆（$r=-0.47$, $p<0.01$，模型 1）和工作角色冲突（$r=-0.24$, $p<0.01$，模型 2）的回归系数显著，表明清晰的协调性角色定位能够降低独立董事的工作角色混淆和工作角色冲突感知。

其次，协调性角色定位对工作绩效（$r=0.22$, $p<0.01$，模型 3）回归系数显著，表明清晰的协调性角色定位有利于独立董事工作绩效的提高。

最后，当协调性角色定位、工作角色混淆和工作角色冲突同时对工作绩效进行回归时（模型 4），工作角色混淆（$r=-0.64$，$p<0.01$）和工作角色冲突（$r=-0.17$，$p<0.01$）回归系数显著，但协调性角色定位回归系数不显著（$r=-0.20$，$p>0.05$）。该统计结果证明了，工作角色混淆和工作角色冲突在协调性角色定位和工作绩效之间起完全中介作用，即协调性角色定位通过降低工作角色混淆和工作角色冲突来实现对工作绩效的影响，中介作用机制模型见图 9-1。

表 9-7　协调性角色定位、工作角色混淆、工作角色冲突对工作绩效的回归分析

预测变量	工作角色混淆	工作角色冲突	工作绩效	
	模型 1	模型 2	模型 3	模型 4
控制变量				
年龄	−0.04	−0.05	−0.03	−0.06
性别	0.01	−0.03	0.09	0.10
学历	0.01	0.11	−0.04	−0.01
主效应				
协调性角色定位	−0.47**	−0.24**	0.22**	−0.20
中介效应				
工作角色混淆				−0.64**
工作角色冲突				−0.17**
R^2	0.47	0.27	0.23	0.68
ΔR^2				0.45**

注：** 代表 $p<0.01$。

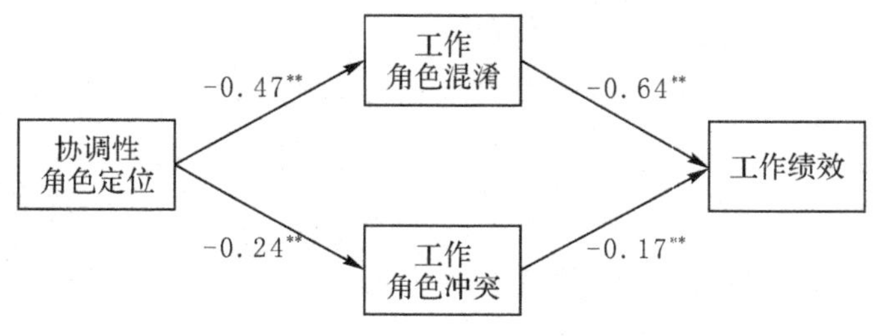

注：** 代表 $p<0.01$。

图 9-1　工作角色混淆和工作角色冲突在协调性角色定位和工作绩效之间的中介作用

监督性角色定位对工作绩效的主效应，以及工作角色混淆、工作角色冲突的中介效应分析结果见表 9-8。首先，监督性角色定位对工作角色混淆（$r=-0.58$，$p<0.01$，模型 1）和工作角色冲突（$r=-0.18$，$p<0.05$，模型 2）的回归系数显著，表明清晰的监督性角色定位能够降低独立董事的工作角色混淆和工作角色冲突感知。

其次，监督性角色定位对工作绩效（$r=0.38$，$p<0.01$，模型 3）回归系数显著，表明清晰的监督性角色定位有利于独立董事工作绩效的提高。

最后，当监督性角色定位、工作角色混淆和工作角色冲突同时对工作绩效进行回归时（模型 4），工作角色混淆（$r=-0.57$，$p<0.01$）和工作角色冲突（$r=-0.16$，$p<0.05$）回归系数显著，但监督性角色定位回归系数不显著（$r=0.02$，$p>0.05$）。该统计结果证明了，工作角色混淆和工作角色冲突在监督性角色定位和工作绩效之间起完全中介作用，即监督性角色定位对工作绩效的影响通过降低工作角色混淆和工作角色冲突来实现，中介作用机制模型见图 9-2。

表 9-8　监督性角色定位、工作角色混淆、工作角色冲突对工作绩效的回归分析

预测变量	工作角色混淆	工作角色冲突	工作绩效	
	模型 1	模型 2	模型 3	模型 4
控制变量				
年龄	0.03	−0.04	0.09	−0.07
性别	0.01	−0.02	0.10	0.11
学历	−0.01	0.10	−0.03	−0.02
主效应				
监督性角色定位	−0.58**	−0.18*	0.38**	0.02
中介效应				
工作角色混淆				−0.57**
工作角色冲突				−0.16**
R^2	0.57	0.23	0.38	0.67
ΔR^2				0.29**

注：* 代表 $p<0.05$，** 代表 $p<0.01$。

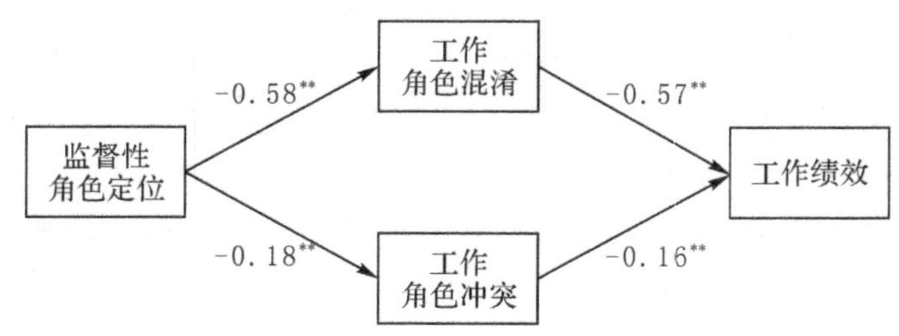

注：** 代表 $p<0.01$。

图 9-2 工作角色混淆和工作角色冲突在监督性角色定位和工作绩效之间的中介作用

专业性角色定位对工作绩效的主效应，以及工作角色混淆、工作角色冲突的中介效应分析结果见表 9-9。首先，专业性角色定位对工作角色混淆（$r=-0.56$，$p<0.01$，模型 1）和工作角色冲突（$r=-0.21$，$p<0.01$，模型 2）的回归系数显著，表明清晰的专业性角色定位能够降低独立董事的工作角色混淆和工作角色冲突感知。

其次，专业性角色定位对工作绩效（$r=0.40$，$p<0.01$，模型 3）回归系数显著，表明清晰的专业性角色定位有利于独立董事工作绩效的提高。

最后，当专业性角色定位、工作角色混淆和工作角色冲突同时对工作绩效进行回归时（模型 4），工作角色混淆（$r=-0.55$，$p<0.01$）和工作角色冲突（$r=-0.16$，$p<0.01$）回归系数显著，但专业性角色定位回归系数不显著（$r=0.06$，$p>0.05$）。该统计结果证明了，工作角色混淆和工作角色冲突在专业性角色定位和工作绩效之间起完全中介作用，即专业性角色定位通过降低工作角色混淆和工作角色冲突来提高工作绩效，中介作用机制模型见图 9-3。

表 9-9 专业性角色定位、工作角色混淆、工作角色冲突对工作绩效的回归分析

预测变量	工作角色混淆	工作角色冲突	工作绩效	
	模型 1	模型 2	模型 3	模型 4
控制变量				
年龄	−0.03	−0.06	−0.05	−0.07
性别	0.06	−0.00	0.07	0.10
学历	−0.03	0.09	−0.01	−0.02
主效应				
专业性角色定位	−0.56**	−0.21**	0.40**	0.06

续 表

预测变量	工作角色混淆	工作角色冲突	工作绩效	
	模型1	模型2	模型3	模型4
中介效应				
工作角色混淆				-0.55^{**}
工作角色冲突				-0.16^{**}
R^2	0.57	0.25	0.41	0.67
ΔR^2				0.26^{**}

注：** 代表 $p<0.01$。

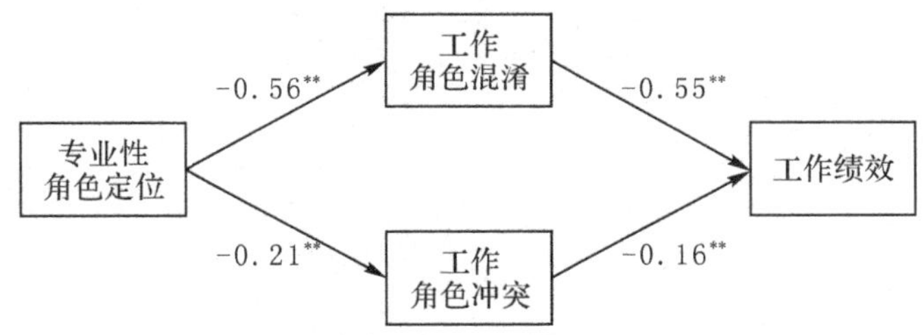

注：** 代表 $p<0.01$。

图9-3 工作角色混淆和工作角色冲突在专业性角色定位和工作绩效之间的中介作用

为了进一步验证假设模型，笔者利用结构方程模型(SEM)对完整中介模型(即同时包含三种角色定位，工作角色混淆、工作角色冲突、工作绩效)进行分析。对于回归分析，主要有几方面的限制：不允许有多个因变量或输出变量；中间变量不能包含在与预测因子一样的单一模型中；预测因子假设为没有测量误差；误差或残差变量只是模型中允许的潜在变量及预测因子间的多重共线性会妨碍结果解释。而相对于多元回归分析，结构方程模型能拟合不受这些限制的模型，能够解释变量的测量误差，提供总体模型检验。结果如图9-4所示，其显示出良好的拟合度($\chi^2=140.77$，$df=69$，CFI=0.93，GFI=0.91，RMSEA=0.07)。协调性角色定位与工作角色混淆之间的路径系数显著($\beta=-0.12$，$p<0.01$)，与工作角色冲突之间的路径系数显著($\beta=-0.17$，$p<0.01$)；监督性角色定位与工作角色混淆之间的路径系数显著($\beta=-0.28$，$p<0.01$)，与工作角色冲突之间的路径系数不显著($\beta=-0.05$，$p>0.05$)；专家性角色定位与工作角色混淆之间的路径系数显著($\beta=-0.16$，$p<0.01$)，与工

作角色冲突之间的路径系数不显著($\beta=-0.02$, $p>0.05$)。工作角色混淆与工作绩效之间的路径系数显著($\beta=-0.30$, $p<0.01$),工作角色冲突与工作绩效之间的路径系数显著($\beta=-0.22$, $p<0.01$)。该研究结果表明,监督性角色定位和专业性角色定位主要是通过工作角色混淆影响工作绩效。

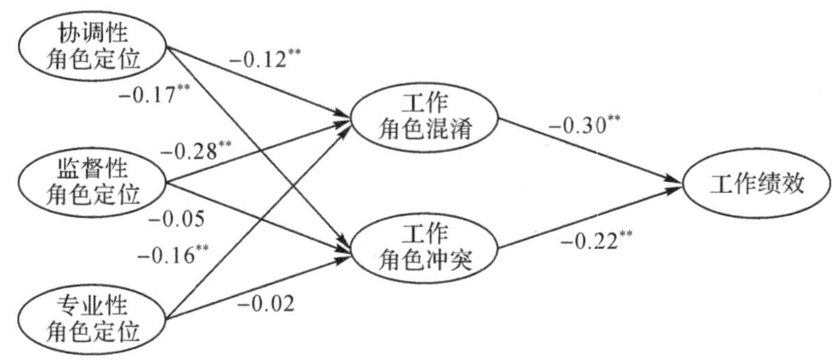

$\chi^2=140.77$, $df=69$, CFI=0.93, GFI=0.91, RMSEA=0.07

注:** 代表 $p<0.01$。

图 9-4 完整中介模型

9.4.5 辅助分析

为了进一步探讨影响独立董事工作角色定位、工作角色干扰和工作绩效的相关因素,本部分对具备不同担任初衷、工作性质和担任途径性质的个体在各个变量上进行差异分析。首先,对担任初衷、工作性质和担任途径进行频次分析,见表 9-10。结果显示,大部分独立董事的工作性质为高校;企业主动联系为担任独立董事的主要途径。

表 9-10 担任初衷、工作性质和担任途径的频次分析

性质维度		人数	比率
担任独立董事的初衷(多选题)	发挥专长	177	
	增加经济收入	20	
	给朋友帮忙	21	
	了解研究企业需要	83	

续　表

性质维度		人数	比率
目前工作性质	政府部门	7	3.6
	会计师事务所	16	8.2
	律师事务所	20	10.3
	高校	75	38.5
	企业	39	19.9
	其他	38	19.4
担任独立董事的途径	政府推荐	5	2.6
	中介推荐	39	19.9
	企业主动联系	97	49.5
	个人毛遂自荐	1	0.5
	朋友介绍	49	25.0
	创投公司推荐	5	2.6

为了进一步探讨不同初衷对角色定位上的影响，采用方差分析进行研究，结果见表9-11。首先，拥有发挥专长初衷的独立董事具有更清晰的专家角色定位[$F(1,195)=3.57$，$p<0.05$]（图9-5）。其次，当个体是为了增加收入而担任独立董事时，其协调[$F(1,195)=7.38$，$p<0.01$]、监督[$F(1,195)=7.42$，$p<0.01$]和专家角色定位[$F(1,195)=5.89$，$p<0.01$]的清晰程度较低（图9-6）。再次，是否给朋友帮忙在角色定位三个维度上没差异。最后，当个体是以研究企业需要为初衷时，监督角色定位的清晰度较低[$F(1,195)=4.58$，$p<0.05$]（图9-7）。

表9-11　不同初衷在角色定位上的差异比较

初衷类型	协调性	监督性	专家性
发挥专长	$M=4.06$　$SD=1.06$	$M=4.50$　$SD=0.85$	$M=4.66$　$SD=0.61$
非发挥专长	$M=3.95$　$SD=1.08$	$M=4.42$　$SD=1.01$	$M=4.37$　$SD=0.96$
方差分析	$F(1,195)=0.20$	$F(1,195)=0.13$	$F(1,195)=3.57^{*}$
增加收入	$M=3.45$　$SD=1.15$	$M=4.00$　$SD=0.86$	$M=4.30$　$SD=0.80$
非增加收入	$M=4.12$　$SD=1.03$	$M=4.55$　$SD=0.85$	$M=4.67$　$SD=0.63$
方差分析	$F(1,195)=7.38^{**}$	$F(1,195)=7.42^{**}$	$F(1,195)=5.89^{*}$

续　表

初衷类型	协调性	监督性	专家性
给朋友帮忙	M=3.67　SD=1.24	M=4.48　SD=0.75	M=4.48　SD=0.81
非给朋友帮忙	M=4.10　SD=1.03	M=4.49　SD=0.88	M=4.65　SD=0.63
方差分析	$F(1,195)=3.10$	$F(1,195)=0.01$	$F(1,195)=1.35$
研究企业需要	M=3.94　SD=1.00	M=4.34　SD=0.95	M=4.54　SD=0.67
非研究企业需要	M=4.13　SD=1.10	M=4.60　SD=0.77	M=4.70　SD=0.64
方差分析	$F(1,195)=1.58$	$F(1,195)=4.58^{*}$	$F(1,195)=2.78$

注：* 代表 $p<0.05$，** 代表 $p<0.01$。

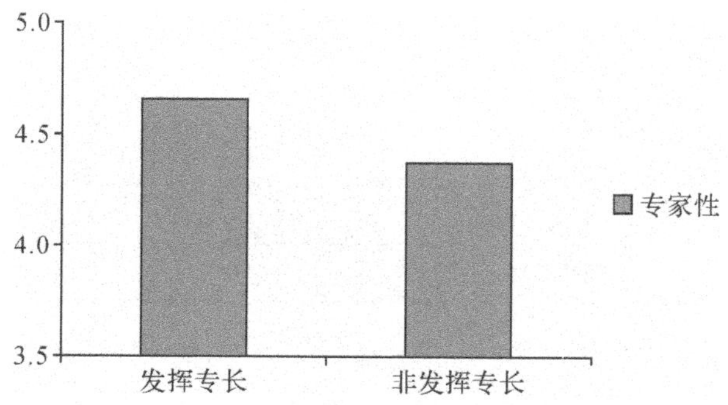

图 9-5　发挥专长和非发挥专长初衷的专家角色定位

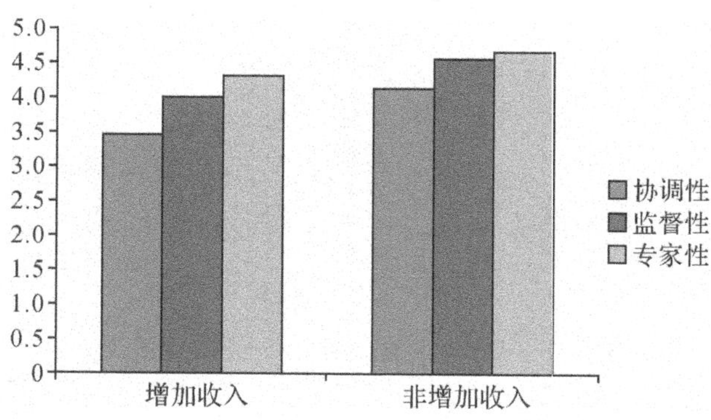

图 9-6　增加收入和非增加收入初衷的三种角色定位

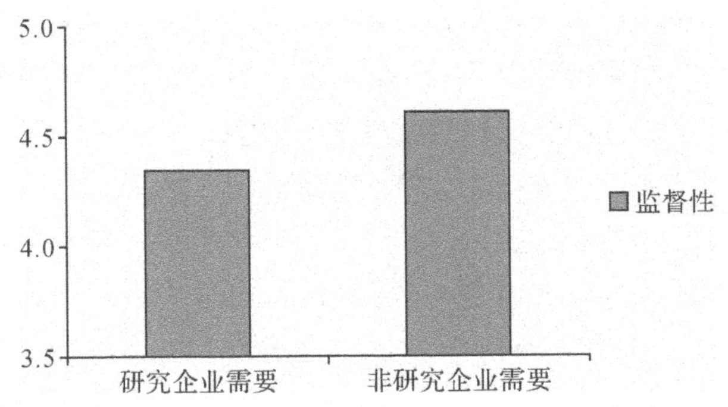

图 9-7　研究企业需要和非研究企业需要初衷的监督角色定位

9.5　结论与展望

本章基于问卷调查，首先通过 SPSS 20.0 软件进行数据分析，对工作角色混淆、工作角色过载、工作角色冲突和工作绩效分别进行信度和效度检验，发现具有较高的可靠性和良好的结构效度，并且四个变量之间具有良好的区分效度。相关分析结果显示，协调性角色定位与工作绩效存在显著正相关，与工作角色混淆和工作角色冲突存在显著负相关；监督性角色定位与工作绩效存在显著正相关，与工作角色混淆和工作角色冲突存在显著负相关；专业性角色定位与工作绩效存在显著正相关，与工作角色混淆和工作角色冲突存在显著负相关；工作角色混淆和工作角色冲突与工作绩效存在显著负相关；而工作角色过载与其他所有变量都不相关。通过进一步研究发现，清晰的协调性、监督性和专业性角色定位都能降低独立董事的工作角色混淆和工作角色冲突感知，并且有利于独立董事工作绩效的提高。当协调性角色定位、工作角色混淆和工作角色冲突同时对工作绩效进行回归时，发现工作角色混淆和工作角色冲突的回归系数显著，但协调性角色定位回归系数不显著。这充分说明工作角色混淆和工作角色冲突在协调性角色定位和工作绩效之间起完全中介作用，即协调性角色定位通过降低工作角色混淆和工作角色冲突来实现对工作绩效的影响。当监督性角色定位、工作角色混淆和工作角色冲突同时对工作绩效进行回归时，工作角色混淆和工作角色冲突回归系数显著，但监督性回归系数不显著。证明工作角色混淆和工作角色冲突在监督性角色定位和工作绩效之间起完全中介作用，即监督性角色定位对工作绩效的影响通过降低工作角色混淆和工作角色冲突来实现。同样，研究也表明，工作角色混淆和工作角色冲突在专业性角色定位和工作绩效之间起完全中介作用，即专业性角色定位通过降低工作角色混淆和工作角色冲突来提高工作绩效。为进一步验证假设模型，本章利用结构方程模型软件对完整中介模型（即同时包含三种角色定位、工作角色混淆、工作角色冲突、工作绩效）进行分析，发现独立董事的监督性角色定位和专业性角色定位主要是通过工作角色混淆影响工作绩效。

独立董事工作角色的协调性、监督性和专业性都能降低独立董事的工作角色混淆和工作角色冲突感知，有利于独立董事工作绩效的提高。因此，提升独立董事的专业水平、协调水平和监督意识，能降低工作绩效的不作为或不独立现象，有利于提高工作绩效。本章以“工作角色”代替“职能角色”，通过工作角色理论框架中的混淆、冲突和过载现象，有效地揭示了独立董事主观意愿的变化过程，为独立董事研究开辟了新的视角。

第10章　独立董事尽责行为对策研究[①]

10.1　核心对策

结合上述研究成果，认为可以通过围绕梯度嵌入的四层委托代理模型机理及作用路径，采取以下五种策略来优化现有的独立董事制度，切实提高企业绩效。

(1)“量”的积累与“质”的耕耘并重：独立董事聘任的甄选策略

独立董事作为企业高层决策成员，其个人能力与素质将直接影响到整个企业的决策质量与效率，因此，选择德才兼备的人才担任独立董事是该制度有限发挥应有效力的基础。国有企业由国资委直接任命独立董事的行为，往往会忽略独立董事任职能力与企业发展相匹配的要求；但部分企业迷信部分独立董事“财务专家、管理咨询专家”的经历，过分注重名人效应，从而忽视了他们时间和精力的保证。在现有独立董事的人群中，学历高、年龄高、职务高的现象较为普遍，部分企业还倾向寻求政治关联，聘请具有政府官员履历的人员担任独立董事。

首先，政府相关部门应该对上市公司聘请独立董事的行为进行适当规范，限制上市企业聘请过度“忙碌”的董事，这充分考虑到独立董事个人没有足够的时间、精力履行董事职责，不利于公司治理水平和战略决策效率的提高。政府应该鼓励企业甄选、聘请那些有战略决策潜质和

---

① 本研究所选择的案例均为上市公司公开信息，不涉及任何知识产权问题。出于保护相关者声誉的目的，在不失研究一般性的基础上，本研究对相关案例中的人名进行了处理。

公司治理潜质的独立董事，这样可以提升企业连锁董事网络的质量和企业在连锁董事网络中的“质”中心度，从而可以在战略维度上有效提升企业的资源获取能力。其次，政府相关部门应该适度限制企业聘请“趋同”董事，鼓励企业跨行业、跨区域聘请董事，这可以在一定程度上提升企业在连锁董事网络中的嵌入质量，优化企业在连锁董事网络中的嵌入结构，避免企业陷入过度嵌入陷阱问题。跨区域、跨行业的连锁董事可以降低企业间的战略“趋同”和战略风险，降低企业的战略思维禁锢、战略空间受限的可能性。再次，企业应倾向聘任复合型独立董事，在尊重个人专业特长的前提下，要求独立董事对基本的财务、法律、公司治理流程进行理论培训及实践参与，不能仅仅停留在上交所、深交所的资格培训层面，而应该要求独立董事有意识地提高自己对具体行业和企业的了解与熟悉。

(2)个人能力与工作角色要相匹配：要贯彻梯度嵌入企业的流程

尽管应该承认独立董事个人能力与素质对企业决策的重要性，但是独立董事制度要充分发挥个体能力的前提是，履职人要能够充分认识和明确独立董事自身的工作角色，将个人能力与职责相统一，做到“能岗匹配”。此时，明确工作的定位、流程，合理安排时间、精力就非常关键。事实上，众多独立董事没有尽到相关义务，甚至出现违规行为，并非单纯由个人能力和素质缺乏造成，还由于存在工作角色的混淆行为。独立董事在履行自身工作角色时，由于工作目标不明确、工作绩效标准不清晰及对工作流程不熟悉，就会出现较为严重的信息不对称，这种非制度因素造成的效率缺失，将使得独立董事难以发挥监督及专家的职责，“空有一身力气，而无用武之地”，甚至有的还会违反相关法律、法规而产生严重后果。此外，独立董事缺少参与企业工作的时间，或者与大股东产生严重的理念及文化方面的冲突，都会制约其发挥自身的价值，因此工作角色过载与工作角色冲突也是要在甄选与应聘独立董事期间所必须关注的问题。

因此，在企业决策流程和机制设计上，甄选独立董事之前就要对独立董事履职的工作角色进行明确定位，并明确工作流程和基本绩效目标，要创造一些“外部条件”帮助独立董事有效发挥其作用，包括向独立董事提供有关企业日常运作、经营管理、财务状况等各方面的必要信息，给独立董事应有的知情权，让独立董事有充分的机会了解企业等，这样才能真正将独立董事制度落到实处。简言之，无论是国有企业还是民营企业，独立董事都要有明确的任务导向及完成该项任务所必需的流程与方法。在具体工作过程中，独立董事要逐步深入开展工作，从熟悉企业规则、掌握企业需求入手，逐步发挥自身的价值，不能一蹴而就，为企业"填鸭"大量资源，这不仅不能形成企业真正的核心竞争力，甚至可能导致企业过度依赖外部人际资源，形成惰性，进而丧失活力。

(3)明确独立董事监督职能的针对性，逐步确立独立董事的声誉体系

现有独立董事制度缺乏的关键因素之一就是具有激励效用的绩效考核体系。由于现有学界对独立董事如何提升及是否能够提升企业绩效尚未形成一致性的意见。而对独立董事薪酬往往采取固定津贴的方式，缺乏激励性。而除了必要的法律约束与交易所行为规则外，企业难以找到有效的方式考察独立董事是否诚实尽责，是否发挥应有的监督职能。基于前文构建的四层委托代理模型，独立董事在应聘上岗之初，就可以通过对公司资本结构和组织架构的了解，初步判断现有公司主要面临的代理成本类型，进而有针对性地进行跟踪和完善，而对监督成效的评判就需要定量化的指标加以测算。例如，对第一类代理成本有效监控的指标是企业的管理成本比例，对第二类代理成本监控的手段是"掏空"水平，往往采用"两权分离度"加以观测，对第三类代理成本可以采用企业慈善投入比重来观测，而对第四类代理成本则可以通过用是否"两权合一"与企业管理成本比例的交互性加以观测，观测的结果可以作为独立董事是否有效监督的参考指标。尽管当前通过薪酬的方式难以有效对独立董事进行激励，但是可以通过独立董事声誉机制的建立进行激励。声誉激励是驱使独立董事认真工作的动力源泉。[①] 形成有效声誉激励需要一个非官方的第三方机构对其进行监督与考核。此外，对于企业独立董事人选的推荐，专业第三方平台可以为企业自愿聘任与被动任命提供更为准确和丰富的信息资源。因此，围绕两个交易所现有的培训与审核机制，构建一个涵盖信用机制、双向选择的虚拟性职业联盟或平台，将有助于中国独立董事制度的发展和完善。

---

① 曹廷求、钱先航：《公司治理与风险管理：基于治理风险视角的分析》，《会计研究》2011年第7期，第73—77页。

(4)构建独立董事系统的综合评价指数,推进职业化独立董事发展

对企业而言,涵盖独立董事制度环境、个人资源特征及主观能动性在内的独立董事系统,是自我分析和诊断的有效工具,通过本书的分析框架,围绕"开源""节流"对企业绩效的影响结果,可以对独立董事进行有针对性的评价,为投资者选择投资对象及帮助企业内部提升绩效保驾护航。事实上,现在独立董事群体从规模到质量都得到了大幅度的提升,尽管还未形成类似律师、会计师等行业工会性质的专业管理机构,但是职业化发展的趋势已经初现端倪,深圳和上海两个交易所承担了独立董事培训与考核的任务。本章研究的另一个重要结论是,现有国有企业分行业、分区域管理的格局非常突出,在行业内可以有意识地培养德才兼备的独立董事人选,作为本行业国有企业独立董事的梯队成员,并且在行业内建立声誉机制,进行流动与交流。同时,也可以立足区域,结合本地的金融办与证监会,甄选和定期培训独立董事人选,形成服务于地方企业的专家库,对国有企业的独立董事比例进行严格的下限设定,提高独立董事在企业董事会中的话语权,进一步保证独立董事制度在国有企业中的话语权。这对于切实推进国有企业深化改革是具有较强现实意义的有效对策。

(5)必须立足中国公司治理转型的时代背景审视独立董事制度的演进

中国独立董事制度的建立和发展是在中国经济社会体制转型大背景下逐步展开的,伴随着多层次资本市场体系的日益完善,为了适应现代企业制度对治理结构的要求,中国企业的公司治理结构应该由"行政型治理"向"经济型治理"转型,但现实的步伐明显滞后于宏观经济社会转型的进程,即使在充分竞争的行业与市场经济高度发展的地区,很多国有企业和民营企业还带有典型的"行政型治理"特征,通过行政化的方式配置资源、任免高管、设置经营目标,甚至过度追求"政治联系",而独立董事制度就是企业"行政型治理"的重要手段之一。部分企业喜欢聘任退休的官员担任独立董事,或聘任独立董事时往往接受地方政府金融管理部门的"指派",甚至为了迎合地方政府的偏好,被动"股改",被动"上市",在形式上打造规范的公司治理结构,而忽视了独立董事等制度对企业发展带来的真实价值。原因主要在于政府拥有稀缺资源的配置

权。因此,要切实发挥独立董事制度的作用,就必须通过推进外部制度环境的变迁,加速中国公司治理的转型速度。只有深刻理解中国公司治理转型的方向与路径,才能真正引导独立董事制度向有利于企业绩效长远发展的模式演进。

10.2 具体举措与案例简析

独立董事尽责履职的基础是董事会的有效运作,因此独立董事要充分发挥应有的作用,也必须充分利用董事会的运作流程加以实施。董事会的运作过程是围绕决策工作而展开的,通过对重大事件的有效决策保障公司战略运营的有效性,进而推进公司整体绩效。

董事会决策是一个多方博弈的复杂过程,这其中既包括大股东与中小股东之间的博弈,内部董事与外部董事之间的博弈,也包括大股东之间的博弈,独立董事发挥其自身的价值就需要在董事会决策的具体流程中发挥自身专业性、监督性和协调性。基于前文对独立董事尽责履职微观过程的解析(第 3 章),本部分针对独立董事事前的工作角色定位、履职过程的工作角色演进、最终履职的工作角色影响,将独立董事作用机制分为三个环节:决策前期的协调筹备阶段、决策过程中的实施阶段及决策后的监管运行阶段。围绕这三个不同的阶段,通过具体案例,指出独立董事尽责履行的可行策略。

作为研究的最终指向,本部分将立足前文研究的结论“独立董事个体行为”“企业公司治理机制设计”及“资本市场监管策略”三个维度提供具有操作性的独立董事尽责履职行为策略指引(图 10-1)。中国的转型情景为独立董事行为研究提供了丰富的案例素材,通过本土化的案例研究,不仅能够将理论和实证研究的价值体现在具体的管理实践中,更能够通过多案例研究的方法,归纳不同视角下影响独立董事尽责履职行为的多维因素,立足董事会的决策流程,概括独立董事行为的具体策略,为制度演进研究和行为跟踪研究奠定坚实的基础,实现本书“顶天立地”的最终价值取向。

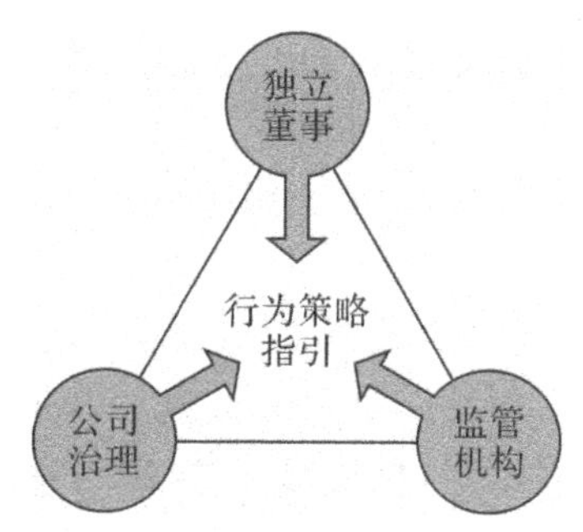

图 10-1 独立董事尽责履职行为策略指引

10.2.1 独立董事个体行为策略指引

策略一:充分评估工作量,防止工作过载引发难以尽责

在独立董事任职过程中,最容易规避的风险同时也最容易忽视的行为,就是对自身工作量进行有效评估,防止由工作低估而引发的工作过载风险。

(1)案例描述

①企业简介。[①]

浙江奥康鞋业股份有限公司(后简称"奥康")是一家主要从事男女皮鞋及皮具产品的研发、生产、分销及零售业务的企业。公司实行以"奥康"为主,"康龙""红火鸟""美丽佳人""万利威德"品牌为辅的多品牌经营策略。公司采取纵向一体化的经营模式,以自有品牌运营为核心,研发设计与渠道经营为两翼,为国际知名皮鞋厂家贴牌生产皮鞋产品。2010 年,公司男皮鞋市场占有率排名第二,在华东地区男皮鞋市场占有率排名第一。

广东宝莱特医用科技股份有限公司(后简称"宝莱特")是一家主要从事医疗监护仪及相关医疗器械的研发、生产和销售的企业。其主要产品为多参数监护仪,主要包括掌上监护仪、常规一体式监护仪及插件式监护仪三大系列。公司是医疗监护设备的专业供应商,处于国内领先地位。

① 本研究中所选择的上市公司的相关资料均来源于同花顺中的公司资讯,且均为上市公司的公开数据。

公司开发的插件式监护仪产品采用自主研发的一系列监护新技术;所研制出的带显示且可独立使用的多参数插件式模块,填补了中国监护仪生产企业在该领域的空白。

北京荣之联科技股份有限公司(后简称"荣之联")是一家主要围绕大中型企事业单位的数据中心提供系统集成及相关技术服务的企业。荣之联自成立至今一直为高新技术企业,具备计算机信息系统集成二级资质,通过ISO 9001:2008质量管理体系认证。荣之联于2010年4月被北京市经济和信息化委员会办公室纳入了北京市软件和信息服务业"四个一批"工程的首批企业。

②事件简介。

截至2012年5月18日,中国人民大学商学院会计系主任徐某兼任6家上市公司的独立董事职务,即北京城建、荣之联、宝莱特、全聚德、北新建材及2012年上半年刚刚上市的奥康国际。这6家上市公司给他的津贴从2.9万元到8万元不等,合计达33万元。

由于兼任6家上市公司独立董事不符合《关于在上市公司设立独立董事制度的指导意见》的相关规定,2012年5月22日和6月5日,宝莱特和荣之联分别进行公告披露,公司董事会收到徐某的辞职申请,徐某"因个人工作原因"申请辞去独立董事职务。徐某辞去上述职务后,将不再担任公司任何职务。

③独立董事简介。[①]

徐某,男,教授,博士生导师,1965年生,中国人民大学会计学博士。现任中国人民大学会计系主任,兼任中国会计学会财务成本分会副会长、中国金融学会理事、财政部干教中心教材编审委员会委员、《中华会计学习》期刊编委等。曾任中国人民大学商学院MPAcc中心主任、EMBA中心主任。

(2)案例点评

根据《深交所独立董事备案办法(2011年修订)》第8条规定,独立董事候选人最多在5家上市公司(含本次拟任职上市公司)兼任独立董事,超5家的,交易所发异议函。根据2009年《上市公司独立董事行为指

---

① 本研究中选择的独立董事的相关资料均来源于同花顺中上市公司的公开资料。

引》第 20 条规定，独立董事不得在超过 5 家上市公司同时担任独立董事职务。在第 4 章实证研究中，也论证了独立董事对企业绩效的贡献与其兼职数目之间并没有关联性，同时兼职数目过多会造成其在每项工作上的精力不足。徐某作为独立董事很好地衡量了自身的工作能力，在担任奥康独立董事的同时，及时辞去了另外 2 家公司的独立董事职务，并没有在制度规定允许的 5 家公司上限任职而是仅仅担任 4 家公司的独立董事，放弃了部分津贴收入，保证自己的工作投入和效率，从而更好地在企业中发挥自己的效力。

策略二：发挥第三方优势，主动协调股东冲突

股东冲突是公司面临的重大危机，独立董事身份的特殊性使其在调解股东冲突的情况下具有独特的优势，充分发挥自身的第三方优势协调股东冲突，将是独立董事尽责履职、规避重大风险的有效策略。

(1)案例描述

①企业简介。

利欧股份的历史可以追溯至成立于 1995 年 1 月的温岭市新科水泵研究所，该研究所由王某创立，成立时只有王某等 2 名股东，注册资金仅 18.8 万元。1997 年 12 月，张某作为新股东加入，该研究所增资至 168 万元，王某 1、张某、王某 2 的持股比例分别为 40%，30%，30%。1998 年 7 月，研究所更名为台州新科水泵研究所。

温岭是国内著名的小型水泵生产基地，有“小型水泵之乡”“中国泵业名城”的美誉。在温岭，从事水泵整机或配件生产的企业有成百上千家。研究所成立之初，定位于为其他生产型企业提供水泵技术咨询和技术服务，后来，股东们看到水泵生产有利可图，渐渐转向制造并销售水泵的业务。得益于行业的快速成长及三位主要股东的勤奋、敬业、经营得当，研究所的业务发展得很快，至 2001 年，业务收入达到 3 560 万元，2001 年末总资产达到 1 614 万元。

随着业务的快速发展，三位股东不再满足于小打小闹，开始认真地思考公司的发展定位和业务策略。当时，温岭的水泵企业大多以内销为主，主要生产农用泵等产品类别，市场竞争非常激烈，加之当时国内信用环境不佳，内销企业饱受收款之苦，三位股东希望能找出一条不同于其他本地企业的差异化发展之路。在一次偶然的欧洲市场考察活动中，王某发现，欧洲市场上相似款式、型号的小型家用泵产品的价格是国内市场的好几倍，于是毅然决定将业务定位于为欧洲知名泵厂、大型建材连锁超市贴牌生产小型水泵，以出口为主要销售方式。2001 年 5 月，王某 1、张某、王某 2 注册成立了台州利欧电气有限公司，并注册了专用于出口业务的商标——“LEO”，以区别于原用于内销的商标。新公司成立后，收购了台州新科水泵研究所的资产和业务，三位股东对新公司的持股比例仍然是 40%，30%，30%的结构。由于业务定位准确、产品质量优良、三位股东同心协力，公司业务飞速发展，2003 年，公司销售收入首次突破亿元大关，达 1.23 亿元，2004 年达到 2.43 亿元，2005 年达到 4.61 亿元，2006 年达到 6.09 亿元，净利润也由 2003 年的 880 万元快速增长至 2006 年的 3 670 万元。

从张某加入公司至 2004 年下半年公司开始股份制改制前，公司的股东结构始终保持着王某 1、张某、王某 2 的 40%，30%，30%的比例，王某 1 是第一大股东，担任公司董事长、总经理职务，张某和王某 2 并列第二大股东，都担任副总经理职务（张某在公司股改后担任总经理职务），张某主要负责生产运营，王某 2 主要负责采购。作为一家年轻的企业，利欧股份的股东结构具有与其他浙江中小民营企业相同的特点，即主要股东因为地缘或血缘方面的联系而走到一起。三位股东中，王某 1、王某 2 是兄弟关系，王某 1 与张某是中学同学，张某也是王某 1、王某 2 认识多年的朋友，所以利欧股份的股东结构是兄弟、同学、朋友关系的混合体。这种股东结构在公司初创及成长初期具有天然的优势，即股东间彼此熟悉、相互信任、高度认同公司发展目标；股东间的议事机制非常灵活，遇到问题时协商解决，没有烦琐的制度和程序约束，效率很高；另外，主要股东都是创始人，对公司高度认同，股东结构非常稳定。从公司上市前的实际情况看，这种股东结构是有效的，可以说，这一时期是三位股东合作的蜜月期。

利欧股份的上市过程应该说相对顺利。2004 年下半年，中介机构开始尽职调查，设计股改方案；2005 年 2 月，公司整体变更为股份有限公司；2006 年上半年，开始制作上市申请材料，并于 2006 年 9 月向中国证监会上报申请材料，成为新老划断后上报申请材料的第一批企业；2007

年 3 月，公司 IPO 申请获中国证监会核准，公司完成发行工作并于当年 4 月 27 日在深交所中小板挂牌上市。

②事件经过。

如前所述，利欧股份股东结构的特点促使公司在发展初期快速成长，显示了这种股东结构的优势。在这一时期，尽管股东之间偶有矛盾，但都能通过股东之间的沟通和相互妥协进行化解，总体上保持了相对稳定的治理结构。但是，在公司上市后，随着公司业务规模的进一步扩大，管理难度骤然提升，这种结构的缺点渐渐显露出来，并导致股东之间的矛盾和冲突越来越频繁，最终走向股东之间的分道扬镳。导致这种结果的因素包括：在原有股东结构下，公司治理规则并不健全，“人治”的特征较明显，加之公司内部管理相对薄弱，管理团队的成长跟不上公司业务的成长，许多的问题需要几位股东亲自出面“救火”。而王某（董事长）和张某（总经理）在管理理念和很多具体问题的处理方式上分歧较大，导致矛盾的产生；王某（董事长）和张某（总经理）在工作权限、职责方面的划分不清晰，经常有交叉，导致矛盾的加剧；由地缘和血缘因素导致的其他复杂因素掺杂其中，加剧了矛盾的复杂程度。在两人产生矛盾后，双方的亲属、朋友、同学加入其中，形成两个“阵营”，放大了矛盾；双方性格中都有倔强的成分，加之年轻气盛，在矛盾和冲突多次发生后，对立情绪越来越重，都不肯让步，最终导致分道扬镳。

在股东产生矛盾的过程中，沈某、王某等独立董事利用他们的特殊身份，很好地发挥了居间调解的作用。独立董事作为调解人，在身份方面具有天然的优势。首先，独立董事是独立第三方，本身就是客观公正的代名词，在立场上不偏向于矛盾的任何一方；其次，独立董事的专业背景决定了其具有较高的社会地位，是社会上受人尊敬的群体，由他们充当调解人具有较高的权威性和说服力，容易使人信服；最后，沈某、王某在公司连续担任了 2 届合计 6 年的独立董事职务，对公司和各位股东的情况非常熟悉，本身也已经变为各位股东的朋友，由他们充当调解人具有较强的亲和力，有利于化解或缓和矛盾。

③独立董事简介。

利欧股份在申报上市时有 7 名董事，上市后增加至 9 名。其中，沈某、邵某、王某 3 名董事为独立董事。3 名独立董事简要情况如下：

沈某，男，中国国籍，无境外永久居留权。1965年10月生，硕士研究生，国浩律师集团(杭州)事务所管理合伙人，一级律师，担任中华全国律师协会金融证券委员会委员、杭州市律师协会副会长等职务。除担任利欧股份的独立董事外，还曾担任东方通信股份有限公司、浙江财通证券经纪股份有限公司、浙江方正电机股份有限公司、浙商证券有限公司独立董事。

邵某，女，中国国籍，无境外永久居留权。1963年10月生，硕士研究生，浙江财经学院会计学教授，硕士研究生导师，中国会计学会个人会员，浙江省会计制度与会计准则专家委员会委员。除担任利欧股份的独立董事外，还曾担任浙江海正药业股份有限公司、浙江江山化工股份有限公司、浙江海利得新材料股份有限公司、荣盛石化股份有限公司的独立董事。

王某，男，中国国籍，无境外永久居留权。1969年2月生，硕士研究生，副教授，高级经济师，台州学院经贸管理学院副院长，兼任台州市经济学会秘书长、临海市经济社会发展研究所副所长等职务。除担任利欧股份的独立董事外，还曾担任杰克控股集团有限公司的独立董事，是多家台州企业的管理顾问。

(2)案例点评

首先，3位独立董事很好地发挥了各自的专业特长，很好地扮演了“咨询者”的角色。3位独立董事在专业上各有特长，相互补充。沈某是法律专才，资深律师，从事证券律师业务多年，有丰富的从业经验，对上市公司也有深刻理解；邵某是财务和会计专才，熟悉浙江本地上市公司，对公司财务体系的建立和完善帮助很大；王某是台州本地的管理专才，专注于企业人力资源管理、战略管理等方面的研究，不仅在学术研究方面有独到的见解，而且利用担任企业管理顾问的机会积极参与企业的管理实践，对利欧股份的人力资源体系建设和战略管理帮助很大。因为清晰的监督性角色定位能够降低独立董事的工作角色混淆和工作角色冲突感知，继而提高工作绩效。

其次，独董很好地承担了协调者的角色。独立董事充当调解人，在矛盾的不同阶段，其作用方式并不相同。在矛盾初期，即利欧股份上市之前，主要作用在于化解矛盾；在矛盾后期，即矛盾激化、无法挽救的情况下，则重在通过协商制订过渡办法，避免公司管理结构的剧烈变化给业务运营带来重大冲击。在第 6 章实证检验中也证明清晰的协调性角色定位能够降低独立董事的工作角色混淆和工作角色冲突感知，并且清晰的协调性角色定位有利于独立董事工作绩效的提高。事实上，在 2009 年中期，张某辞去总经理职务后，仍然担任公司副董事长职务，直至 2010 年 2 月辞去全部职务，该方案就是在独立董事的调解下制订的过渡方案，对公司管理团队的平稳过渡发挥了重要作用。

策略三：积极参与企业决策，防范流程混淆风险

作为独立董事，要积极主动地参与企业决策，不能被动等待企业召唤。由于部分独立董事缺乏对企业决策流程及相关法律法规的认识，存在由程序不清和内容不清引发的工作角色混淆，最终不仅不能有效发挥自身的专业特长，还会受到相关规定的制裁。

(1)案例描述

①企业简介。

江苏天奇物流系统工程股份有限公司(后简称"天奇物流")主营业务为设计、制造、安装和管理物流输送系统和自动化仓储系统，以及为上述两种产品提供技术支持的系统集成控制软件，是国内外现代制造业物流自动化技术装备供应商之一。公司的主要产品包括汽车总装物流自动化系统、汽车焊装物流自动化系统、车身储存物流自动化系统、汽车涂装物流自动化系统。公司是中国生产经营现代物流系统设备的现代化企业之一，也是国内工业智能自动化系统整体解决方案的最大供应商之一，公司的产品与服务广泛应用于汽车、家电、烟草、化工、机场等众多行业，天奇品牌被业内赞为"南方第一家"。

②事件简介。

自 2005 年 3 月天奇物流召开第二届董事会第三次会议以来，公司董事浦某未正常履行董事职责，连续 6 次缺席董事会会议，也未主动联系公司说明原因。同时，浦某未按要求对公司 2005 年度报告内容的真实性、准确性和完整性签署书面确认意见。

2006 年 4 月 11 日，浦某因未能勤勉尽责地履行董事职责，严重违反了相关规定，深交所决定对其予以公开谴责，并记入中小企业板上市公司诚信档案。

(2)案例点评

《上市公司章程指引》第 98 条指出，董事、监事、高级管理人员应尽勤勉义务，应当对公司的定期报告签署书面确认意见，保证公司所披露的信息真实、准确、完整。深交所《深圳证券交易所股票上市规则》(2004 年修订)第 3.1.4，3.1.5 条规定，独立董事原则上应当亲自出席董事会，以正常合理的谨慎态度勤勉行事并对所议事项表达明确意见，因故不能亲自出席董事会的，应当审慎地选择受托人。

由于独立董事往往身兼数职，确实可能存在由时间冲突和精力有限引发的缺席重大决策事项，但是如果熟悉相关流程，审慎选择受托人，就能避免未能尽责履职带来的惩罚。事实上，同类的事件非常普遍，如 2012 年 6 月 2 日，上海医药公告称，公司收到上交所发出的《关于加强上海医药集团股份有限公司规范运作的监管工作函》，该函表示，上海医药于 5 月 31 日召开了 2011 年度股东大会，公司 3 位独立董事均未按规定出席会议。上述行为违反了《上市公司股东大会规则》第 26 条规定，请公司及时向该所提交书面说明和整改计划，并杜绝类似行为的再次发生。

策略四：敢于主动说“不”，防范重大决策风险

独立董事发挥自身价值的最有力手段就是在重大决策的表决过程中，积极行使自己的权利，在前期协调无效的情况下，要充分发挥自己的专业特长，要敢于说“不”，这对于纠正企业决策失误，减少企业重大损失具有极强的效力。

(1)案例描述

①企业简介。

保利房地产(集团)股份有限公司(以下简称“保利地产”)是一家主要经营高端精品住宅开发、城市地标性商用物业的公司。公司是国家一级房地产开发资质企业。截至 2010 年，公司连续 5 年蝉联“国有房地产企业品牌价值 TOP10”榜首，再度蝉联沪深房地产上市公司综合实力 TOP10，荣获中国证券报“2009 年度上市公司金牛奖”、理财周报“2010 中国主板上市公司最佳董事会”，并在中国资本市场成立 20 周年庆典上荣获上交所评选的“2010 年度上市公司信息披露提名奖”。

②事件简介。

2011 年 8 月 5 日，保利地产召开董事会会议，会议共通过了 5 项议案。值得关注的是，在第四项《关于北京蓟门桥项目立项的议案》中，公司独立董事魏某（中山大学校长助理、会计学教授）投弃权票，理由是：北京蓟门桥项目盈利前景一般，如有可能应争取更佳获取条件。独立董事张某（中央财经大学金融学院院长）投反对票，理由是：北京蓟门桥项目成本较高，盈利前景存在较大不确定性，建议公司在目前市场环境中慎重考虑。

③独立董事简介。

魏某，男，教授，博士生导师，出生于 1964 年，博士学历。曾任中山大学管理学院院长、国家自然科学基金管理学部评议组成员、全国 MBA 指导委员会委员，现任中山大学校长助理，同时兼任中山大学产业集团董事长和国际合作处处长、财政部企业内部控制标准委员会委员、财政部会计准则咨询专家组成员、中国会计学会常务理事。

张某，男，教授，博士生导师，1963 年出生，中国国籍，经济学博士。现任中央财经大学金融学院院长、国际金融研究中心主任，享受国务院政府特殊津贴，入选“新世纪百千万人才工程（国家级）”、教育部“新世纪优秀人才支持计划”、财政部“跨世纪学科带头人”。兼任中国世界经济学会副会长、中国国际金融学会副秘书长、中国金融学会理事、清华大学五道口金融学院学位委员、刘鸿儒金融教育基金会学术委员、亚洲经济专家论坛成员、中国证监会第 12 届发审会委员。

(2)案例点评

《关于加强社会公众股股东权益保护的若干规定》第 2 条第 1 款规定：独立董事应当忠实履行职务，维护公司利益，尤其要关注社会公众股股东的合法权益不受损害；第 2 条第 2 款规定，独立董事应当独立履行职责，不受上市公司主要股东、实际控制人或者上市公司及其主要股东、实际控制人存在利害关系的单位或个人的影响。

唐雪松等(2010)通过对独立董事兼职状况或报酬的研究，发现独立董事适当兼职的上市公司，独立董事说“不”的可能性越高。在该案例中，独立董事发挥了独立履行职责的义务，敢于说“不”和提出异议，为公司及公众股股东争取更大的权益。现在越来越多的独立董事敢于提出反对的声音，维护广大中小股东的权益。例如，2012 年 1 月 4 日，中石油发布公告称，中石油与母公司中国石油集团共同斥资 50 亿元设立自保公司。但在董事会决议中，独立董事、耶鲁大学管理学院金融经济学教授陈志武投出反对票，理由是希望公司进一步研究其他的保险方式。

10.2.2　公司治理机制设计策略指引

于企业而言，独立董事不是意味着“花瓶”与“光环”，而是一笔无形的财富，专业性的人力资本及其承载的社会网络资源，将为企业发展提供“战略资源”与“风险掌控”，因此，企业一方面要甄选独立董事为企业创造价值，另一方面要主动为独立董事营造一个良好的工作氛围，保障其发挥应有的价值。

策略五：坚持诚信为第一要素，防范甄选信息隐瞒风险

企业在进行甄选聘用独立董事过程中存在着信息不对称，在众多的衡量因素中，能力和诚信是最为突出的两个要素，但是在能力和诚信两者权衡过程中，要坚持诚信第一的准则，防范由此而引发的信用风险。

(1)案例描述

①企业简介。

浙江栋梁新材股份有限公司(后简称“栋梁新材”)属有色金属加工行业，主要经营铝合金型材、铝棒、五金制品及模具、镁合金制品的制造加工、销售。公司的主营产品为铝合金型材和铝板材。公司是浙江省高新技术企业、浙江省 2001 年“五个一批”重点骨干企业、国家科学技术部火炬高技术产业开发中心认定的“2005 年火炬计划重点高新技术企业”、中国有色金属加工工业协会评定的 2002 年“全国铝型材企业十强”之一。2005 年，公司生产的建筑铝型材中的门窗铝型材的产量被中国有色金属加工工业协会认定为国内前三名。

②事件简介。

2008 年 10 月 28 日，栋梁新材时任独立董事倪某因对栋梁新材违规使用募集资金负有责任受到深交所通报批评处分，但其未按规定在之后 5 个交易日内向深交所报备更新后的《董事(高级管理人员)声明及承诺书》。

2011 年 4 月 12 日，栋梁新材在董事会换届选举公告中披露，独立董事候选人倪某未受过证监会及其他部门的处罚和证券交易所惩戒。倪某在报送和披露的独立董事候选人声明、履历表和个人简历中，均未说明其 2008 年受到深交所通报批评处分的情况。栋梁新材董事会作为独立董事提名人，未对倪某最近 3 年受到深交所通报批评的情况进行核实。

2011 年 8 月 29 日，鉴于上述违规事实，深交所做出纪律处分决定，对栋梁新材、倪某给予了通报批评的处分。

③独立董事简介。

倪某，男，1963 年出生，本科学历，注册会计师。历任湖州市德清县财税局科员、副主任科员，湖州市财税局主任科员，湖州恒生会计师事务所主任会计师。现任湖州冠民联合会计师事务所主任会计师。

(2)案例点评

《证券法》第 68 条规定：上市公司董事、高级管理人员应当对公司定期报告签署书面确认意见。上市公司董事、监事、高级管理人员应当保证上市公司所披露的信息真实、准确、完整。《深圳证券交易所独立董事备案办法(2011 年修订)》第 3 条规定：“上市公司独立董事候选人和提名人应当保证所报送材料的真实、准确和完整。没有虚假记载、误导性陈述或重大遗漏。”

该案例说明，独立董事对公司有依法履行信息披露的义务，否则，不仅独立董事自身会受到处罚，还会影响整个公司的声誉，因此选择独立董事过程中的声誉信息甄别是非常重要的。

策略六：有效衡量社会网络资本，防范工作过载履职风险

在前文的研究过程中，笔者发现独立董事所承载的社会网络存在“质”与“量”的差异性，不能单纯以独立董事社会网络的规模衡量其价值，同时，还要防范社会网络过于复杂而引发的工作角色过载风险，因此还要关注独立董事社会网络资源“双刃剑”效应。

(1)案例描述

①企业简介。

厦门银润投资股份有限公司是旭飞集团的核心企业之一，公司前身是厦门市海洋渔业开发公司，于 1984 年 10 月经厦门市水产局批准成立。

1992年5月22日，其经厦门市经济体制改革委员会厦体改〔1992〕011号文批准改制为股份有限公司，并在2012年3月经股东大会审议及厦门市工商局核准，更名为厦门银润投资股份有限公司(后简称“银润投资”)。

银润投资主要从事连锁酒店、房地产的开发经营与管理。公司创新推出旅游经济与假日经济产品“好时光(酒店)公寓系列”，采用“全国连锁开发品牌集约经营”的方式，计划在未来5年建设数十家好时光分店，旨在打造“中国人自己的连锁假日酒店”。公司所属的旭飞集团是一家经广东省政府核准的大型民营企业，拥有控股、参股和关联企业近20家，行业涉及房地产开发、基建工程及文化产业、商业领域等。银润投资曾用名有厦海发A、ST厦海发、厦海发、旭飞实业、好时光、旭飞投资、G旭飞等。

②事件简介。

2012年2月14日，银润投资董事会审议通过了提名王某女士为公司独立董事候选人的议案，旭飞投资向深交所上报了《独立董事履历表》《独立董事候选人声明》《独立董事提名人声明》等相关文件。

同年2月22日，银润投资收到深交所送达的《关于对王某独立董事任职资格提请关注函》，对王某女士作为公司独立董事候选人的下列情况提出关注。内容大致是“王某女士任职单位已经多达16家，且主要担任董事(长)、主任及执行合伙人等职务。对其是否有足够的时间和精力履行独立董事职责并勤勉尽责表示关注”。

同时，深交所要求公司应在股东大会召开前披露深交所的关注意见并披露公司说明；公司应在股东大会选举独立董事时，对提请关注事项进行说明。

③独立董事简介。

王某，女，46岁，高能资本有限公司创始人及董事长，厦门大学计算机学士、心理学硕士、投资银行学博士，2002年通过独立董事培训，取得上交所核准的独立董事任职资格，具有20年国际资本市场投资、融资及投资银行从业经验。除在北京大学、清华大学、中华创投协会、中国企业投资协会客座讲授私募股权基金、资本营运、矿业和新能源投资等课程外，还经常受邀为国家及省、市政府相关部门提供政策性咨询。

(2)案例点评

尽管王某没有明确违背2009年《上市公司独立董事行为指引》第20

条规定，独立董事不得在超过 5 家上市公司同时担任独立董事职务的条款，但是由于其承载了过多的社会职责，在为企业带来社会资本的同时，难以保证对企业应该履职的相关义务的质量，因此深交所提出了善意的提醒，企业也应该充分评估其能否有效尽职。在确认其对企业的重要价值后，就要在流程、时间和协调机制上进行充分的优化，以保障其能够很好地为企业服务，例如，尽早地事先告知、信息化工具的使用等。在第 8 章的独立董事角色社会网络属性对企业绩效影响的实证研究中，得出连锁董事规模跟企业绩效正相关的结论，因此企业既要关注连锁董事网络的数量，也要看重连锁董事网络的质量。

策略七：注重流程规范运作，便于独立董事事前充分参与

由于独立董事不是企业内部董事，不能时刻参与企业的经营决策，对企业内部情况存在较强的信息不对策，因此要充分发挥独立董事的作用，就要尽可能为其提供大量、及时、准确的信息，在制度和流程设计上便于其参与决策。

(1)案例描述

①企业简介。

陕西金叶科教集团股份有限公司(后简称“陕西金叶”)为香港万裕集团在 A 股市场上唯一一家上市公司，涉足印刷、房地产开发、教育等产业。公司是我国西北地区烟标印刷重要生产基地，拥有三条凹印生产线、一条柔版印刷生产线、五条丝网印刷生产线及多台胶印生产设备。公司与万裕集团合作成立陕西金叶房地产开发有限责任公司，并重新启动长乐坊住宅等开发项目；公司和西北工业大学合作创办的西工大金叶信息技术学院已成为国内 IT 产业示范性职业技术学院之一。万裕集团是一家以房地产、文化产业、生物制药为主业，拥有近 22 亿元资产的多元化大型跨国企业集团。

②事件简介。

陕西金叶定于 2007 年 1 月 5 日召开临时股东大会，由于陕西省国资委与香港万裕(集团)发展有限公司就公司第一大股东——万裕文化产业有限公司的合作补充协议暂未能达成一致，该次股东大会被临时取消，没有按期召开。公司董事会作为此次股东大会的召集人，未在原定召开日

前至少2个工作日公告延期事项，违反了有关规定；2007年3月16日，深交所对包括该公司独立董事在内的全体董事做出公开谴责的处分。

(2)案例点评

该事件违反了《上市公司股东大会规则》第47条规定：股东大会的召集、召开和相关信息披露不符合法律、行政法规、本规则和公司章程要求的，中国证监会及其派出机构有权责令上市公司或相关责任人限期改正，并由证券交易所予以公开谴责。在这个案例中，第一大股东是我国香港企业，对内地相关事务并不非常了解，独立董事就应该承担起协同股东的义务，并应该在制度流程设计上提出兼顾股东各方的方案。由于独立董事之间没有进行有效沟通，协调不力，该公司的临时股东会未能按期召开，又没有按规定及时公告并说明原因，对公司产生了不利的影响。

10.2.3　监管机构对独立董事监管策略指引

作为市场环境的维护者，相关的政府监管机构要充分发挥其独特的信息甄别能力，在"资格独立性"和"行为规范性"两个角度对独立董事进行有效监控，减少由独立性不足而导致的独立董事难以有效作为，甚至违规操作的行为。

策略八：加强独立性监管，防范角色冲突引发的履职风险

独立董事有效发挥作用的前提是其具有独立性，这种独立性表现为与企业利益相关的独立性，因此，政府要加强对利益关联的监管，防止由工作角色冲突而导致的独立董事难以作为。

(1)案例描述

①企业简介。

浙江物产中大元通集团股份有限公司(后简称"物产元通")是一家属批发贸易行业类的综合公司。公司主要从事的许可经营项目包括粮油制品及副食品的销售。一般经营项目包括进出口业务，外派工程、生产及服务行业的劳务人员，进口商品的国内销售，组织出口商品的制造与加工，实业投资开发，房地产开发经营，百货、工艺美术品、机电设备、原辅材料、五金交电、化工产品、农副产品、羊毛、纸张、摩托车及其配件、电动自行车及其配件、金属材料、木料、建筑装饰材料、办公自动化设备、纺织品的销

售,汽车及摩托车装潢服务,装饰装潢工程的设计、施工、旅游服务,经济技术咨询,房屋租赁服务,房地产中介服务,汽车租赁,仓储服务,物业管理。公司主要产品为汽车和商品房及其他贸易期货类产品,是浙江省"著名商品"。公司荣获"2009 年度浙江企业文化优秀单位"称号,在中国汽车流通协会颁布的中国汽车经销商 50 强排行榜中名列前茅,并被中国汽车流通协会评为"改革开放 30 年中国汽车流通行业最具影响力十大汽车经销集团"。

②事件简介。

物产元通于 2009 年 8 月 3 日发出公告,称其公司独立董事芮某因为一些原因辞去公司的独立董事职务。这些原因分别是:芮某曾于 2006 年 9 月 19 日在上海海鸟企业发展股份有限公司担任独立董事期间,因为虚假披露公司实际控制人的问题,以及未按照有关规定披露信息,或者所披露的信息有虚假记载、误导性陈述或者有重大遗漏的行为,受到中国证监会的警告处分;根据公司大股东物产集团安排,公司于 2007 年 12 月 20 日与上海仕苑投资管理有限公司签订了协议书,委托该公司进行"浙江中大集团股份有限公司发展战略方案研究"的课题,并且课题组长为芮某;公司大股东物产集团于 2009 年 3 月 4 日与复旦大学发展与管理创新研究中心签订协议,委托该中心进行"浙江省物产集团深化流通产业化战略课题研究——2009 年至 2011 年战略升级研究"的课题,课题组长为芮某。

由于以上三点原因,芮某于 2009 年 8 月 11 日正式辞去了该公司独立董事职务。

③独立董事简介。

芮某,出生于 1954 年 5 月,主要研究企业发展、公司理论、产业经济学、管理创新。现任复旦大学管理学院产业经济学系主任,校学术委员会委员,校学位评定委员会委员,管理学院学位评定委员会主席,企业管理、产业经济专业教授,博士生导师,国家重点学科产业经济学学科带头人,复旦大学工商管理博士后流动站站长,并兼任中国工业经济研究开发促进会副理事长、中国企业管理研究会常务理事。

(2)案例点评

2009 年《上市公司独立董事行为指引》第 18 条规定:独立董事应当

保持独立性,不得在上市公司担任除董事以外的任何其他职务,避免与公司及其控股股东、实际控制人形成及维持可能妨碍其独立客观判断的关系。《上交所关于上市公司独立董事备案及培训工作指引》第12条规定:独立董事候选人近3年应无被中国证监会行政处罚等不良记录。

在这个案例中,独立董事主要体现出了独立性的重要性,芮某未能很好地实现自身的独立性,所以从公司辞去独立董事职务。

策略九:加强特殊人群监管,防范腐败而引发的履职风险

独立董事难以有效发挥独立性,还可能由于因特殊身份而导致的腐败行为,因此,政府要加强对特殊人群的监管,防止由腐败而导致的独立董事不作为。

(1)案例描述

①企业简介。

南京纺织品进出口股份有限公司(后简称"南纺股份")主要从事纺织、丝绸、针织、服装、机电设备、轻工、化工、医药等十多个门类近千个品种的进出口业务,同时成功开拓了对外经济技术合作、对外劳务合作、对外电子产品生产贸易、生物化工、房地产经营、汽车贸易等业务。

湖南金健米业股份有限公司(后简称"金健米业")主要经营粮油食品行业,是我国粮食系统的第一家上市公司,是首批农业产业化国家重点龙头企业,国家水稻工程优质米示范基地,业务涉及食品(乳品)、药品、电力、房地产、城市基础建设、外贸、种养业、实业投资等领域。公司的主导产品有"金健"牌系列精米、专用面粉、面条、食用油、乳品及"小背篓"鲜湿米粉。

北京四维图新科技股份有限公司(后简称"四维图新")是一家专注于导航电子地图的研发、生产、销售和服务的企业。其主要产品包括车载导航产品、消费电子产品及相关的技术服务。公司是国内首家获得导航电子地图制作资质的企业,在国内率先从事导航电子地图商业化开发,在中国市场投放了第一款符合国际汽车工业质量标准的导航电子地图产品。公司拥有世界先进的导航电子地图制作技术,建成了覆盖全国的导航电子地图数据库,以及全国最大规模的导航电子地图生产和更新网络体系。

鞍钢股份有限公司(后简称"鞍钢股份")是国内大型钢材生产企业,

主要业务为生产及销售热轧产品、冷轧产品、中厚板及其他钢铁产品。公司已经成为具有年产 1 600 万吨钢，以汽车板、家电板、集装箱板、造船板、管线钢、冷轧硅钢等为主导产品的精品板材基地。

现代投资股份有限公司（后简称“现代股资”）主营业务为高等级公路的养护维修和收费经营，是湖南省交通系统唯一一家上市公司，核心路产长潭路和潭耒路是京珠高速沿线各省市通往粤港澳的重要通道，为湖南省经营高等级公路的重要企业。

②事件简介。

2010 年 3 月 25 日，南纺股份对外发布公告，其独立董事、南京大学党委副书记杨某请求辞职。

2010 年 7 月 23 日、8 月 18 日，湖南大学副校长陈某先后辞去金健米业、株治集团独立董事职务。

2010 年五六月，北京大学校长助理刘某辞掉了乐凯胶片、四维图新、鞍钢股份 3 家公司独立董事职务。

2011 年 4 月 28 日，现代投资独立董事、北京工业大学党委书记王某递交了书面辞职报告。

③独立董事简介。

杨某，男，南京大学管理学博士，教授。现任南京大学党委副书记、南京大学纪委书记。

陈某，男，汉族，1956 年 11 月出生，中共党员，博士，教授，博士生导师，湖南大学管理科学与工程、工商管理学科带头人，湖南省“121 学科带头人创新计划”第一层次人选。现任湖南大学副校长、南方建材股份有限公司独立董事，兼任国务院学科评议组成员、全国工商管理硕士教育指导委员会委员、全国数量经济学会副理事长、湖南省学位委员会委员、湖南省青年社会科学工作委员会主任等。

刘某，男，汉族，1957 年出生，博士。现任本公司独立董事，北京大学校长助理、经济学院院长，北京市第十一届政协常委，中国市场经济研究会、中国民营经济研究会、中国生产力学会副会长，教育部经济学教学指导委员会副主任，国务院学位委员会经济学科评议组成员，《经济科学》主编。

王某，男，1954 年出生，中共党员，博士，教授。现任北京工业大学党委书记，兼职中国机械工业教育协会副理事长、中国高教学会高等教育管理研究会常务理事、中共北京市第十届委员会候补委员。

(2)案例点评

中纪委、教育部和监察部于 2008 年 9 月 2 日联合发布的《关于加强高等学校反腐倡廉建议的意见》规定:学校党政领导班子成员应集中精力做好本职工作,除因工作需要,或经批准在学校设立的高校资产管理公司兼职外,一律不得在校外其他经济实体中兼职。

这几个案例都说明,作为高校高层管理者这一特殊人群,由于涉及重大决策,如果担任独立董事,一方面难以保证充分的时间投入,另一方面也容易滋生腐败。因此,加强对独立董事任职资格的控制,有助于促进独立董事的尽责履职。

策略十:加强独立董事违规惩处力度,防范违规操作而引发的风险

独立董事作为企业的高层管理者,具有获得重大信息的机会,如果不能有效地规制违规行为,就会导致独立董事以权谋私,破坏市场环境,损害股东利益,因此,加大执法的力度,将是保障独立董事有效尽责履职的制度约束。

(1)案例描述

①企业简介。

山西漳泽电力股份有限公司(后简称"漳泽电力")总部位于山西太原,主营火力发电生产业务,拥有 2 座大型火力发电厂和 1 家电力检修公司,公司下设 3 个分公司、1 个子公司和 5 个参股公司,可控容量 2 340MW,权益容量 1 980MW,在中国企业信用评级中被评为 AAA 级企业,是山西电网和华北电网的主力发电企业,公司目前已有、在建和拟建项目主要服务山西南网区域。华泽铝电是公司与中国铝业合资成立的国内最大的铝电联营公司,被誉为世界"铝电联营"的典范,拥有较强的竞争力,建设规模为年产 28 万吨电解铝、16 万吨阳极碳素和 2 个 300MW 燃煤发电机组。

②事件简介。

2011 年 4 月中旬,杨某在履行工作职责中知悉同煤集团与漳泽电力资产重组的内幕信息。2011 年 4 月 15 日,杨某指使李某在上海某营业部开立证券账户;4 月 19 日、28 日,杨某借用李某账户共计买入"漳泽电

力”股票 268.25 万股，买入金额约 1 500 万元，在知悉中国证监会开始调查后，杨某在漳泽电力股票复牌前夜即 2011 年 10 月 28 日卖出所有股票，当天开盘后以跌停板清仓申报卖出所有股票，共亏损 82.8 万元，意图减轻法律制裁。2011 年 11 月，中国证监会对时任中信证券电力行业首席分析师、漳泽电力独立董事杨某涉嫌利用内幕信息交易漳泽电力股票行为立案稽查。经查，杨某相关交易行为涉嫌犯罪，2012 年 2 月，中国证监会将该案移送到公安机关查处。目前，杨某被公安机关刑事拘留。

③独立董事简介。

杨某，男，1965 年 8 月出生，山西祁县人，硕士研究生。曾任中信证券研究部电力及公用事业行业首席分析师，南方证券研究所分析师、部门经理，国信证券研究所电力行业首席分析师。曾获《新财富》杂志 2005—2007 年度最佳分析师“电力及公用事业”行业第二名、2008—2009 年度“电力及公用事业”行业第一名。

(2)案例点评

新《刑法》第 180 条规定：“证券、期货交易内幕信息的知情人员或者非法获取证券、期货交易内幕信息的人员，在涉及证券的发行，证券、期货交易或者其他对证券、期货交易价格有重大影响的信息尚未公开前，买入或者卖出该证券，或者从事与该内幕信息有关的期货交易，或者泄露该信息，或者明示、暗示他人从事上述交易活动，情节严重的，处五年以下有期徒刑或者拘役，并处五年以上十年以下有期徒刑，并处违法所得一倍以上五倍以下罚金。”

从该案例中可以看出，独立董事对所服务的公司具有不得从事泄露内幕信息、内幕交易、操纵市场等行为的义务。如果违背了道德和法律的底线，独立董事将会成为企业甚至整个资本市场的隐患，必须加以严惩。

第11章　结论与展望

11.1　研究结论

本书在以往关于独立董事相关文献研究的基础上，力求解析“独立董事如何尽责”的微观机理，通过将独立董事行为界定在工作角色形成与转换的具体分析框架下，遵循“诱因—过程—绩效—权变”的逻辑思路，通过“客观因素”与“主观行为”两维视角，建立独立董事个体特征、社会网络与企业绩效的关系，并解析个人意愿变化的微观过程，进而构建独立董事发挥自身价值、引导企业成长的一般机理，并借助上市公司公开数据计量分析、独立董事行为调查问卷分析及多案例分析等实证研究方法，对理论框架进行检验，进而构建中国管理情景下独立董事尽责的行为指引，为公司治理结构优化、证券市场监管体系完善及独立董事自身价值提升提供理论支撑和策略选择。主要研究结论如下：

第一，基于工作角色视角对独立董事尽责行为进行微观机理研究，指出独立董事实现“诚实信用，勤勉尽责”的工作目标是一个主观与客观因素综合作用的复杂过程。因此，需要通过“客观因素”与“主观行为”两个维度来构建独立董事尽责的微观机理。

第二，基于实证研究，分析了独立董事角色个体、群体特征对企业绩效的影响，发现在现有独立董事聘任制度的情况下，独立董事的年龄越大，对企业短期绩效的贡献力越弱；其次，独立董事的平均学历水平越高，给企业短期绩效带来的正面影响越大，但其所拥有的政治关系反而会给企业增加更多的社会责任，偏离利益最大化目标，由此给企业短期绩效带来消极作用；同时，就不同所有制结构而言，独立董事在一定程度上发挥出了其应有职能。具体来说,民营企业的独立董事数量对企业绩效产生了显著影响,资源嵌入的专家职能的效果明显;而于国有企业而言,独立董事制度则主要通过独立董事比重这一特征发挥治理效应,其监督职能的治理效果较为明显。

第三,基于中国浙江省上市公司的连锁董事网络研究,实证检验发现,浙江省上市公司连锁董事网络服从幂律分布的特征,以及浙江省上市公司在建立连锁董事网络过程中存在重“量”不重“质”和嵌入过度问题。

第四,基于独立董事角色对企业绩效影响进行实证研究,得出加强独立董事的专业水平、协调水平和监督水平,能减少工作绩效的不作为或不独立现象,有利于提高企业绩效。

第五,基于多案例研究验证了独立董事尽责行为策略指引,包括独立董事个体行为策略指引、公司治理机制设计策略指引和监管机构对独立董事监管策略指引。

11.2 研究展望

本书虽然取得了一些重要的研究结论,但也存在一定的缺陷,同时也是未来进一步研究的主要方向。

第一,在独立董事相关研究方面,本书主要研究了上市公司独立董事制度的理论基础、起源与发展、职能角色、经验研究及独立董事特定行为等,但目前关于独立董事的研究大都基于高管的视角,很少站在工作角色的视角进行研究,相信未来在这方面的研究会逐步增多,从而可以对文献进行充实,对独立董事进行更系统、更全面的研究。

第二,在研究独立董事角色社会网络属性对企业绩效影响实证方面,收集的数据仅是浙江省的上市公司,非上市公司的数据无法得知,但是由于企业的连锁董事既可能在其他上市公司任职,也可能在其他非上市公司任职,所以连锁董事数据还涉及非上市公司,实际的连锁董事网络要复杂得多。另外,非面板数据得出的结论还有待进一步检验,已有相关研究证明,网络因素对企业绩效的影响具有时滞性。本书结果对进一步研究连锁董事网络提供了借鉴和参考。最后,本书只探索了中国的转型经济,未来研究者可以对其他转型经济国家连锁董事网络对企业绩效的影响进行研究，从而进一步验证本书的结论。

第三，在研究独立董事工作角色对企业绩效影响的实证方面，由于数据的限制，本书只研究了工作角色混淆、工作角色冲突和工作角色过载三个重要维度对企业绩效的影响起到的中介作用，并且各变量的测量指标选取也可能不够全面，不能充分体现出变量的内涵，在一定程度上影响了研究成果的适用性。未来研究可以加入角色竞争、目标和过程明确度等中介变量，构建更为完善、充分的影响因素模型和指标评价体系。

第四，本书研究的不足在于，受到研究时间和精力的限制，实证研究没有采用统一的研究样本，而是分别采用相关样本测量并展开实证，这对研究结论的一致性存在影响。此外，对行为指引过程案例之间的二次文本挖掘有待进一步完善，从简单案例陈述提升为多案例研究，将大大提升本研究的价值，而上述不足将成为推动本研究进一步深入和完善的巨大动力。

附录 1　独立董事社会网络图

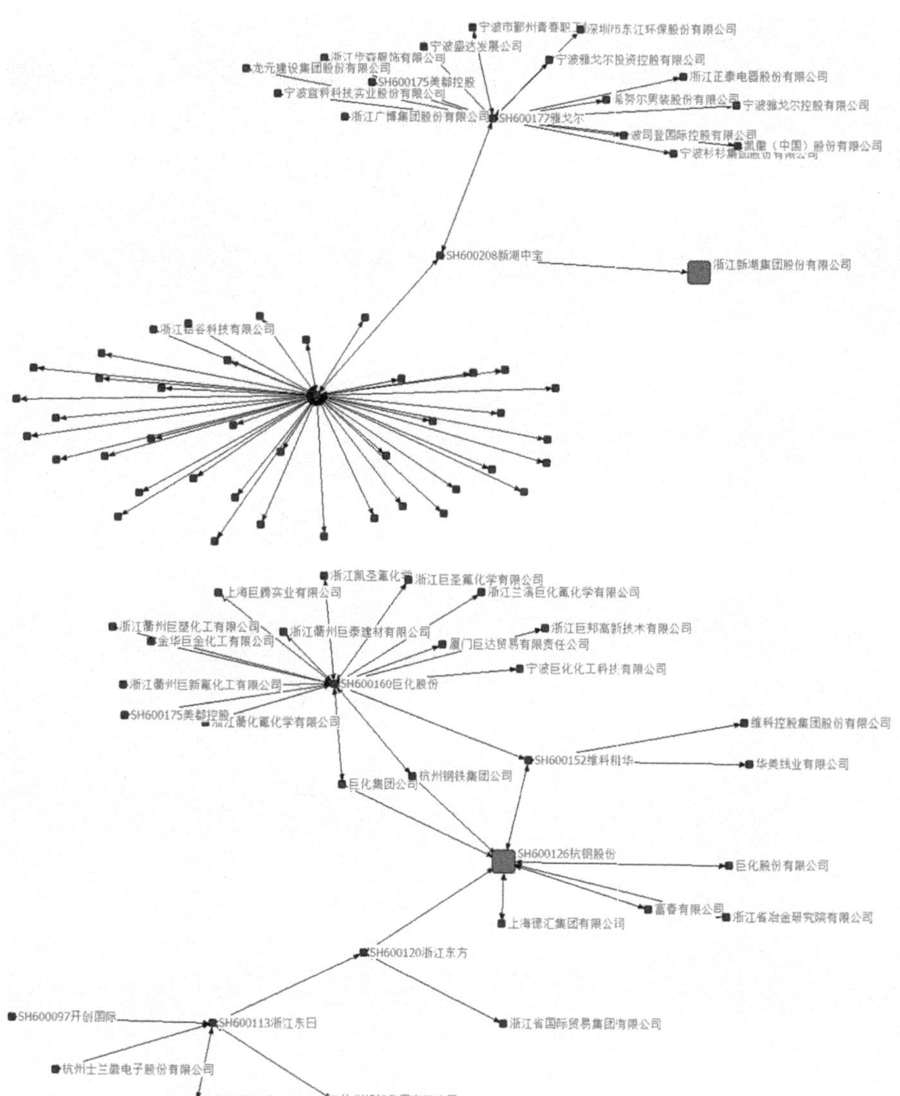

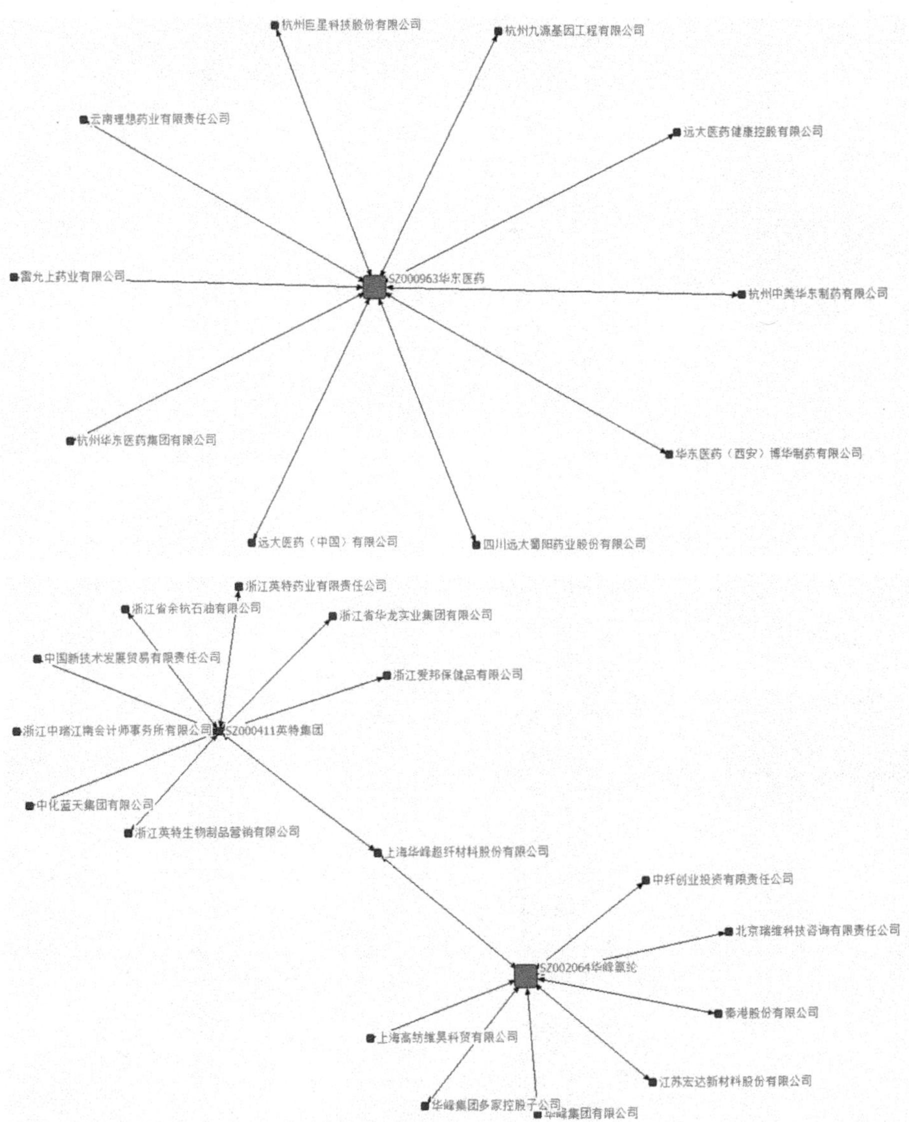
杭州巨星科技股份有限公司
杭州九源基因工程有限公司
云南理想药业有限责任公司
远大医药健康控股有限公司
雷允上药业有限公司
SZ000963华东医药
杭州中美华东制药有限公司
杭州华东医药集团有限公司
华东医药（西安）博华制药有限公司
远大医药（中国）有限公司
四川远大蜀阳药业股份有限公司
浙江英特药业有限责任公司
浙江省余杭石油有限公司
浙江省华龙实业集团有限公司
中国新技术发展贸易有限责任公司
浙江爱邦保健品有限公司
浙江中瑞江南会计师事务所有限公司
SZ000411英特集团
中化蓝天集团有限公司
浙江英特生物制品营销有限公司
上海华峰超纤材料股份有限公司
中纤创业投资有限责任公司
北京瑞维科技咨询有限责任公司
SZ002064华峰氨纶
秦港股份有限公司
上海高纺维昊科贸有限公司
江苏宏达新材料股份有限公司
华峰集团多家控股子公司
华峰集团有限公司

SZ002370亚太药业
浙江伟星文化有限公司
浙江万盛股份有限公司
浙江伟星房地产开发有限公司
SZ002372伟星新材
浙江伟星创业投资有限公司
SZ002375亚厦股份
浙江伟星实业发展股份有限公司
浙江万盛化工股份有限公司
云南江海投资开发有限公司
上海伟星服装辅料有限公司
伟星集团有限公司
云南云县亚太投资置业有限公司
现云南云县亚太投资置业有限公司
现云南江海投资开发有限公司
SZ002003伟星股份
现浙江万盛股份有限公司
现浙江伟星创业投资有限公司
浙江伟星新型建材股份有限公司
浙江爱邦保健品有限公司
浙江省余杭石油有限公司
中国新技术发展贸易有限责任公司
浙江英特药业有限责任公司
浙江省华龙实业集团有限公司
浙江中瑞江南会计师事务所有限公司
SZ000411英特集团
中化蓝天集团有限公司
浙江英特生物制品营销有限公司
上海华峰超纤材料股份有限公司
中纤创业投资有限责任公司
北京瑞维科技咨询有限责任公司
SZ002064华峰氨纶
上海高纺维昊科贸有限公司
秦港股份有限公司
华峰集团多家控股子公司
江苏宏达新材料股份有限公司
华峰集团有限公司

附录2　独立董事工作角色调查问卷

独立董事调查问卷

尊敬的女士/先生：

您好！我们是台州市金融办课题组。本次调查是对您当前或未来独立董事工作的一些基本信息进行调查。调查不记名，回答也绝无对错之分。调查数据是为了学术研究，我们将会对您提供的数据资料进行保密。请填好后在1月15日前发送至tzsssb@163.com。联系电话：88909716。

台州市金融办

2013年1月4日

一、基本信息

1. 您的年龄(岁)：□15—25　□26—35　□36—50　□51—60　□60以上

2. 您的性别：□男　□女

3. 您的学历：□本科以下　□本科　□硕士　□博士

4. 您的专业：□财务专业　□法律专业　□管理专业　□行业技术专业

5. 您选择担任独立董事的初衷是(可以多项选择)：

□发挥专业特长　□增加经济收入　□给朋友帮忙　□了解研究企业需要

6. 您现任工作的性质：

□政府部门　□会计师事务所　□律师事务所　□高等院校　□企业　□其他

7. 您担任独立董事的途径是：

□政府推荐 □券商或其他中介机构推荐 □企业主动联系 □个人毛遂自荐 □朋友介绍 □创投公司推荐

8. 您是否已经担任企业的独立董事：□是 □否

二、工作角色

结合您对已经担任或未来担任独立董事的工作认识，请您与下列每个条款的描述进行对比，根据二者的符合程度逐一打分。极不符合选1，一般符合选3，完全符合选5，请在相应的数字上打“√”。

	极不符合		一般		完全符合
1. 我的权利与分配给我的责任是相配的	1	2	3	4	5
2. 我不知道我被期望做些什么	1	2	3	4	5
3. 我的责任已经被很明确地定义好了	1	2	3	4	5
4. 我对自己拥有多少权力了解得很清楚	1	2	3	4	5
5. 我知道自己的责任是什么	1	2	3	4	5
6. 大股东出现分歧我会主动进行协调	1	2	3	4	5
7. 作为独立董事，我知道自己被期望做些什么	1	2	3	4	5
8. 董事会对我必须做什么解释得很清楚	1	2	3	4	5
9. 我理解聘请我做独立董事的目的在于有效监督董事会	1	2	3	4	5
10. 在董事会我经常被卷入充满争议的工作中	1	2	3	4	5
11. 似乎有一种无形的压力让我在独立董事位子上表现得更好	1	2	3	4	5
12. 我经常会做一些与我的判断相悖的决策	1	2	3	4	5
13. 我很清楚如何(使用什么方法)进行独立董事工作	1	2	3	4	5
14. 我很清楚完成独立董事工作的最佳方式是什么	1	2	3	4	5
15. 我知道该如何(采取什么程序)完成独立董事工作	1	2	3	4	5
16. 我知道什么时候开始做独立董事工作的某个具体内容	1	2	3	4	5

17. 我理解聘请我做独立董事的价值在于我的专业技术能力 …………
……………………………………………………… 1 2 3 4 5

18. 我知道董事会评价我工作表现的标准是什么 ……… 1 2 3 4 5

19. 我知道什么水平的工作绩效会让董事会感到满意 … 1 2 3 4 5

20. 我没有足够的时间完成董事会交给我的任务 ……… 1 2 3 4 5

21. 我更多地忙于自己的本职工作 ……………………… 1 2 3 4 5

22. 我手头有很多空闲时间 …………………………… 1 2 3 4 5

三、工作绩效

1. 我会按时出席董事会的各项会议 …………………… 1 2 3 4 5

2. 我会关注我尽职公司的行业动态和趋势 …………… 1 2 3 4 5

3. 我会在董事会的重大决策中保持独立的观点 ……… 1 2 3 4 5

4. 对于自己独立董事的工作,我充满信心能取得成效 … 1 2 3 4 5

5. 我的存在会给企业的发展带来积极的影响和变化 … 1 2 3 4 5

感谢您抽出宝贵的时间协助我们完成此次调查!

编号:______

参考文献

[1] 安同良. 2003. 中国企业的技术选择[J]. 经济研究,(7):76-92.

[2] 曹宗平. 2004. 独立董事与监事会的缺失、矛盾及其整合[J]. 经济学家,(2):61-65.

[3] 陈宏辉,贾生华. 2002. 信息获取、效率替代与董事会职能的改进——一个关于独立董事作用的假说性诠释及其应用[J]. 中国工业经济,(2):79-85.

[4] 陈伟民. 2009. 独立董事职业背景与公司业绩[J]. 管理世界,(3):182-183.

[5] 陈晓红,尹哲,曾江洪. 2007. 中小企业董事会治理水平与成长性关系之研究——基于沪深中小上市公司的经验分析[J]. 华东师范大学学报:哲学社会科学版,39(3):115-120.

[6] 陈艳. 2009. 独立董事声誉与独立董事劳动力市场有效性[J]. 经济学家,(4):5-15.

[7] 陈颖. 2005. 中国上市公司独立董事制度研究[J]. 中央财经大学学报,(7):55-59.

[8] 陈运森,谢德仁. 2011. 网络位置、独立董事治理与投资效率[J]. 管理世界,(7):113-127.

[9] 陈运森,谢德仁. 2012. 董事网络、独立董事治理与高管激励[J]. 金融研究,(2):168-182.

[10] 陈钊. 2004. 经济转轨中的企业重构:产权改革与放松管制[M]. 上海:上海人民出版社.

[11] 程静,余国新,梁树广. 2009. 基于DEA的中小企业高新电子科技上市公司效率分析[J]. 财会通讯,(3):18-20.

[12] 丛春霞. 2005. 我国上市公司董事会设置与公司经营业绩的实证研

究[J]. 管理世界，(11)：142-143.

[13] 杜胜利，张杰. 2004. 独立董事薪酬影响因素的实证研究[J]. 会计研究，(9)：82-88.

[14] 杜兴强，周泽将. 2010. 公司治理与独立董事——依据伊利股份案例的研究[J]. 审计与经济研究，(6)：75-82.

[15] 段海艳，仲伟周. 2007. 企业连锁董事的形成机理及其实证分析——基于我国160家上市公司的经验研究[J]. 生产力研究，(24)：29.

[16] 段海艳，仲伟周. 2009. 网络视角下中国企业连锁董事成因分析——基于上海、广东两地314家上市公司的经验研究[J]. 会计研究，(11)：69-75.

[17] 段海艳. 2009. 连锁董事关系网络对企业绩效影响研究[J]. 商业经济与管理，(4)：38-44.

[18] 樊纲. 2000. 论体制转轨的动态过程[J]. 经济研究，(1)：12-21.

[19] 高雷，罗洋，张杰. 2007. 独立董事制度特征与公司绩效——基于中国上市公司的实证研究[J]. 经济与管理研究，(3)：60-66.

[20] 高雷，宋顺林. 2007. 治理环境、治理结构与代理成本——来自国有上市公司面板数据的经验证据[J]. 经济评论，(3)：35-40.

[21] 高明华，马守莉. 2002. 独立董事制度与公司绩效关系的实证分析——兼论中国独立董事有效行权的制度环境[J]. 南开经济研究，(2)：64-68.

[22] 龚冰琳，徐立新，陈光炎. 2005. 中国的地方保护主义：直接的微观证据[J]. 经济学报，(1)：1-18.

[23] 顾海兵. 1997. 中国经济市场化程度的最新估计与预测[J]. 管理世界，(2)：52-55.

[24] 郭强，蒋东生. 2003. 不完全契约与独立董事作用的本质及有效性分析——从传统法下治理结构的缺陷论起[J]. 管理世界，(2)：78-89.

[25] 韩朝华. 2003. 明晰产权与规范政府[J]. 经济研究，(2)：18-26.

[26] 郝云宏，周翼翔. 2010. 董事会结构、公司治理与绩效——基于动态内生性视角的经验证据[J]. 中国工业经济，(5)：110-120.

[27] 何梦笔. 2001. 政府竞争：大国体制转型理论的分析框架[J]. 天则内部文稿，(4)：4-21.

[28] 洪银兴. 2006. 中国经济转型和转型经济学[J]. 经济学动态,(7): 26-31.

[29] 胡金焱，丁士祥. 2003.我国上市公司独立董事制度的博弈分析[J]. 山东大学学报:哲学社会科学版,(3): 24.

[30] 胡勤勤，沈艺峰. 2002. 独立外部董事能否提高上市公司的经营业绩[J]. 世界经济，(7):55-62.

[31] 胡奕明，唐松莲. 2008.独立董事与上市公司盈余信息质量[J]. 管理世界,(9): 149-160.

[32] 江晓薇,宋红旭. 1995. 中国市场经济度的探索[J]. 管理世界,(6): 32-37.

[33] 金煜，梁捷. 2003.行为的经济学实验：个人、市场和组织的观点[J]. 世界经济文汇，(5): 66-81.

[34] 孔翔. 2001. 独立董事制度：理论、问题与建议[J]. 经济导刊,(4): 11-19.

[35] 孔翔. 2002. 中外独立董事制度比较研究[J]. 管理世界，(8): 88-96.

[36] 李海舰，魏恒. 2006. 重构独立董事制度[J]. 中国工业经济，(4): 88-97.

[37] 李海舰，魏恒. 2007. 新型产业组织分析范式构建研究——从 SCP 到 DIM[J]. 中国工业经济，(7): 29-39.

[38] 李汉军，张俊喜. 2006.上市企业治理与绩效间的内生性程度[J]. 管理世界，(5): 121-127.

[39] 李洪,李倩. 2010. 独立董事治理特征与公司绩效[J]. 经济管理,(7): 36-43.

[40] 李建伟. 2004.论我国上市公司监事会制度的完善——兼及独立董事与监事会的关系[J]. 法学，(2): 75-84.

[41] 李建标,巨龙,李政,等. 2009. 董事会里的“战争”——序贯与惩罚机制下董事会决策行为的实验分析[J]. 南开管理评论,(5):70-76.

[42] 李金秀. 2010.上市公司独立董事薪酬影响因素分析——基于浙江省上市公司实证研究[J]. 企业导报，(9): 9-10.

[43] 李善同,侯永志,刘云中,等. 2004. 中国国内地方保护问题的调查与分析[J]. 经济研究，(11): 78-84.

[44] 李松. 2009.独立董事与经理人盈余操纵行为的博弈分析[J].经济研究导刊,(21):73-74.

[45] 李维安,孙文. 2008.董事会治理对公司绩效累积效应的实证研究——基于中国上市公司的数据[J]. 中国工业经济,(12):77-84.

[46] 李维安,唐跃军. 2006. 公司治理评价、治理指数与公司业绩——来自2003年中国上市公司的证据[J]. 中国工业经济,(4):98-107.

[47] 李治国,唐国兴. 2003. 资本形成路径与资本存量调整模型[J]. 经济研究,(2):34-42.

[48] 林毅夫,蔡昉,李周. 1997. 现代企业制度的内涵与国有企业改革方向[J]. 经济研究,(3):3-10.

[49] 林毅夫,刘明兴,章奇. 2004. 政策性负担与企业的预算软约束:来自中国的实证研究[J]. 管理世界,(8):81-89.

[50] 刘芍佳,李骥. 1998. 超产权论与企业绩效[J]. 经济研究,8(3):12.

[51] 刘小玄. 2003. 中国转轨经济中的产权结构和市场结构[J]. 经济研究,(1):21-29.

[52] 刘亚铮,常建莉. 2009.中小板上市公司董事会特征与绩效关系研究[J]. 中国集体经济,(22):76.

[53] 刘志彪. 2006. 中国经济转型与发展研究——主持人语[J]. 南京大学学报:哲学·人文科学·社会科学,43(3):12.

[54] 娄权. 2004. 独立董事是否提高会计盈余的稳健性——来自沪深股市的经验证据[J]. 财会通讯,(9):3-8.

[55] 娄伟. 2002.基金持股与上市公司业绩相关性的实证研究[J]. 上海经济研究,(6):58-62.

[56] 卢昌崇,陈仕华. 2009.断裂联结重构:连锁董事及其组织功能[J]. 管理世界,(5):152-165.

[57] 罗党论. 2004. 我国上市公司独立董事薪酬影响因素的实证分析[J]. 经济管理,(6):48-55.

[58] 罗长远,赵红军. 2003. 外国直接投资、国内资本与投资者甄别机制[J]. 经济研究,(9):49-56.

[59] 罗仲伟,任国良,文春晖. 2012. 为什么小微企业融资缺口越来越大:一个理论分析[J]. 经济管理,(9):53-60.

[60] 骆品亮，周勇，郭晖. 2004. 独立董事制度与公司业绩的相关性分析：来自沪市 A 股的实证研究[J]. 上海管理科学，(2)：20-23.

[61] 吕炜. 2004. 中国经济转轨实践的理论命题[J]. 中国社会科学：英文版，24(3)：3-13.

[62] 吕炜. 2005. 基于中国经济转轨实践的分析方法研究[J]. 经济研究，(2)：16-26.

[63] 马溪骏，刘佳，张宝霆. 2006. 独立董事制度的博弈分析[J]. 华东经济管理，19(10)：97-100.

[64] 宁向东，崔弼洙，张颖. 2012. 基于声誉的独立董事行为研究[J]. 清华大学学报：哲学社会科学版，27(1)：129-136.

[65] 潘江波，夏新平，余明柱. 2008. 政府干预，政治关联与地方国有企业并购[J]. 经济研究，4(1)：41-52.

[66] 彭正银，廖天野. 2008. 连锁董事治理效应的实证分析——基于内在机理视角的探讨[J]. 南开管理评论，(1)：99-105.

[67] 平新乔. 2000. 中国经济改革中的财政分权[J]. 中国经济信息，(5)：15.

[68] 钱颖一，胡鞍钢. 2000. 中国市场化过渡的制度基础[M]// 胡鞍钢. 中国走向，杭州：浙江人民出版社.

[69] 甘阳，崔之元. 1997. 中国改革的政治经济学[M]. 香港：牛津大学出版社.

[70] 钱颖一. 1995. 企业的治理结构改革和融资结构改革[J]. 经济研究，(1)：20-29.

[71] 邱风，张青. 2006. 我国独立董事激励约束机制的博弈分析[J]. 当代财经，(5)：67-70.

[72] 裘宗舜，吴清华，丁菊敏. 2005. 独立董事制度的治理绩效：理论分析与实证证据——基于强制性制度变迁背景下的考察[J]. 会计论坛，(1)：1-14.

[73] 曲亮，任国良. 2012. 高管政治关系对国有企业绩效的影响——兼论国有企业去行政化改革[J]. 经济管理，(1)：50-59.

[74] 任兵，区玉辉，彭维刚. 2004. 连锁董事、区域企业间连锁董事网与区域经济发展——对上海和广东两地 2001 年上市公司的实证考察

[J]. 管理世界,(3):112-123.
[75] 任兵,区玉辉,彭维刚. 2007. 连锁董事与公司绩效:针对中国的研究[J]. 南开管理评论,10(1):8-15.
[76] 任兵,区玉辉. 2001. 企业连锁董事在中国[J]. 管理世界,(6):132-141.
[77] 任兵. 2005. 连锁董事的企业间网络与公司治理[J]. 首都经济贸易大学学报,7(1):38-42.
[78] 任颋,王峥. 2010. 女性参与高管团队对企业绩效的影响:基于中国民营企业的实证研究[J]. 南开管理评论,(5):81-91.
[79] 谭劲松,李敏仪,黎文靖,等. 2003a. 我国上市公司独立董事制度若干特征分析[J]. 管理世界,(9):110-121.
[80] 谭劲松. 2003b. 独立董事"独立性"研究[J]. 中国工业经济,(10):64-73.
[81] 唐清泉,罗党论,王莉. 2006. 大股东的隧道挖掘与制衡力量——来自中国市场的经验证据[J]. 中国会计评论,3(1):63-86.
[82] 唐清泉,罗党论,张学勤. 2005. 独立董事职业背景与公司业绩关系的实证研究[J]. 当代经济管理,27(1):97-101.
[83] 唐清泉. 2006. 独立董事对报酬与风险的取向——基于深交所的实证研究[J]. 财经理论与实践,27(1):51-55.
[84] 唐雪松,杜军,申慧. 2010. 独立董事监督中的动机——基于独立意见的经验证据[J]. 管理世界,(9):138-149.
[85] 田高良,李留闯,齐保垒. 2011. 连锁董事、财务绩效和公司价值[J]. 管理科学,24(3):13-24.
[86] 宛庆. 2011. 上市公司独立董事特征与公司业绩研究——来自沪深两市的实验证据[J]. 财会通讯,(9):16-17.
[87] 王兵. 2007. 独立董事监督了吗?——基于中国上市公司盈余质量的视角[J]. 金融研究,(1A):109-121.
[88] 王建刚,胡文龙. 2005. 独立董事在不同聘任和薪酬机制下的博弈分析[J]. 审计与经济研究,4(20):89-92.
[89] 王明杰,朱如意. 2010. 上市公司女性董事对公司绩效影响研究[J]. 统计与决策,(5):145-148.

[90] 王艳,周红,张逸杰. 2008. 管理层操纵独立董事监督与政府监管的博弈模型研究[J]. 统计与决策,(11):136-138.

[91] 王天习. 2005. 公司治理与独立董事研究[M]. 北京:中国法制出版社.

[92] 王跃堂,赵子夜,魏晓雁. 2006. 董事会的独立性是否影响公司绩效?[J]. 经济研究,(5):62-73.

[93] 王跃堂,朱林,陈世敏. 2008. 董事会独立性、股权制衡与财务信息质量[J]. 会计研究,(1):55-62.

[94] 王臻,杨昕. 2010. 独立董事特征与上市公司信息披露质量的关系——以深证 A 股上市公司为例[J]. 上海经济研究,(5):54-63.

[95] 王振铁. 2009. 连锁董事复杂网络建模及应用研究[D]. 青岛:中国海洋大学.

[96] 王振中. 2006. 民营经济与中国发展[M]. 北京:北京大学出版社.

[97] 魏刚,肖泽忠,邹宏. 2007. 独立董事背景与公司经营绩效[J]. 经济研究,(3):92-105.

[98] 魏杰. 2001. 企业前沿问题:现代企业管理方案[M]. 北京:中国发展出版社.

[99] 武立东. 2007. 我国上市公司主动设立独立董事的动机分析 [J]. 税务与经济,(6):4.

[100] 吴世农. 2005. 独立董事制度若干问题的思考[J]. 证券市场导报,(10):63-66.

[101] 吴晓辉,娄景晖. 2008. 独立董事对传统内部治理机制影响的实证研究——基于多元回归模型和 Logistic 模型的中国证据[J]. 数量经济技术经济研究,(4):142-152.

[102] 向朝进,谢明. 2003. 我国上市公司绩效与公司治理结构关系的实证分析[J]. 管理世界,(5):117-124.

[103] 肖曙光. 2006. 独立董事制度与我国上市公司业绩的相关性研究[J]. 系统工程,24(8):87-92.

[104] 萧维嘉,王正位,段芸. 2009. 大股东存在下的独立董事对公司业绩的影响——基于内生视角的审视[J]. 南开管理评论,(2):90-97.

[105] 谢德仁,陈运森. 2012. 董事网络:定义、特征和计量[J]. 会计研究,

(3):44-51.

[106] 谢德仁. 2005. 独立董事：代理问题之一部分[J]. 会计研究，(2)：39-45.

[107] 徐冬林. 2005. 上市公司独立董事的声誉机制研究[J]. 中南财经政法大学学报，(2)：72-76.

[108] 徐高彦. 2011. 独立董事独立性、关联交易与公司价值——基于沪深两市上市公司的经验证据[J]. 审计与经济研究，(4)：77-84.

[109] 许召元，李善同. 2006. 近年来中国地区差距的变化趋势[J]. 经济研究，(7)：106-116.

[110] 杨蕙馨，王长峰. 2006. 家族式管理与家族企业核心竞争力[J]. 山东大学学报：哲学社会科学版，(2)：87-92.

[111] 杨开忠，陶然，刘明兴. 2003. 解除管制，分权与中国经济转轨[J]. 中国社会科学，(3):4-17.

[112] 杨其静. 2005. 企业理论:现代观点[M]. 北京:中国人民大学出版社.

[113] 杨瑞龙，杨其静. 2000. 阶梯式的渐进制度变迁模型——再论地方政府在我国制度变迁中的作用[J]. 经济研究，3(4):24-31.

[114] 杨瑞龙. 1998. 我国制度变迁方式转换的三阶段论[J]. 经济研究，1(5)：5-12.

[115] 杨兴全，孙杰. 2008. 企业现金持有量影响因素的实证研究——来自我国上市公司的经验证据[J]. 南开管理评论，10(6)：47-54.

[116] 杨雄胜，李翔，邱冠华. 2007. 中国内部控制的社会认同度研究[J]. 会计研究，(8)：60-67.

[117] 姚先国，盛乐. 2002. 对中国经济转型成效的另一种解释[J]. 经济学动态，(5)：15-18.

[118] 叶康涛，祝继高，陆正飞，等. 2011. 独立董事的独立性：基于董事会投票的证据[J]. 经济研究，(1)：126-139.

[119] 叶康涛，陆正飞，张志华. 2007. 独立董事能否抑制大股东的“掏空”？[J]. 经济研究，(4):101-111.

[120] 余峰燕，郝项超. 2011. 具有行政背景的独立董事影响公司财务信息质量么？——基于国有控股上市公司的实证分析[J]. 南开经济

研究，(1)：120-131.

[121] 占美红. 2012.基于博弈论视角的公司治理中独立董事有效性研究[J]. 科技和产业，12(1)：102-104.

[122] 张慧，安同良. 2006. 中国上市公司董事会学历分布与公司绩效的实证分析[J]. 经济学研究，(1)：37-43.

[123] 张慧君，景维民. 2009 .转型国家的治理结构与策略选择[J]. 当代世界与社会主义，(1)：4-7.

[124] 张维迎，周黎安，顾全林. 2003. 经济转型中的企业退出机制——关于北京市中关村科技园区的一项经验研究[J]. 经济研究，(10)：3-14.

[125] 张维迎. 1996. 所有制、治理结构及委托—代理关系——兼评崔之元和周其仁的一些观点[J]. 经济研究，(9)：3-15.

[126] 张维迎. 1998. 全球微观经济机制的调整与中国的选择[J]. 国际经济评论，(1)：16-21.

[127] 赵昌文，唐英凯，周静，等. 2008. 家族企业独立董事与企业价值——对中国上市公司独立董事制度合理性的检验[J]. 管理世界，(8)：119-126.

[128] 赵德武，曾力，谭莉川. 2008. 独立董事监督力与盈余稳健性——基于中国上市公司的实证研究[J]. 会计研究，(9)：55-63.

[129] 赵彦云，李静萍. 2000. 中国市场化水平测度、分析与预测[J]. 中国人民大学学报，(4)：32-37.

[130] 郑方. 2011. 治理与战略的双重嵌入性——基于连锁董事网络的研究[J]. 中国工业经济，(9)：108-118.

[131] 钟朋荣. 2001. 中国股市应该造就德才兼备的大股东——本刊学术顾问，经济学家钟朋荣剖析德隆真相[J]. 领导决策信息，(43)：10.

[132] 周国林. 2009. 上市公司董事会与经营绩效的相关实证研究[J]. 经济管理，(8)：18-22.

[133] 周业安，赵坚毅. 2004. 市场化、经济结构变迁和政府经济结构政策转型——中国经验[J]. 管理世界，(5)：9-17.

[134] 朱光华，陈国富. 2005. 政府与企业——中国转型期政企关系格局演化[M]. 北京：中国财政经济出版社.

[135] 朱星文，蔡吉甫，谢盛纹. 2008. 公司治理、盈余质量与经理报酬研究——来自中国上市公司数据的检验[J]. 南开管理评论，(2)：28-33.

[136] AGHION P, BLANCHARD O J. 1994. On the speed of transition in Central Europe[J]. NBER Macroeconomics Annual, 9: 283-330.

[137] AGHION P, BOLTON P. 1992 . An incomplete contracts approach to financial contracting[J]. The review of economic Studies, 59(3): 473-494.

[138] AGRAWAL A, KNOEBER C R. 1996. Firm performance and mechanisms to control agency problems between managers and shareholders[J]. Journal of Financial and Quantitative Analysis, 31(3): 377-397.

[139] AGRAWAL A, KNOEBER C R. 2000. Do some outside directors play a political role? [J]. Available at SSRN: 224133.

[140] AHN Y Y, BAGROW J P, LEHMANN S. 2010. Link communities reveal multiscale complexity in networks. Nature, 466(7307): 761-764.

[141] ALCHIAN A A, DEMSETZ H. 1972. Production, information costs, and economic organization[J]. The American Economic Review, 62(5): 777-795.

[142] AOKI M. 1986. Horizontal vs. vertical information structure of the firm[J]. The American Economic Review, 76(5): 971-983.

[143] ARMSTRONG C S, JAGOLINZER A D, LARCKER D F. 2010. Chief executive officer equity incentives and accounting irregularities [J]. Journal of Accounting Research, 48(2): 225-271.

[144] ARROW K J. 1987. Arrow's theorem[J]. The New Palgrave: A Dictionary of Economics, (1): 124-126.

[145] BAE K H, KANG J K, KIM J M. 2002. Tunneling or value added? Evidence from mergers by Korean business groups[J]. The Journal of Finance, 57(6): 2695-2740.

[146] BAKER G, GIBBONS R, MURPHY K J. 1997. Implicit Contracts

and the Theory of the Firm[R]. National Bureau of Economic Research,109(4): 881-919.

[147] BARON R M, KENNY D A. 1986. The moderator-mediator variable distinction in social psychologicalresearch: conceptual, strategic, and statistical considerations[J]. Journal of personality and social psychology, 51(6): 1173.

[148] BELKA M, et al. 1995. Enterprise adjustment in Poland: evidence from a survey of 200 private, privatised, and state-owned firms [M]. Centre for Economic Performance, London School of Economics and Political Science.

[149] BHAGAT S, BLACK B S. 2002. The non-correlation between board independence and long-term firm performance[J]. As Published in Journal of Corporation Law, (27): 231-273.

[150] BHAGAT S, BLACK B. 1999. The uncertain relationship between board composition and firm performance[J]. The Business Lawyer: 921-963.

[151] BLANCHARD O, AGHION P. 1996. On insider privatization[J]. European Economic Review, 40(3): 759-766.

[152] BLANCHARD O P. 1999. An empirical characterization of the dynamic effects of changes in government spending and taxes on output[R]. National Bureau of Economic Research,(107):1329-1368.

[153] BOLTON P, DEWATRIPONT M. 1994. The firm as a communication network[J]. The Quarterly Journal of Economics,109(4): 809-839.

[154] BOYCKO M, VISHNY R. 1995. Privatizing russia[J]. Brookings Papers on Economic Activity ,1993(2): 139-192.

[155] BRICKLEY J A, COLES J L, TERRY R L. 1994. Outside directors and the adoption of poison pills[J]. Journal of financial Economics, 35 (3): 371-390.

[156] BROWNE M W, CUDECK R. 1993. Alternative ways of assessing model fit[J]. Journal of Sociological Methods & Research, 21 (2):230-258.

[157] BROWNE M. 1993. Logistics strategies in the single european market and their spatial consequences[J]. Journal of Transport Geography,1(2):75-85.

[158] BRUTON G O, CHANINE S, FILATOTOHER I. 2009. Founders, private equity in vestors, and underpricing in entrepreneurial IPUs [J]. Entrepreneurship Theory and Practice, 33(4): 909-928.

[159] BURT R S. 1980. Models of network structure[J]. Annual Review of Sociology, (6): 79-141.

[160] BURT R S. 2000. The network structure of social capital[J]. Research in Organizational Behavior, (22): 345-423.

[161] CARLIN W, LANDESMANN M. 1997. From theory into practice? Restructuring and dynamism in transition economies[J]. Oxford Review of Economic Policy, 13(2): 77-105.

[162] CASSON M. 1997. Entrepreneurial networks in international business [J]. Business and Economic History,26(2): 811-823.

[163] CERTO S T, DAILY C M, DALTON D R. 2001. Signaling firm value through board structure: an investigation of initial public offerings[J]. Entrepreneur Theory and Practice,26(2): 33-50.

[164] CHADHA B, CORICELLI F. 1997. Fiscal constraints and the speed of transition[J]. Journal of Development Economics, 52(1): 221-249.

[165] CHEUNG S N S. 1983. The contractual nature of the firm[J]. Journal of Law and Economics,26(1): 1-21.

[166] CHILD J. 1974. Managerial and organizational factors associated with company performance part I[J]. Journal of Management Studies, 11(3): 175-189.

[167] CLAESSENS S, et al. 1999. Who controls East Asian corporations? [M]. World Bank Publications.

[168] CLAESSENS S, et al. 1997. Ownership and corporate governance: evidence from the Czech Republic[M]. World Bank Publications.

[169] COASE R H. 1937. The nature of the firm[J]. Economica, 4

(16): 386-405.

[170] DAILY C M, JOHNSON J L, ELLSTRAND A E, et al. 1998. Compensation committee composition as a determinant of CEO compensation[J]. Academy of Management Journal, 41 (2): 209-220.

[171] DECLERCQ D, DANIS W M, DAKHLI M. 2010. The moderating effect of institutional context on the relationship between associational activity and new business activity in emerging economies[J]. International Business Review, 19(1): 85-101.

[172] DEWATRIPONT M, ROLAND G. 2000. Soft budget constraints, transition, and financial systems[J]. Journal of Institutional and Theoretical Economics, 156(1): 245-260.

[173] DOOLEY, P C. 1969. The interlocking directorate[J]. The American Economic Review, 59(3): 314-323.

[174] Dyck I J A. 1997. Privatization in Eastern Germany: management selection and economic transition[J]. The American Economic Review, 87(4): 565-597.

[175] EGGERTSSON P. Economic behavior and institutions: 1990. principles of neoinstitutional economics[M]. Cambridge: Cambridge University Press.

[176] ERERA-WEATHERLEY P I. 1996. Coping with stress: public welfare supervisors doing their best[J]. Human Relations, 49 (2): 157-170.

[177] FAMA E F. 1980. Agency problems and the theory of the firm [J]. The Journal of Political Economy, 88(2): 288-307.

[178] FAMA E F, JENSEN M C. 1983. Separation of ownership and control [J]. Journal of Law and Economics: 301-325.

[179] FAN J P H, WONG T J, ZHANG T. 2007. Politically connected CEDs, corporate governance, and post-IPO performance of China's newly partially privatized firms[J]. Journal of Financial Economics, (2): 330-357.

[180] FICH E M, SHIVDASANI A. 2007. Financial fraud, director reputation, and shareholder wealth[J]. Journal of Financial Economics, 86(2): 306-336.

[181] FISMAN R. 2001. Estimating the value of political connections [J]. American Economic Review,91(4): 1095-1102.

[182] FRYDMAN R. 1997. Private ownership and corporate performance: Evidence from transition economies[M]. World Bank Publications.

[183] GRALDEZL P, HURTADO J M. 2014. Do independent directors protect shareholder value? [J]. Business Ethics: A European Review, 23(1): 91-107.

[184] GREGERSEN H B, BLACK J S. 1992. Antecedents to commitment to a parent company and a foreign operation[J]. Academy of Management Journal, 35(1): 65-90.

[185] GREWAL R, LILIEN G L, MALLAPRAGADA G. 2006. Location, location, location: How network embeddedness affects project success in open source systems[J]. Management Science, 52(7): 1043-1056.

[186] GROSSMAN S J, HART O D. 1986 . The costs and benefits of ownership: a theory of vertical and lateral Integration[J]. The Journal of Political Economy,94(4): 691-719.

[187] HAMBRICK D C, MASON P A. 1984. Upper echelons: the organization as a reflection of its top managers[J]. Academy of Management Review,9(2): 193-206.

[188] HART O, MOORE J. 1990. Property Rights and the Nature of the Firm[J]. Journal of political economy,98(6): 1119-1158.

[189] HART O. 1995. Corporate governance: some theory and implications [J]. The Economic Journal,105(430): 678-689.

[190] HITT M A, TYLER B B. 1991. Strategic decision models: integrating different perspectives[J]. Strategic Management Journal, 12(5): 327-351.

[191] HOFFMAN E, KEUIN A M, UERNON L S, et al. 1998. Behavioral

foundations of reciprocity: experimental economics and evolutionary psychdogy[J]. Exonomic Inquiry, 36:335-371.

[192] HOLMSTROM B R, TIROLE J. 1989. The theory of the firm [J]. Handbook of industrial organization, (1): 61-133.

[193] HOLMSTROM B, HART O. 1987. The theory of contracts[C]. Advances in Economic Theory, Fifth World Congress, Cambridge University Press, Cambridge.

[194] HOLMSTROM B, MILGROM P. 1994. The firm as an incentive system[J]. The American Economic Review, 84(4): 972-991.

[195] HOLMSTROM B. 1982. Moral hazard in teams[J]. The Bell Journal of Economics,13(2): 324-340.

[196] HU L, BENTLER P M. 1999. Cutoff criteria for fit indexes in covariance structure analysis: conventional criteria versus new alternatives[J]. Structural Equation Modeling: A Multidisciplinary Journal, 6(1): 1-55.

[197] JACKSON S E, SCHULER R S, RIVERO J C. 1989. Organizational characteristics as predictors of personnel practices[J]. Personnel Psychology, 42(4): 727-786.

[198] JENSEN M C, MECKLING W H. 1979. Theory of the firm: Managerial behavior, agency costs, and ownership structure[M]. Berlin: Springer Netherlands.

[199] JENSEN M C. 1986. Agency costs of free cash flow, corporate finance, and takeovers[J]. The American Economic Review, 76 (2): 323-329.

[200] KENWAY P. 1996. The behaviour of state firms in eastern Europe, pre-privatization: A generalisation[J]. European Economic Review, 40(2): 491-494.

[201] KHAVUL S, BRUTON G D, WOOD E. 2009. Informal family business in Africa[J]. Entrepreneurship Theory and Practice, 33 (6): 1219-1238.

[202] KNIGHT F H. 1921. Cost of production and price over long and

short periods [J]. The Journal of Political Economy, 29 (4): 304-335.

[203] KONO C, PALMERD, FRIEDLAND R, er al. 1998. Lost in space: the geography of corporate interlocking directorates [J]. American Journal of Sociology, 103(4):863-911.

[204] KRISHNAN H A, PARK D. 2005. A few good women—on top management teams[J]. Journal of Business Research, 58(12): 1712-1720.

[205] LAPORTA R, LOPEZ-DE-SILANES F, SHLEIFER A, et al. 2000. Investor protection and corporate governance[J]. Journal of Financial Economics,58(1): 3-27.

[206] LARDY N R. 1998. China's unfinished economic revolution[M]. Washington: Brookings Institution Press.

[207] LEE T W, JOHNSONDR. 1995. The effects of work schedule and employment status on the organizational commitment and job satisfaction of full versus part time employees [J]. Journal of Vocational Behavior, 38:208-224.

[208] LEUNG S, et al. 2014. Corporate board and board committee independence, firm performance, and family ownership concentration: An analysis based on Hong Kong firms[J]. Journal of Contemporary Accounting & Economics, 10(1): 16-31.

[209] LIPTON D, SACHS J, FISCHER S, et al. 1990. Creating a market economy in Eastern Europe: the case of Poland[J]. Brookings Papers on Economic Activity,(1): 75-147.

[210] MAMAN D. 1999. Research Note: interlocking Ties within business groups in Israel—A longitudinal analysis[J]. Organization studies, 20 (2): 323-339.

[211] MANNE H G. 1965. Mergers and the market for corporate control [J]. The Journal of Political Economy,73(2): 110-120.

[212] MARRIS R, MUELLER D C. 1980. The corporation, competition, and the invisible hand[J]. Journal of Economic Literature,18(1):

32-63.

[213] MARSCHAK J, RADNER R. 1972. Economic theory of teams [M]. London: Yale University Press.

[214] MILGROM P,ROBERTS J. 1988. An economic approach to influence activities in organizations[J]. American Journal of Sociology,94: S154-S179.

[215] MILLSTEIN I M, MACAVOYP W. 1998. The active board of directors and performance of the large publicly traded corporation [J]. Columbia Law Review, 98: 1283-1322.

[216] MIZRUCHI M S. 1996. What do interlocks do? An analysis, critique, and assessment of research on interlocking directorates [J]. Annual Review of Sociology, 22: 271-298.

[217] NETEMEYER R G, BURTON S, JOHNSTON M W. 1995. A nested comparison of four models of the consequences of role perception variables[J]. Organizational Behavior and Human Decision Processes, 61(1):77-93.

[218] NGUYEN B D, NELSEN K M. 2010. The value of independent directors: Evidence from sudden deaths[J]. Journal of Financial Economics, 98(3): 550-567.

[219] PARK SH, LUO Y. 2001. Guanxi and organizational dynamics: organizational networking in Chinese firms[J]. Strategic Management Journal,22(5): 455-477.

[220] PENG MW,LUOY. 2000. Managerial ties and firm performance in a transition economy: the nature of a micro-macro link [J]. Academy of Management Journal,43(3): 486-501.

[221] PINTO B, et al. 1993. Transforming state enterprises in Poland: evidence on adjustment by manufacturing firms [J]. Brookings Papers on Economic Activity,(1): 213-270.

[222] PORTA R, et al. 1997. Legal determinants of external finance [J]. The Journal of Finance, 52(3): 1131-1150.

[223] PRATT J W, et al. 1985. Principals and agents: the structure of

business[M]. Harvard Business Press, 61(4):781-782.

[224] QIAN Y, WEINGAST B R. 1997. Federalism as a commitment to perserving market incentives[J]. The Journal of Economic Perspectives,11(4): 83-92.

[225] RADNER R. 1992. Hierarchy: the economics of managing[J]. Journal of economic literature,30(3): 1382-1415.

[226] RAHEJA C G. 2005. Determinants of board size and composition: a theory of corporate boards[J]. Journal of Financial and Quantitative Analysis, 40(2): 283-306.

[227] RAVINA E, SAPIENZA P. 2010. What do independent directors know? evidence from their trading[J]. Review of Financial Studies, 23(3): 962-1003.

[228] ROSENSTEIN S, WYATT J G. 1990. Outside directors, board independence, and shareholder wealth[J]. Journal of Financial Economics, 26(2): 175-191.

[229] ROSS S A. 1973. The economic theory of agency: the principal's problem[J]. The American Economic Review,63(2): 134-139.

[230] SACHS J D, WARNER A M. 1999. The big push, natural resource booms and growth[J]. Journal of Development Economics, 59(1):43-76.

[231] SCHWUBROECK J, et al. 1993. A field experiment testing supervisory role clarification[J]. Personnel Psychology, 46(1): 1-25.

[232] SHLEIFER A, VISHNY R W. 1994. Politicians and firms[J]. The Quarterly Journal of Economics,109(4): 995-1025.

[233] SHRADER C B, et al. 1997. Women in management and firm financial performance: an exploratory study[J]. Journal of Managerial Issues,9(3): 355-372.

[234] SICILIANO J I. 1996. The relationship of board member diversity to organizational performance[J]. Journal of Business Ethics, 15(12): 1313-1320.

[235] SIMON H A. 1951. A formal theory of the employment relationship [J]. Journal of the Econometric Society,19(3): 293-305.

[236] SPREITZER G M. 1996. Social structural characteristics of psychological empowerment[J]. Academy of Management Journal, 39(2): 483-504.

[237] VAN D B L A A, BAELDEN T. 2005. The complex relation between director independence and board effectiveness [J]. Cooperate Governance, 5(5):58-83.

[238] VAN D B L A A, LEVRAU A. 2004. Evaluating boards of directors: what constitutes a good corporate board? [J]. Corporate Governance: An International Review, 12(4): 461-478.

[239] WEINGAST B R. 1989. Floor behavior in the US congress: committee power under the open rule[J]. The American Political Science Review, 795-815.

[240] WEIGAST B R. 1997. The political foundations of democracy and the rule of law[J]. American Political Science Review, 245-263.

[241] WESTPHAL J D, ZAJAC E J. 1997. Defections from the inner circle: social exchange, reciprocity, and the diffusion of board independence in US corporations[J]. Administrative Science Quarterly, 42(1): 161-183.

[242] WILLIAMSON O E. 1971. The vertical integration of production: market failure considerations[J]. The American Economic Review, 61(2): 112-123.

[243] XINKK, PEARCE J L. 1996. Guanxi: connections as substitutes for formal institutional support[J]. Academy of Management Journal, 39(6): 1641-1658.

[244] YERMACK D. 2004. Remuneration, retention, and reputation incentives for outside directors[J]. The Journal of Finance, 59 (5): 2281-2308.

[245] YUNG-CHUAN L, MING-CHANG W. 2014. Does the appointment of independent directors drive multiple effects? [J]. The International

Journal of Business and Finance Research, 8 (1): 69-88.

[246] ZELLARS K L, PERREWE P L, HOCHWARTER W A. 1999. Mitigating burnout among high-NA employees in health care: what can organizations do? [J]. Journal of Applied Social Psychology, 29(11): 2250-2271.

后 记

临近付梓，本书的后记还没有动笔，在编辑善意提醒下，终于静下心来认真回味了一下本书形成的点点滴滴。迟迟没有动笔的缘由并非学术写作已经进入一个让我麻木的倦怠处境，挤不出什么富有感情的话语；恰恰相反，本书的形成让我体味到了太多以往不曾有过的经历，它见证了我自己的回归与转型，见证了我从飘在天空到脚踏实地的心路历程，也同样见证了“郝门”二字背后所蕴含的深情与能量。

我以往的研究方向和成果可以用“杂乱无章”四个字来形容，不仅涉及经济学、管理学，还会涉猎一些社会学和政治学，这种无序的研究一方面与我理论功底不深、缺乏某一个领域的科班苦读有关，另一方面也是自己浮躁的心态造成的。其结果就是难以积淀成真正有价值的学术成果，不仅仅对某一个领域难以形成自己的理解，更使得学术合作停留在非常肤浅的阶段。一个偶然的际遇使我意识到自己应该如何规划自己的学术之路。

“郝门”是我的导师郝云宏教授麾下弟子自我介绍时喜欢使用的一个称谓，开始是显得更为亲密，后来则更多了几分骄傲与自豪。本书的第二作者林仙云博士是比我入门晚但是比我年长睿智的同门，结识林兄成为改变我学术路径的重要契机，没有林兄的提点和支持，就没有我独立董事研究的若干成果，自然也不会在本书的末尾畅谈感受。

林兄时任浙江台州金融办的副主任，主要负责企业融资、上市事宜，在公司金融领域是当之无愧的实干型专家，在与林兄的交流中，他给我讲述了大量台州企业上市公司董事会内部的趣闻，特别提到了独立董事对企业的重要意义。更为难得的是他让我有机会切身感受了独立董事职务的实践价值。这使得我切身感受到理论性地描述当前中国独立董事“既不独立也不懂事”在现实优秀的民营企业中是多么的苍白，问题不是简单意义上的独立董事不作为，更涉及民营家族企业内部战略转型、文化转变、代际传承等核心问题，也涉及独立董事自身不熟悉上市公司流程、治理规范及沟通渠道等众多问题，企业董事长和其他独立董事都非常诚恳地向我请教如何才能更好地建立公司治理结构，我第一次深切地感觉到自己研究的价值，同时也激励我要真正做一些对企业有帮助的理论研究。因此，独立董事研究就成为我深入探究公司治理这个显学领域的钥匙，这才有了后来教育部、浙江省社科联及《中国工业经济》等一系列资助项目和高质量论文的产生，也才有了本书的最终出版。

本书的出版还恰逢一个很好的契机，本书的出版社——浙江工商大学出版社——建议我们在以往“组织 · 战略 · 创新”丛书的基础上，申请“十二五”国家重点出版规划项目，细细梳理工商管理学院以往的研究成果和在研项目，我们发现年轻教师主持的国家级项目就有 20 多个，拟出版的专著就近 30 本，我们甄选出当前企业行为发展最为前沿的多本专著，形成“中国企业行为治理丛书”进行了申报，在出版社鲍观明社长和郑建主任的全力支持下，最终本丛书获得了“十二五”国家重点出版规划项目的殊荣，这是非常难得的，也是对本书的一种肯定。

本书的第三作者章静是我的同门师妹，尽管没有读博的兴趣但是她具有学术天分，也具有扎实勤奋的作风，实在是科研的好苗子，本书的成稿很大程度上要归功于她对我科研项目上的大力协助，使我很大程度上不需要顾及科研所附带的复杂行政性事宜，能够安心地完成本书的核心内容。

最后还要感谢“郝门”中众多学弟学妹的大力支持，其中特别要感谢本书的责任编辑谭娟娟师妹，是她于怀孕期间还在从事本书的最后校订和出版工作，在此愿她的宝宝健康快乐；感谢魏菲学妹承担了本书文献综述部分的大量工作（累计完成撰写约 20000 字）；感谢蒋凌云硕士在本书对策部分完成的撰写工作（累计完成撰写约 15000 字）；感谢刘旭红硕士在本书案例部分进行的撰写工作（累计完成撰写约 15000 字）。

最后正如本书内所提及的，本书编写期间我还有幸参加了上海证交所举办的第 33 期独立董事培训班的学习，其间结识了业界的大量精英和前辈，也加入了最为温馨的微信群，仅以此书作为这段难忘经历的一个纪念。

“谦逊而执着，羞涩而无畏”作为我的人生信条，我们一起努力！